칭의와 하나님 나라

Justification and God's Kingdom

ⓒ 2018 Mohr Siebeck Tübingen

Originally Published in English under the title: Justification and God's Kingdom
by Mohr Siebeck, Tübingen, Germany
All rights reserved.

This Korean edition ⓒ 2020 by Duranno Ministry with permission of Seyoon Kim.

Printed in Republic of Korea

칭의와 하나님 나라

지은이 | 김세윤   옮긴이 | 오광만
발행 | 2020. 7. 22.
등록번호 | 제1988-000080호
등록된 곳 | 서울특별시 용산구 서빙고로65길 38
발행처 | 사단법인 두란노서원
영업부 | 2078-3352   FAX | 080-749-3705
출판부 | 2078-3331

책값은 뒤표지에 있습니다.
ISBN 978-89-531-3818-6   03230

독자의 의견을 기다립니다.
tpress@duranno.com   www.duranno.com

칭의와
하나님 나라

김세윤 박사의

바른

칭의론

Justification
and God's Kingdom

김세윤 지음

40th
두란노

페터 쉬툴막허 교수님께

그의 학문과 제자도, 그리고 우정을 기리면서

CONTENTS

서문

    2012년 가을, 대한민국 서울에 있는 두란노서원에서 저를 초청하여 이틀 동안 서울의 목회자, 신학생, 평신도 지도자들에게 '성화' 주제로 집중 강의를 개최하겠다고 제안을 해왔습니다. 한국에는 근래에 그리스도인들의 낮은 윤리 수준, 특히 고위직에 있는 그리스도인 정치 지도자들이나 그리스도인 사업가들 심지어 목회자들의 좋지 못한 윤리적 행동이 세간에 많은 지탄의 대상이 되고 있다는 것을 설명하면서, 출판사 자신들은 그 문제가 한국교회가 칭의론만 가르치고 성화론을 무시한 데 그 까닭이 있다고 믿고 있음을 알려주었습니다. 그래서 저는 바울의 칭의론을 주제로 일련의 강의를 하였는데, 이런 문제들이 부분적으로는 칭의론이 제대로 가르쳐지지 않은 데서 기인한다는 것을 역설하였습니다. 그리고 전통적인 구원의 서정 (ordo salutis) 구도 안에서 칭의와 성화를 구별하는 것 자체가 칭의론에 대한 오해의 일부로서 이런 문제들을 유발시키는 한 원인이라고 주장했습니다. 그때 행한 강연은 녹음되어 그 후 『칭의와 성화』(서울: 두란노, 2013)라는 제목으로 출판되었습니다.

    그 책에 지금 쓰려고 하는 본서의 핵심 내용이 이미 제시되었습니다만, 거기에는 대중적인 수준에서 그리고 만연체로 표현되었습니다. 그 책이 출판되고 나서 저는 데살로니가전후서 주석을 집필하는 데 전념했습니다. 하지만 여전히 그 주석 (저의 데살로니가전후서 주석 [1 & 2 *Thessalonians* [WBC; Grand Rapids: Zondervan: 출간 예정]의 해당 본문들 [살전 1:9-10; 2:19-20; 3:12-13; 4:6; 5:9-10; 살후 1:5-12; 2:9-15, 16-17]에 대한 주석 참조)으로 인해 저는 때때로 칭의론과 그와 관련된 주제들을 더 깊이 반추할 상황을 갖게 되었습니다. 그러던 차에 스웨덴 예테보리 (Göterborg)에 있는 루터신학교 (Församlingsfakulteten)로부터 2017년 11월 8-11일 기간 중 칭의에 대해 집중 강좌 하나를 해줄 것과 종교개혁 500주년을 기념하여 그 학교에서 열리는 성경학회에서 강의 하나를 해줄 것을 부탁받았습니다. 그 초대가 이 책을 집필할 계기를 마련해 주었습니다.

여기에 이 책이 확장된 신학논문의 형태를 취하게 된 까닭이 있습니다. 저는 이 책에서 바울의 칭의의 복음에 대해 일반적으로는 더 많은 학자들과의 훨씬 길고 자세한 논의를 요구하는 포괄적인 단행본을 쓰기보다는, 제한된 수의 학자들과만 토론하면서 저의 논지를 분명히 제시하는 하나의 논문을 쓰고자 한 것입니다. 신학적인 단행본들이 점점 장황해져서 심지어 전문적인 학자들도 그것들을 다 읽고 그들의 복잡한 논증들을 모두 제대로 파악하는 것을 어려워하는 시대에 저는 이 책처럼 축약된 소책자에서 어떤 유익을 발견하는 독자들이 있기를 소망합니다. 저는 다른 학자들과의 좀 더 확장되고 전문적인 토론들과 그와 관련된 바울의 본문들에 대한 언급은 대부분 각주에 담았습니다. 이 방법이 평신도 독자들에게 저의 주요 논증들을 좀 더 쉽게 파악하는 데 도움이 되기를 바랍니다.

의롭다함을 얻는 믿음과 의로운 삶을 분리하는 것은 저의 고국 한국의 그리스도인들 사이에서만 아니라 제가 지금 살고 사역하고 있는 미국의 그리스도인들 사이에서도 심각한 문제입니다. 그 문제로 인해 하나님의 의롭다함을 받은 백성의 공동체인 교회는 하나님 나라의 '의/정의와 평화와 행복'을 이 땅에 실현해야 하는 그들의 사명을 수행함 (롬 14:17)에 있어 효과를 발휘하지 못하고 있습니다. 그래서 그리스도인들은 예수님이 명령하신 대로 (마 5:14-16) 세상의 '소금'과 '빛'이 되거나, 바울이 당부한 대로 (빌 2:14-16) '세상에서 빛을 비추는' 대신에, 종종 이 세상을 더 어둡게 하고 더욱 부패하게 만들어, 그들보다 더 양식이 있는 비그리스도인들의 조롱의 대상이 되고 있습니다. 그래서 이 책은 목회적 관심을 가지고 쓴 것입니다. 하지만 이 책은 설교가 아니라 학문적인 논문입니다. 그럼에도 제가 이 책에서 행한 바울의 칭의론에 대한 강해가 독자들 중 몇 사람이라도 자신들의 제자도를 더 심각하게 생각하도록 하고 (그것이 실제로 저로 하여금 저 자신의 제자도를 돌아보게 했듯이) 동료 교수들과 목회자들 중 일부라도 칭의론을 좀 더 포괄적인 총체로 가르치거나 설교하게 설득하기를 바랍니다. 그리하여 그리스도의 교회가 하나님과 자신의 아들이신 주 예수 그리스도의 나라의 의와 생명을 이 땅 위에서 좀 더 구현해가기를 바라마지 않습니다.

스웨덴 에테보리의 루터신학교, 그곳의 학생들, 교수, 직원 그리고 지역 교회의 목회자들, 특히 티모 라아토 박사 (Dr. Timo Laato)에게, 저를 초청해주시고 따뜻하게 맞아주시고 제가 그들과 함께 있는 동안 환대해주신 것에 감사하고 싶습니다. 제가 학문적인 연구를 수행할 수 있도록 좋은 환경을 마련해주신 풀러신학교에게도 감사합니다. 풀러신학교 신학대학원의 교수 출판 지원부의 수잔 칼슨 우드 (Susan Carlson Wood)는 이 책의 편집 작업을 해주셨습니다. 멋진 작업을 해주신 우드 씨에게 다시 한 번 심심한 감사의 마음을 표합니다. 문서 지원에 도움을 준 풀러신학교의 도서관 직원들과 풀러신학교 한국어 센터의 비서 티파니 최에게도 사의를 표하려 합니다. 풀러신학교의 박사과정 후보생인 박영나 씨는 본서의 참고문헌 목록과 색인 작업을 해주었습니다. 이 지루하고 싫증나는 일로 저를 도와준 박영나 씨에게 감사합니다. 이 책의 출판을 결정하고 이 책의 편집 작업에 몇 가지 조언을 해준 모지백사 (Mohr Siebeck)의 신학과 유대교 프로그램의 새 담당자인 카타리나 구테쿤스트 박사 (Frau Dr. Katharina Gutekunst), 이 책을 출판하도록 추천해준 예르크 프라이 교수 (Prof. Jörg Frey)와 유능하게 출판 작업을 담당한 출판사의 모든 동료들께도 감사하고 싶습니다.

큰 기쁨과 깊은 감사의 마음을 담아 이 부족한 책을 페터 쉬툴막허 교수님께 헌정합니다. 쉬툴막허 교수님의 가르침과 삶의 모범, 그리고 격려로 인해 저는 저의 학생시절부터 많은 은혜를 입었습니다. 이 책은 제가 그분께 얼마나 많은 빚을 지고 있는지를 충분히 보여줄 것입니다. 교수님께서 이 책이 자신의 명성에 걸맞은 것으로 보아주시기를 소망합니다.

김세윤
캘리포니아 주, 파사데나
2018년 3월

서론

500년 전에 마르틴 루터는 로마서 1:17의 '하나님의 의'가 죄인들을 벌하시는 하나님의 속성을 말하는 것이 아니라 하나님이 죄인들을 의롭다고 하시는 의를 말하는 것이라는 새로운 이해를 발견하고 나서, 중세 가톨릭교회의 선행이나 공로 신학에 대항하여 은혜에 의해 그리고 믿음으로 말미암는 바울의 칭의론을 설명했다. 루터의 이 새로운 가르침으로 인해 교회를 개혁하는 개신교 운동이 시작되었다. 그래서 이 교리는 그것에 대한 이해의 세세한 부분에 있어 약간의 차이들이 있어도, 종교개혁으로 시작된 모든 교회들의 신앙의 중심이 되었다. 개신교에 속한 그리스도인들은 그들에게 구원의 확신과 자유와 화평을 주는 이 복음 선포 양식을 매우 소중히 여겨 왔다.

하지만 종교개혁의 칭의론이 죄인들을 (도덕적으로) 의롭게 만드는 것이라는 로마 가톨릭의 이해에 대항하여 죄인들에 대한 의롭다는 법정적 선언이라는 것을 강조했을 때, 칭의를 받은 사람들의 의로운 삶에 관한 문제들, 즉 칭의와 윤리의 관계에 대한 문제가 제기될 수밖에 없었다. 종교개혁자들과 그 후예들은 칭의와 함께 성화 또는 중생의 과정이 시작된다는 가르침으로 이 문제를 해결하려 하였다. 하지만 '중생'은 바울의 용어가 아니며, '성화'는 사실 바울이 '칭의'와 병행해서 사용하는 은유, 즉 그림 언어다. 그러므로 바울의 가르침에 따르면, 칭의와 마찬가지로 성화 역시 우리가 세례를 받을 때 선취적(先取的)으로 발생하며 (우리는 이미 '거룩해졌다', '성도'가 되었다), 우리의 행위대로 판단을 받는 최후의 심판에서 완성에 도달한다.[1] 그러므로 우리가 세례를 받을 때 얻게 된 칭의가 우리로 하여금 어떻게 실제로 의로운 삶을 살게 하는지 (또는 칭의가 현재 우리의 의로운 삶과 어떻게 관련이 있는지)에 대한 질문이 제기되듯이, 우리가 세례를 받을 때 얻게 된 성화가 우리로 하여금 어떻게 실제로 거룩한 삶을 살게 하는지 (또는 성화가 현재 우리의 거룩한 삶과 어떻게 관련이 있는지)에 대한 질문이 제기된다. 그러므로 나는 구원의 서정 (*ordo salutis*)을 체계화하는 것은 이 질문을 만족스럽게 해결하지 못했다고 본다.

그렇지만 개신교 세계의 여러 곳들에서 믿음과 의로운 삶 사이에 심각한 단절이 있어 믿음은 선행을 열매 맺지 못하는 '헛된' 믿음이 되어 (약 2:20), 하나님의 은혜를 '싸구려' (D. Bonhoeffer)로 만들어 버린 매우 애석한 상황이 벌어지고 있는 것이 사실이다. 그러므로 20세기의 초기부터 이 문제가 바울 해석자들과 신학자들 사이에 심각한 논점이 되어 왔다는 것은 이해할 만하다. 잘 알다시피 슈바이처 (A. Schweitzer)는 믿음으로써 얻는 칭의의 법정적 교리가 윤리의 열매를 맺을 수 없다는 문제를 누구보다 더 날카롭게 지적했다. 그러면서 슈바이처는 바울의 윤리가 그리스도의 구속에 대한 그의 신비주의적 이해, 즉 우리가 그리스도의 죽음과 부활의 사건에서 그리스도와 연합함으로써 얻는 구속으로부터 나온다고 주장하면서 칭의론의 위치를 바울 신학 안에서 하향 조정했다. 다음과 같은 그의 선언은 매우 유명하다. "그러므로 '믿음으로 말미암는 칭의론'은 '그리스도 안에 있음으로 말미암는 신비주의적 구속 교리'의 주된 분화구 테두리 안에 형성된 부차적인 분화구다."[2] 심지어 슈바이처보다 더 일찍 브레데 (W. Wrede)도 윤리의

---

1 이 내용은 본서 제7장에서 자세히 다룰 것이다.

2 A. Schweitzer, *The Mysticism of Paul the Apostle*, 2nd ed. (London: Black, 1956; 독일어 원서, *Die Mystik des Apostels Paulus*, 1929), 217-26, 295 (217에서 인용) (『사도

문제를 지적했다. 브레데는 칭의론이 바울이 유대주의자들과 논쟁하는 바울 그의 편지들 (로마서, 갈라디아서, 빌립보서)에만 등장한다는 것을 지적하면서 그 교리를 그의 율법에서 해방된 이방인 선교를 변호하기 위한 제한된 목적으로만 기획된 '논쟁용 교리' (Kampfeslehre)라고 명명했다.[3]

그렇지만 20세기 중엽에 불트만 (R. Bultmann)과 불트만의 영향 받은 다른 학자들은 바울 신학에 있어 칭의론의 중심성을 옹호했고, 그 교리의 루터 식의 법정적 해석을 실존주의적으로 더욱 날카롭게 다듬었다. 그러나 그들도 칭의론에서 파생된 바울의 윤리를 설명하는 문제에 많은 도움을 주지 못했다. 일례로 불트만[4]은 "바울은 믿음을 우선적으로 순종으로 이해한다"는 사실을 강조하고 (314-15, 324, 330), "'성령을 따라 행하라'는 명령형은 ⋯ 칭의의 서술형에서 기인한다"고 주장한다 (332). 하지만 불트만은 믿음의 순종을 주로 사람이 "자신의 자아에 대한 새로운 이해를 갖는 것"으로 이해하면서 (315, 324, 330), 그리스도 예수의 주권 행사나 하나님과 자신의 아들 주 예수의 영이신 성령의 깨우쳐 주심과 힘 주심을 언급하지 않은 채 그 순종을 단지 인간 중심적으로, 또 실존주의적으로만 설명한다. 그러므로 그는 바울의 윤리에 대한 그의 논의를 칭의가 가져오는 (실존주의적으로 이해된) 죄의 권능으로부터의 해방과만 연결할 수밖에 없었다.

바울 신학 전체를 인간론적으로 또는 인간 중심적으로 해석한

바울의 신비주의』, 한들출판사. 역간).

3   W. Wrede, *Paulus* (Halle, 1904), *Das Paulusbild in der neueren deutschen Forschung* 이라는 제목으로 재판됨, ed. K. H. Rengstorf, *Weg der Forschung* 24 (Darmstadt: Wissenschaftliche Buchgesellschaft, 1982), 67-69, 73-74. 또한 Schweitzer, Mysticism, 220도 참조하라.

4   R. Bultmann, *Theology of the New Testament* (London: SCM, 1952), 1:314-45 (『신약신학』, 성광문화사 역간).

불트만의 해석에 대항하여, 바울 신학에서 인간론보다는 기독론의 우선성을 강조하고 사도 바울을 묵시적 사상가로 이해해야 할 필요성을 강조하면서, 케제만 (E. Käsemann)은 칭의를 주권의 전이 (Herrschaftswechsel, lordship-change), 즉 사탄의 나라 (또는 주권)에서 하나님과 자신의 아들 주 예수 그리스도의 나라 (또는 주권)로의 이전으로 이해하기를 제안했다.[5] 그래서 케제만은 바울의 윤리를 그의 칭의론으로부터 파생한 것으로 설명할 진정한 가능성을 열었다. 하지만 케제만은 이 새로운 이해를 바울의 기독론이나 그의 하나님 나라 신학을 분석함으로써가 아니라, '하나님의 의' (또는 은혜)가 하나님의 선물만이 아니라 하나님의 능력이나 주권의 성격을 가지고 있다는 해석을 통해서 얻었다. 이로 인해 케제만은, 우리의 칭의는 우리가 현재하나님과 자신의 아들의 통치 아래 놓이게 됨이며, 그가 '새로운 순종' (nova oboedentia)이라고 명명한 윤리적 삶을 위한 바울의 명령형이 그 구원의 사건 (곧 하나님의 통치 아래 놓이게 됨)에 대한 서술형의 논리적인 결과라는 것을 좀 더 체계적으로 설명하지 못했다. 그런 까닭에 케제만은 세례로 말미암은 칭의와 마지막 때에 받게 되는 칭의 간의 긴장을 더 만족스럽게 해결하지도 못했다. 그러므로 칭의를 '주권의 전이'로 이해하는 명석한 통찰과 그것에 대한 탁월한 표현들이 케제만의 논문 전편에 흩어져 나타나는데, 그가 그러한 이해를 바울의 기독론에 의해 적절하게 뒷받침하지 못한 것은 애석한 일이다.[6] 그가

---

5 E. Käsemann, "Zur paulinischen Anthropologie," in *Paulinische Perspektiven*, 2nd ed. (T bingen: Mohr Siebeck, 1969), 9-60 (특히 27쪽을 보라); idem, "On the Subject of Primitive Christian Apocalyptic," in *New Testament Questions of Today* (Philadelphia: Fortress, 1969), 131-37.

6 E. Käsemann, "'The Righteousness of God' in Paul," in *New Testament Questions of Today*, 168-82 (특히 174, 176-78, 180-82쪽을 보라). 또한 idem, "Rechtfertigung und Heilsgeschichte im R merbrief," in *Paulinische Perspektiven*, 133을 참조하라.: "칭

서론　　　　　　　　　　　　　　　　　　　　　　　　　　　**15**

바울의 기독론을 그렇게 강조하고도 그랬으니 말이다.

지난 40년간 신약 학자들은 '바울에 대한 새 관점'('the New Perspective on Paul,' 약어로 NPP)에 지대한 관심을 기울였다. 잘 알려져 있는 바대로, 바울에 대해 한 새 관점을 갖자는 운동은 샌더스 (E. P. Sanders)가 『바울과 팔레스타인 유대교』 (Paul and Palestinian Judaism [Philadelphia: Fortress, 1977], 서울: 알맹이, 2018 역간)를 출판함으로 불을 지폈다. 이 책에서 샌더스는 제2성전 시대 (주전 200-주후 200년)의 유대

의는 예수가 선포한 하나님 나라 이외의 다른 어떤 것도 아니다 … 하나님의 바실레이아가 바울의 칭의론의 내용이다." "하나님의 의" 개념을 구약의 유대교에서 쓰인 준 전문인 용어 ("a ready-made formulation," 172)로 이해한 그의 견해는 비평을 받아왔지만, 롬 1:3-4, 16-17과 같은 문맥에서는 그 개념이 가진 하나님의 언약적 신실하심이라는 기본 의미의 자연스런 상황화로서 하나님의 주권자적 구원의 능력이라는 함의를 띠는 것이 분명하다 – 케제만은 그 논문에서 이 기본의미 (언약적 신실하심)에 대해 유감스럽게도 어정쩡한 태도를 보여주지만 말이다. (이 마지막 요지에 대해서는 N. T. Wright, "A New Perspective on Käsemann? Apocalyptic, Covenant, and the Righteousness of God," in Studies in the Pauline Epistles: Essays in Honor of Douglas Moo, ed. M. S. Harmon and J. E. Smith [Grand Rapids: Zondervan, 2014], 248-58[243-58]을 참조하라). '주권의 전이' 개념에 대해서는 K. Kertelge, 'Rechtfertigung' bei Paulus (Münster: Aschendorf, 1967), 127, 158-59; P. Stuhlmacher, Biblische Theologie des Neuen Testaments, vol. 1: Grundlegung von Jesus und Paulus (Göttingen: Vandenhoeck & Ruprecht, 1992), 337; E. P. Sanders, Paul and Palestinian Judaism: A Comparison of Pattern of Religion (Philadelphia: Fortress, 1977), 497-500 (『바울과 팔레스타인 유대교』, 알맹이 역간)를 참조하라. 바클레이는 그의 최근 연구서에서 '하나님의 의'에 관한 케제만의 견해를 고대 이방 세계와 유대인 세계에서 '은혜'의 인간론에 관한 그의 광범위한 연구로 뒷받침했다. J. M. G. Barclay, Paul and the Gift (Grand Rapids: Eerdmans, 2015. 『바울과 선물』, 새물결플러스 역간): "선물들은 … 주는 자의 능력과 심지어 임재를 전달한다. 어떤 선물들은 심지어 이미 주어진 경우에도 계속해서 그것들을 준 사람에게 속한다는 의미에서 그 선물들은 주는 사람과 떼려야 '뗄 수 없는 것'이다. 이와 같이 의무는 선물/은사를 주신 이의 권위 (바울의 경우, 그리스도의 주님되심)에서만 발생하는 것이 아니라 선물/은사 주심 자체의 구조에서 발생한다" (499). 이렇게 바클레이 역시 칭의론과 윤리의 관계 문제를 인간론적으로 접근한다. 그리스도의 구원의 은혜/은사가 그것을 주시는 분이신 주 예수 그리스도에게 충성하고 의무를 수행하게 한다는 식으로 말이다 (493-519). 이 문제에 대한 그의 견해를 비평한 본서 제8장 각주 4를 참조하라.

교가 행위로 의를 얻는 종교가 아니라 '언약적 율법주의'(covenantal nomism)로서, 하나님이 이스라엘을 자기 백성으로 선택하시고 그들과 언약을 맺으신 은혜에 근거하고; 그들에게 율법을 주시어 그것을 지킴으로써 그들이 하나님과의 언약관계에 머물도록 하시었는데; 율법 체계 안에 속죄의 수단들도 제공하여 그들이 설령 율법을 온전히 지키지 못하고 가끔씩 죄를 지어도 그 수단들을 활용하여 용서받으며 그 언약관계 안에 머무르면; 그들은 결국 구원을 받는다는 틀과 특성을 가진 종교였다는 것이다. 샌더스는 기독교 (특히 독일의) 학자들이 고대 유대교를 행위로 의를 얻는 율법주의적 종교로 곡해하고 중세교회의 공로 교리를 유대교에 투사함으로써 바울의 칭의론을 해석하는 것에 대해 예리한 비판을 가하며 이와 같은 은혜의 종교로서의 유대교 모습을 제시하였다.

그 후 '바울에 대한 새 관점'이란 용어를 만들고 샌더스가 정의한 대로 유대교가 '언약적 율법주의'라는 가정 하에서 바울의 칭의론을 재해석하면서 '바울에 대한 새 관점'운동을 개시한 사람들이 바로 던 (J. G. D. Dunn)과 라이트 (N. T. Wright)이다.[7] 던과 라이트는 이제

---

7   참조. N. T. Wright, "The Paul of History and the Apostle of Faith," *TynBul* 29 (1978): 61-88, *idem, Pauline Perspectives: Essays on Paul, 1978-2013* (Philadelphia: Fortress, 2013), 3-20에 다시 출판됨; J. G. D. Dunn, "The New Perspective on Paul," *BJRL* 65 (1983): 95-122, idem, *The New Perspective on Paul*, rev. ed. (Grand Rapids: Eerdmans, 2008), 99-120 (『바울에 관한 새 관점』, 에클레시아북스 역간). 던과 라이트는 그 후 출간한 수많은 저술에서 이 단락에서 요약한 점들을 그들의 새 관점의 주된 특징들로 반복했다. 그들의 여러 논문들을 편하게 접할 수 있도록 모아놓은 논문집들을 보라. J. D. G. Dunn, *The New Perspective on Paul*; N. T. Wright, *Pauline Perspectives*. 또한 J. D. G. Dunn, *The Theology of Paul the Apostle* (Grand Rapids: Eerdmans, 1998), 317-89 (『바울 신학』, 크리스챤다이제스트 역간); N. T. Wright, *What St. Paul Really Said: Was Paul of Tarsus the Real Founder of Christianity?* (Grand Rapids: Eerdmans, 1997), 113-339 (『바울의 복음을 말하다』, 에클레시아북스 역간); idem, *Justification: God's Plan and Paul's Vision* (Downers Grove: IVP Academic, 2009) (『칭의를 말하다』, 에클레시아북스 역간)도 참조하라.

제2성전기의 유대교는 근본적으로 은혜의 종교로 이해되었다는 것이니 "율법의 행위들이 아니라 믿음으로 의롭다함을 얻는다"는 바울의 문형에서 '율법의 행위들'이라는 어구를 율법의 규율들을 세세히 다 지킴으로써 칭의를 얻는 행위들로 이해해서는 안 되며, 오히려 하나님의 언약 백성인 유대인들의 정체성 표지와 이방인들로부터 그들의 거룩성을 지켜주는 장벽으로 기능하는 할례, 안식일 지킴, 음식과 정결의 규정을 지키는 것에 초점을 맞추어 사회학적으로 이해해야 한다고 주장했다. 던과 라이트는 바울이 사용한 '나의 의' (빌 3:9)와 '그들 (자신)의 의' (롬 10:3)라는 용어를 한 개인이 그의 율법 준수로 말미암아 얻는 의가 아니라 유대인들의 '민족적 의', 즉 자신들만이 하나님의 백성으로서 가지고 있다고 (또는 가질 수 있다고) 주장한 의를 가리키는 것으로 재해석했다. 던과 라이트는 이 새 해석을 가지고, 바울은 유대주의자들이 기독교 신앙을 받아들인 이방인 개종자들에게 아브라함의 종말론적 가족 또는 하나님의 백성으로 들어오기 위해서는 할례를 받고 안식일과 정결 규정들을 지키며 (즉, 유대인의 정체성을 취하며) 그리스도를 믿어야 한다고 요구한 것에 대항하여, '율법의 행위들과 상관없이 믿음으로 말미암는 칭의' 교리를 발전시켰다고 주장했다. 그래서 던과 라이트는 바울이 이방인들로 하여금 하나님의 백성의 자격을 얻지 못하도록 방해하는 유대인들의 민족주의 또는 인종주의에 대항하여 칭의론을 만들었고, 그럼으로써 그가 이방인들이 율법의 행위들로 유대인됨이 없이 그리스도를 믿음으로만 아브라함의 언약 가족 또는 하나님의 백성의 구성원이 된다고 주장했다고 설명했다. 이렇게 던과 라이트는 브레데의 논지를 새롭게 하여,[8] 바울이 율법 지킴을 요구하지 않는 자신의 이방인 선교를 원활

---

8   스텐달 (K. Stendahl)은 그의 영향력 있는 논문 "The Apostle Paul and the Introspective

하게 하고 변호하기 위해, 그리고 이방인 그리스도인들의 신앙의 적법성을 확보하기 위해 칭의론을 발전시켰다고 주장했다.[9]

이 새 관점은 수많은 신약학자들에 의해 열정적으로 받아들여졌으며, 새 관점의 발전의 초기 단계 동안 새 관점을 지지하는 사람들은 칭의론의 이 선교학적, 교회론적 의미를 일방적으로 강조하면서, 하나님의 심판에서 무죄 선언이라는 전통적으로 강조되어 왔던 법정적 구원론의 의미를 거의 무시하고, 때로는 후자를 종교개혁의 칭의론 (들) 전체를 지칭하여 '루터파' 교리라고 경멸적으로 언급하는 경향을 보이기도 하였다. 그래서 많은 사람들이 새 관점이 과연 칭의론 이해에 있어 코페르니쿠스적 혁명을 가져와 지난 5세기 동안 쌓여온 바울 해석에 대한 종교개혁의 유산을 거의 구시대의 유물로 만들어 버리는 것이 아닌지 의아해하기도 했다.[10] 하지만 여전히 법정적 의

Conscience of the West," *HTR* 56 (1963): 199-215 (지금은 『유대인들과 이방인 사이』, *Paul among Jews and Gentiles* [Philadelphia: Fortress, 1976], 78-96라는 책에 다시 출판됨)을 발표한 이후, 그의 이방인 선교의 상황을 바울의 칭의론의 기원으로 강조하면서 "믿음으로 말미암는 칭의론은 바울이 이방인 개종자들이 하나님께서 이스라엘에게 하신 약속의 온전하고 진정한 상속자이며"(*Paul among Jews and Gentiles*, 2), "율법을 거치지 않고도 하나님의 백성이 되는 권한이 있음을 변호하는, 매우 구체적이고 한정된 목적을 위해 고안된 것" (*Paul among Jews and Gentiles*, 9)이라고 주장했다. 그래서 스텐달도 새 관점의 선구자로 간주된다.

9 이 요점들은 새 관점의 두 대표자들인 던과 라이트가 그리고 대부분의 새 관점 지지자들이 공유하는 것들이다. 하지만 그들은 그 외 바울의 칭의론을 설명하는 세부적인 내용들과 관련하여서는 의견을 서로 달리한다. 라이트의 설명에 대해서는 본서 제11장을 보라.

10 참조. D. A. Hagner, "Paul and Judaism: Testing the New Perspective," in P. Stuhlmacher, *Revisiting Paul's Doctrine of Justification: A Challenge to the New Perspective*, with an essay by Donald A. Hagner (Downers Grove: IVP Academic, 2001), 76. N. T. Wright, *Justification: God's Plan and Paul's Vision* (Downers Grove: InterVarsity, 2009), 19-25. 이 책에서 라이트는 비유적으로 지구 중심의 세계관과 같은 옛 관점을 태양 중심의 세계관과 같은 새 관점과 대조한다. 그러고는 옛 관점 같은 전통적인 칭의론 이해는 인간론 중심적이거나 '나 중심적'인 반면 ("인간이 어떻게 은혜로운 하나님을 만날 수 있나?", 또는 "내가 어떻게 나의 죄를 용서받을 수 있나?"), 새 관점은 신 중심적이

미를 근본적인 것으로 여긴 사람들은 (이들은 나중에 '옛 관점' 지지자들이라 불리게 되었다) 이 새 관점에 열정적으로 응대하였다. 그들은 새 관점의 근본적인 가정인 샌더스의 언약적 율법주의로서의 유대교 정의, 그리고 새 관점 주의자들의 바울 해석들의 옳고 그름을 비평적으로 검토했다.[11] 내가 생각하기에 지난 2, 30년 간 두 관점들을 지지하는 사람들 사이에 벌어진 열띤 논쟁으로 인해 이제 두 진영들 간의 간격이 상당히 좁혀졌으며, 적어도 서로 상대방의 강점들을 부분적으로 인정하게 되었다. 그래서 옛 관점 지지자들 중에는, 비록 유대교 내부에서 특별히 최후의 심판을 염두에 두고 율법을 신실히 준수함으로써 공로를 얻는다는 개인주의적 사상이 발전했지만, 제2성전 시대의 유대교가 그 본질적인 구조에서는 언약적 율법주의였다는 것을 인식하게 된 사람들이 있다.[12] 그들은 칭의론의 선교학적 의미와 교

다 ("하나님이 어떻게 그리스도를 통하여 아브라함에게 주신 자신의 언약을 성취하여 유대인들과 이방인들을 아브라함과 하나님의 가족으로 들여오는가?")고 주장한다. 그러나 본서는 칭의론에 대한 진정한 신 중심적 관점은 그것을 하나님 나라에로의 이전으로 이해하는 것, 그리하여 유대인들과 이방인들이 공히 하나님 아버지의 통치권을 대행하는 하나님의 아들 주 예수 그리스도의 주권에 '믿음의 순종'을 하도록 요구하는 것으로 이해하는 것이라는 것을 밝히려 한다.

11   예를 들어, D. A. Carson, P. T. O'Brien, and M. A. Seifrid, eds., *Justification and Variegated Nomism, vol. 1: The Complexities of Second Temple Judaism*, WUNT 2.140; *Justification and Variegated Nomism, vol. 2: The Paradoxes of Paul*, WUNT 181 (T bingen: Mohr Siebeck; Grand Rapids: Baker, 2001, 2004); F. Thielman, *From Plight to Solution*, SupNovT 61 (Leiden: Brill, 1989); M. A. Seifrid, *Justification by Faith: The Origin and Development of a Central Pauline Theme*, SupNovT 68 (Leiden: Brill, 1992); T. R. Schreiner, *The Law and Its Fulfillment* (Grand Rapids: Baker, 1993) (『율법과 성취』, 기독교문서선교회 역간); T. Laato, *Paul and Judaism: An Anthropological Approach*, trans. T. McElwain (Atlanta: Scholars Press, 1995); A. A. Das, *Paul, the Law, and the Covenant* (Peabody, MA: Hendrickson, 2001); S. J. Gathercole, *Where Is Boasting? Early Jewish Soteriology and Paul's Response in Romans 1-5* (Grand Rapids: Eerdmans, 2002); S. Westerholm, *Perspectives Old and New on Paul: The "Lutheran" Paul and His Critics* (Grand Rapids: Eerdmans, 2004).

12   예를 들어, F. Avemarie, *Tora und Leben: Untersuchungen zur Heilsbedeutung der Tora*

회론적 의미나 함의 또는 결과의 중요성을 공감하기도 했다.[13] 새 관점 학파 쪽에서는 자신들이 칭의론의 기본적인 법정적 또는 구원론적 의미를 부당하게 무시했음을 인정하면서, 칭의론의 교회론적 의미를 그것과 통합시키기 위한 새로운 노력을 감행하게 되었다.[14]

그래서 새 관점 운동이 칭의론에 대한 우리의 이해에 혁명적이라고까지 할 수 있는 변화를 가져온 것은 아니고, 우리로 하여금 그 교

---

in der frühen rabbinischen Literatur, TSAJ 55 (Tübingen: Mohr Siebeck, 1996); idem, "Erw hlung und Vergeltung," NTS 45 (1999): 108-26; Gathercole, *Where Is Boasting?*, 37-160; M. A. Seifrid, "Unrighteous by Faith: Apostolic Proclamation in Romans 1:18-3:20," in *Justification and Variegated Nomism*, ed. D. A. Carson, P. T. O'Brien, and M. A. Seifrid, WUNT 181 (Tübingen: Mohr Siebeck; Grand Rapids: Baker, 2004), 2:144 (여기서 세이프리드는 그 책의 제1권의 기고자들 중에서 서로 간에 정도 차이는 있지만 유대교를 일종의 언약적 율법주의라고 인정하는 사람들을 열거하기도 한다); M. F. Bird, *The Saving Righteousness of God* (Milton Keyes: Paternoster, 2007), 89-94, 182. 또한 Barclay, *Paul and the Gift*, 189-328도 참조하라. 바클레이는 샌더스의 공헌을 인정하면서도 '은혜'의 개념에 관한 새로운 역사적, 포괄적인 연구를 이용하여 유대교의 다양성을 무시하고 획일화하는 그의 '언약적 율법주의' 모델과 그 모델로 인해 불이 지펴진 논쟁을 넘어서려 한다.

13 예를 들어, S. Westerholm, *Perspectives Old and New on Paul*, 440-45; idem, "What's Right about the New Perspective on Paul," in *Studies in Pauline Epistles: Essays in Honor of Douglas J. Moo*, ed.M. S. Harmon and J. E. Smith (Grand Rapids: Zondervan, 2014), 230-42; D. J. Moo, *Galatians*, BECNT (Grand Rapids: Baker Academic, 2013), 24 (『갈라디아서』, 부흥과개혁사 역간).

14 예를 들어, N. T. Wright, *Paul: In Fresh Perspective* (Minneapolis: Fortress, 2005), 36, 116-17, 121-22 (『톰 라이트의 바울』, 죠이선교회 역간). 던의 새 관점을 시작한 그의 영향력이 큰 논문 "The New Perspective on Paul," 95-122을 그의 새로운 논문 "The New Perspective on Paul: Whence, What and Whither," *in New Perspective on Paul*, 1-97과 비교해 보라. 또한 이 새로운 논문집에 들어 있는 이전에 그가 갈라디아서의 핵심 본문을 다룬 초기의 논문 "Works of the Law and the Curse of the Law [Galatians 3.10-14]," 121-40 (원래 이 논문은 그의 책 *Jesus, Paul and the Law* [Louisville: Westminster John Knox, 1990], 215-41에 실렸었다.), 또는 그의 논문 "What's Right about the Old Perspective on Paul," in *Studies in Pauline Epistles*, 214-29도 참조하라. 참조. Moo, Galatians, 24-25; S. J. Gathercole, "The Doctrine of Justification in Paul and Beyond: Some Proposals," in *Justification in Perspective: Historical Developments and Contemporary Challenges*, ed. B. L. McCormack (Grand Rapids: Baker, 2006), 232.

리에 대해 좀 더 포괄적으로 이해하도록 하는 꽤 중요한 기여를 했을 뿐이라고 말하는 것이 공정한 것 같다. 새 관점 운동은 칭의론을 1세기의 좀 더 섬세하게 이해되는 유대교와 막 태동하는 기독교의 이방 선교의 맥락 안에 상황화함으로써 그러한 공헌을 이루게 되었다. 하지만 유대인들과 이방인들의 관계 면에서 칭의론을 논하는 것은 칭의와 윤리의 문제를 해결하는 데는 거의 공헌을 하지 못했다.

그럼에도 던은 바울 신학에 대한 그의 포괄적인 연구에서 바울의 윤리를 바울의 칭의론과 연결시키려고 무척 노력한다. 그러나 그가 연결시키는 칭의론은 전통적으로 이해된 칭의론이며, '언약적 율법주의'라는 개념을 제외하고는 새 관점의 다른 관심사들이나 통찰은 별로 반영하지 않는다.[15] 던은 다음과 같이 바르게 주장한다.

15　Dunn, *Theology of Paul*, 625-58 (이어지는 괄호 안의 문헌 출처 표시는 이 책을 가리킨다). 던은 최후의 심판이 행위대로 이루어진다는 바울의 교리를 다루면서, 바울의 칭의론을 유대교의 언약적 율법주의와 반복해서 비교한다. 그러면서도 그는 '율법의 행위들' 개념은 유대인의 정체성 표지이고, '의'는 유대인의 민족적인 의를 뜻한다는 새 관점의 사회학적 이해나 칭의의 선교학적 그리고 교회론적 의미를 반영하지 않는다. (Theology of Paul, 490-92; J. D. G. Dunn, "If Paul Could Believe Both in Justification by Faith and Judgment according to Works, Why Should That Be a Problem for Us?," in *Four Views on the Role of Works at the Last Judgment*, ed. A. P. Stanley and S. N. Gundry [Grand Rapids: Zondervan, 2013], 119-41; 본서 제8장 각주 1과 각주 12를 참조하라). 그러므로 다음의 세 사실들을 고려해야 한다: (1) 던과 라이트가 이제는 칭의의 법정적 의미를 근본적인 것으로 인정하고 있다는 것; (2) 던 (*Theology of Paul*, 372)은 이제 바울이 갈 2:16에서 그리고 그것을 상술한 갈 3장과 롬 3-4장에서 율법의 행위가 아니라 믿음으로 의롭다함을 받는 것을 단순히 이방인들이 하나님의 백성으로 받아들여짐의 문제를 넘어 인간의 하나님의 은혜에 대한 의존성을 근본적으로 천명하는 것으로 강해하고 있다는 것을 인정한다는 것; 그리고 (3) 던과 라이트는 바울의 윤리와 그의 최후의 심판 교리를 유대인과 이방인의 관계에 초점을 맞춘 그들의 새 관점과 거의 연결시키지 않고 토론한다는 것 (라이트에 대해서는 본서 제11장을 보라. 참조. Wright, *Justification*, 182-93; 또한 C. Stettler, *Das Endgericht bei Paulus: Framesemantische und exegetische Studien zur paulinischen Eschatologie und Soteriologie*, WUNT 371 [Tübingen: Mohr Siebeck, 2017], 46-47의 한 단락의 의미 있는 제목도 참조하라. 즉, "The Absence of Judgment in the 'New Perspective on Paul'" ("'바울에 대한 새 관점'은 심판을 다루지 않음") [더 자세한 내용은 242쪽을 보라],

하나님의 의라는 총체적인 개념이 제시하듯이, 칭의는 하나님에 의해 한 번에 완성되는 단회적인 행위가 아니다. 오히려 그것은 하나님에 의해 회복된 관계로 받아들여지는 초기 행위 (initial acceptance)다. 하지만 그 후 그 관계는 하나님께서 최후의 심판과 무죄 선언의 행위를 앞두고 그분의 [우리를] 의롭게 하시는 의로움을 지속적으로 행사하지 않으신다면 유지될 수 없다. 다른 말로 표현하자면, 칭의를 받은 사람은 그것으로 죄 없는 자가 되는 것이 아니다. 그들은 계속해서 죄를 짓는다. 그런 까닭에 하나님께서 그분의 의롭게 하시는 의로움을 지속적으로 행사하지 않으신다면, 구원의 과정은 중단되고 말 것이다. 루터의 고전적인 형식으로 표현하자면, *simul peccator et justus*, 즉 '죄인이며, 동시에 의인'이다. [하나님의] 인간 상대자는 이 삶 동안 내내 불경건한 자를 의롭다 하시는 하나님을 늘 의존하게 되어 있다 (386; 또한 467, 636-37도 참조하라).

그러고 나서 던은, 만약 칭의를 이렇게 이해한다면, 우리는 세례 때

이 제목은 우리가 앞에서 제시한 (3)의 요지에 비추어 볼 때 공정한 판단이다). 이 사실들은 우리로 하여금 던과 라이트가 바울의 칭의 복음에 대한 자신들의 해석을 '바울에 대한 새 관점'이라고 칭한 것은 결국 너무 야심찬 것이었지 않나 의아해하게 하지 않는가? 위 세 사실들은 그들의 '새 관점'이 칭의론 전체 또는 그 교리의 근본적이고 핵심적인 요소를 새롭게 해석하는 것이 아니라, 단지 그 교리의 선교론적 그리고 교회론적 추론에 대한 확장되고 상황화한 해석에 불과하다는 것 (즉 그 교리의 한 장에 불과하다는 것)을 분명히 보여주기 때문이다. 칭의론의 선교적 의미는 이미 많은 학자들이 깨달은 것이었다 (본서 제9장을 보라). 다만 브레데와 스텐달을 제외하고는 그들이 그것의 중요성을 충분히 인정하고 핵심적인 것으로 삼지는 않았을 뿐이다. 단지 던과 라이트가 칭의론의 선교론적 그리고 교회론적인 측면 (즉 유대인과 이방인의 관계)에만 집중한 까닭에, 바울의 '율법의 행위' 개념이 할례, 안식일 준수, 그리고 정결예법 등과 같은 유대인의 정체성 표지들에 초점이 맞춰져 있다고 강조할 수 있었으며, 바울이 '그들의 자신의 의' (롬 10:3)와 '나의 의' (빌 3:9)를 언급한 것은 유대인들이 그들의 신실한 율법 준수를 통해 이루기를 원했던 개인적인 의가 아니라 이스라엘의 '민족적인 의'만을 가리킨다고 우겨댈 수가 있었던 것이다.

의 칭의를 최후의 심판에서의 종말론적인 칭의와 통합할 수 있다고 다시 올바르게 주장한다 (참조. 롬 2:12-16): "그렇다면 믿음으로 말미암는 의의 관계는 믿음에서 나오는 행위 ('믿음의 순종')를 포함한다는 것으로 더욱 분명히 이해할 수 있다. 그리고 '행위들대로' 심판은 믿음으로 말미암는 칭의와 서로 연결되어 있음을 알 수 있다"(636-37).

던은 몇 가지 방법으로 칭의와 윤리를 연결하려 한다. 첫째, 칭의를 가져오는 '믿음'의 성격을 분석함으로써, 즉 아브라함의 예에서 볼 수 있듯이 (롬 4장), 그것은 본질적으로 하나님에 대한 신뢰로서 하나님께 순종의 열매 ('믿음의 순종')를 맺는 것임을 밝힘으로써 (642-49). 둘째, 의롭다함을 받은 신자에게 하나님의 뜻을 분별하도록 깨우쳐 주며 그로 하여금 하나님의 뜻을 실천할 수 있는 힘을 주시고 그래서 율법을 적절히 성취하게 하시는 성령 주심을 지적함으로써 (롬 8:4; 겔 36:27; 렘 31:33) (642-49). 그리고 셋째, 바울이 그의 윤리적 가르침에서 '그리스도의 법' 또는 예수님의 말씀과 모범을 얼마나 고수하고 있는지를 보여줌으로써 말이다 (649-58).

바울의 윤리의 이 '동기부여 원칙들'에 대한 던의 자세한 설명에 동의할 내용이 제법 많이 있다. 하지만 던은 하나님께서 자신의 의롭게 하시는 의 또는 은혜를 지속적으로 행사하시어 우리를 칭의의 상태 안에, 즉 회복된 자신과의 관계 속에 계속 견지하고 계심에 대해 반복하여 언급하면서도 하나님께서 어떻게 하나님의 아들이신 주 예수 그리스도와 자신의 성령 안에서 그리고 그들을 통하여 실제로 그렇게 하시는지 설명하려는 노력은 거의 하지 않는다. 그래서 그가 "한 마디로 말해서, 하나님께서 기대하시고 가능하게 하시는 순종은 하나님의 힘주심 (성령)에 대한 인간의 반응 (믿음)"이라고 함으로써 (649) 이 문제를 잘 표현하기는 하지만, 그가 "육신을 따르지 않고 그 영을 따라 행하라"는 바울의 어구 (롬 8:4)를 다룰 때, 인간의 민음으로 '행함'을 설명하는 데 집중한 나머지 성령의 인도하심과 능력 주심에 대해서는 별로 설명하지 않는다. 이렇게 하여, 던은 바울의 윤리가 어떻게 믿음으로 말미암는 그의 칭의론으로부터 나오는지를 잘 설명하면서도, 바울의 윤리가 어떻게 더 근본적으로 세례 때만 아니라 현재와 미래에 있어서까지 (하나님의) 은혜로 말미암는 그의 칭의론으로부터 나오는지를 설명하는 것은 등한시한다. 이렇게 된 것은 던이 기독론적 또는 삼위일체론적 관점을 무시하고 오직 인간론 중심으로만 칭의의 현재 단계를 설명하는 오랜 전통을 따르기 때문이다.

그러므로 여기서 우리는 칭의를 묵시적 틀 안에서 주권의 전이로 이해하는 케제만의 통찰을 활용하면서, 바울의 칭의론에 그가 로마의 교회에게 보낸 편지에서 제시하듯이, 기독론적 관점과 인간론적 관점 양쪽에서 (또는 기독론과 인간론을 통합하는 관점에서) 접근하고, 바울의 윤리가 어떻게 그 (칭의의) 교리에서 나오게 되는지, 그리고 그의 행위대로 심판의 교리는 그 (칭의의) 교리와 어떻게 관련되는지를 설명하기를 시도한다.

Justification
and God's Kingdom

제1장

론 1:3-4과 15:7-12의 수미상관 구조,
그리고
론 1:3-4과 1:16-17의 복음에 대한 두 개의 정의

Justification
and God's Kingdom

바울은 로마서 1:1-17 서론 단락에서 복음에 대한 두 개의 정의를 제시한다: 1:3-4과 1:16-17. 첫 번째 본문에서 바울은 복음의 신적 저작성 ('하나님의 복음')과 하나님께서 자신의 선지자들을 통해 성경에 미리 약속하신 약속들의 종말론적 성취로서 복음의 특성을 선포한 후에, 복음의 내용을 이렇게 정의한다.

복음은 [하나님의] 아들에 관한 것으로서
육신으로는
다윗의 씨에서 태어나셨고
성결의 영으로는
죽은 자들 가운데서 일으켜지시어
권세/능력을 행사하는 하나님의 아들로 선언된 분,
(곧 우리 주 예수 그리스도시니라).

이것은 일반적으로 바울이 예루살렘교회의 신앙고백 또는 복음을 인용한 것으로 인정되고 있다. 이 복음은 하나님께서 그의 선지자 나단을 통하여 다윗에게 주신 약속을 담은 사무엘하 7:12-14 (과 시편 2편) 에 근거한다. 즉 하나님께서 다윗의 '씨'를 '일으켜' 그의 보좌에 앉히셔서 그의 '집' (다윗 왕조)을 세우시고 그를 하나님 자신의 '아들'로 삼 겠다는 것, 즉 하나님 자신의 왕적 권세를 상속하여 자신 대신 자신 의 백성 이스라엘을 다스리는 분으로 삼겠다는 신탁 말이다. 이 '나 단의 신탁'은 다윗 왕조에 정당성을 부여했는데, 바벨론 정복으로 말 미암아 다윗 왕조가 파멸에 이른 이후에는 하나님께서 다시 한 번 다 윗의 '씨', '가지' 또는 '아들'을 '일으키시고' 그의 왕조를 재건할 것 이라는 메시아 대망의 주된 뿌리들 중 하나로 작용했다.[1]

로마서 1:3-4에 인용된 예루살렘교회의 신앙고백 또는 복음은 '나 단의 신탁'이 예수님 안에서 성취되었음을 선언한다. 이 본문은 예 수님이 죽은 자 가운데서 '일으키심을 받고' 하나님의 권세 또는 능 력을 행사하는 하나님의 '아들'로 등극한 다윗의 '씨'였다고 고백한 다. 이 본문은 예수님의 부활을 이런 식으로 해석함으로써 하나님께 서 사무엘하 7:12-14에 있는 그의 약속뿐만 아니라 시편 110:1의 예 언을 성취하셨다고 선언한다 (롬 1:2). 시편 110:1은 예수님이 하나님 께서 그분의 우편에 등극시켜 자신을 대신하여 만물 위에 자신의 주 권을 대행하게 하신 메시아라는 사실을 확언하기 위해 신약성경에 서 가장 자주 인용되고 암시된 구약의 본문이다 (예컨대, 고전 15:25; 빌 2:6-11; 행 2:34-36; 히 1:3, 13). 그래서 예루살렘 복음은 예수님이 하나님 께서 그를 일으키셔서 자신의 우편에 등극시키시고 자신의 아들로서 자신의 왕적 권세를 '상속케' 하시고, 세상의 반역하는 통치자들을 멸하시고 모든 민족들을 복종시킴으로써 자신을 대신하여 온 세상에 자신의 왕적 권세를 행사하게 하신 다윗적 메시아라고 선포한다 (시

---

1   예를 들어, J. J. Collins, *The Scepter and the Star: Messianism in the Light of the Dead Sea Scrolls*, 2nd ed. (Grand Rapids: Eerdmans, 2010); O. Betz, *Was wissen wir von Jesus? Der Messias im Licht von Qumran*, 2nd ed. (Wuppertal and Zürich: R. Brockhaus Verlag, 1995), 109-14을 참조하라.

2편). 바울은 '권세를 행사하는 하나님의 아들'을 '우리 주 예수 그리스도'라고 밝히고, 이어지는 5절에서 자신이 '모든 이방인들 중에서 그의 이름에 믿음의 순종을 이끌어내는 사도의 직분을 받았다'고 설명함으로써, 예루살렘 복음의 이러한 의미를 분명하게 밝힌다.

바울은 예수님을 이와 같이 다윗적 메시아라고 선포하는 예루살렘교회의 이 복음으로 로마서를 시작하고 난 후에, 로마서에서 그의 복음에 대한 강해를 결론짓는 단락에서 예수님이 다윗적 메시아시라는 것을 다시 천명하려고 '이새의 뿌리'를 언급한다 (롬 15:12. 70인역의 사 11:10을 인용함. 또한 롬 9:5도 참조하라). 바울은 서론 단락에서처럼 (1:2), 결론 단락에서도 (15:8) 예수님이 메시아이심이 이스라엘의 조상들에게 하신 하나님의 약속의 성취라는 사실을 강조한다 (1:2의 $\pi\rho o \epsilon \pi \eta \gamma \gamma \epsilon i \lambda \alpha \tau o$ ['미리 약속하신 것이라']와 15:8의 $\epsilon \pi \alpha \gamma \gamma \epsilon \lambda i \alpha$ ['약속']). 다시 바울은, 1:3-5에서 모든 민족들이 '권세를 행사하는 하나님의 아들', 즉 '주님'이 되도록 일으키심을 받은 ($\alpha \nu \alpha \sigma \tau \eta \sigma \omega$, 삼하 7:12) '다윗의 씨'에게 '믿음의 순종'을 해야 한다고 주장하듯이, 15:12에서도 민족들이 '[그들을] 다스리기 위해 일어나시는' ($\alpha \nu i \sigma \tau \eta \mu \alpha \iota$, 70인역 사 11:10) '이새의 뿌리'에 소망을 둘 것이라고 선언한다 (더 나아가 1:17의 $\delta \iota \kappa \alpha o \sigma \dot{\nu} \nu \eta \ \theta \epsilon o \hat{\nu}$ /'하나님의 의'와 15:8의 $\dot{\alpha} \lambda \eta \theta \epsilon i \alpha \ \theta \epsilon o \hat{\nu}$ /'하나님의 진실하심/신실하심' 간의 유사점도 참조하라. 하나님의 '진실하심/신실하심'과 그의 '의'가 동의어라는 것에 대해서는 롬 3:3-5을 참조하라).[2]

이와 같이 바울은 예수님이 모든 민족들을 다스리시는 다윗적 메시아임을 밝히는 두 언급들로 로마서 전체를 감싸기 위한 수미상관

---

2   이 병행어구는 롬 1:17이 시 98:2 (97:2 LXX: $\delta \iota \kappa \alpha \iota o \sigma \dot{\nu} \nu \eta$)을, 15:8이 시 98:3 (97:3 LXX: $\dot{\alpha} \lambda \dot{\eta} \theta \epsilon \iota \alpha$)을 반향하고 있을 강력한 개연성을 더욱 분명하게 한다. 시편의 이 두 본문들에서는 '[하나님의] 의'와 '[하나님] 신실하심'이 병행을 이룬다. 본서 제4장 각주 7을 보라.

구조 (inclusio)를 구축한다. 바울은 이렇게 함으로써 그가 로마서 전체에서 전개하는 복음은 예수가 성경에 약속된 다윗적 메시아요 하나님의 아들로서 무엇을 이미 행하셨고, 무엇을 지금 행하고 계시며, 무엇을 장차 행하실 것인가에 대한 선포임을 나타낸다 (참조. 롬 1:2-3과 고후 1:19-20의 병행).[3] 이것은 또한 로마서 전체에 나타난 바울의 가르침이 우리가 복음으로부터 유익을 얻기 위해 이 복음에 어떻게 반응해야 하는지에 관한 것임을 의미하는 것이기도 하다.

바울은 로마서에서 그의 복음을 기독론보다는 구원론적 용어로, 특별히 칭의라는 그림 언어로 전개한다. 하지만 다윗적 메시아로서 모든 민족들 위에 행사하시는 예수님의 구원의 통치를 언급하는 이 수미상관 구조로써, 바울은 예수님으로 말미암는 구원, 즉 죄인들에 대한 칭의가 예수님이 이스라엘과 모든 민족들의 메시아적 왕으로서 가져오셨고 지금도 가지고 오시는 종말론적 구원이라고 제시하고 있다. 이것은 우리가 바울의 칭의의 복음을 예수가 하나님의 '권세를 행사하는 아들'로 세우심을 받은, 다시 말해서 하나님을 대신하여 하나님의 왕적 권세를 행사하시는 하나님의 부왕 (副王)으로 세우심을 받은 다윗적 메시아로서, 모든 민족들 위에 구원의 통치를 행하심의 맥락에서 또는 그러한 용어로 해석할 때만 그 복음을 올바로 이해하

---

3 참조. N. T. Wright, "The Letter to the Romans," in vol. 10 of *The New Interpreter's Bible* (Nashville: Abingdon, 2002), 417, 748 (『로마서』, 에클레시아북스 역간); idem, *Paul: In Fresh Perspective*, 44; idem, *Paul and the Faithfulness of God* (Minneapolis: Fortress, 2013), 834-35 (『바울과 하나님의 신실하심』, 크리스챤다이제스트 역간). J. R. Daniel Kirk, *Unlocking Romans: Resurrection and the Justification of God* (Grand Rapids: Eerdmans, 2008), 51-55. 커크는 롬 1:3-4과 15:12의 수미상관을 강조하지만 하나님께서 그리스도를 부활시키신 것 자체에 초점을 맞추고, 그의 책 전체에서 그리스도께서 하나님의 왕적 통치를 행사하신다는 사실에 대해서는 많은 성찰을 하지 않는다. 또한 D. A. Campbell, *The Deliverance of God: An Apocalyptic Rereading of Justification in Paul* (Grand Rapids: Eerdmans, 2009), 695-98도 참조하라.

고 그 진가를 제대로 헤아릴 수 있게 됨을 의미한다.

바울은 복음을 로마서 1:3-4에서 예수님에 대해 '하나님의 아들'과 '주'로서 모든 민족들을 다스리시는 '다윗의 씨'라는 기독론적 용어로 정의하고 나서, 1:16-17에서는 그의 복음을 다시 그러나 이번에는 구원론적 용어로 다음과 같이 정의한다. "이 복음은 모든 믿는 자에게 구원을 주시는 하나님의 능력이 됨이라. 먼저는 유대인에게요 그리고 헬라인에게로다. 왜냐하면 복음에는 하나님의 의가 나타나서 믿음에 철저한 자들로 하여금 덕 입게 하기 때문이다. [성경에] 기록된 바와 같이: '오직 의인은 믿음으로 말미암아 살리라'" 이것은 마르틴 루터가 처음으로 새롭게 깨닫고 감동을 받아 교회의 개혁을 시작하게 한 복음에 대한 정의이다. 그 후 많은 주석가들은 복음에 대한 이 정의를 바울이 로마서 전체에서 입증하거나 강해한 논지로 이해해 왔다. 이제 만일 우리가 로마서에 전개된 칭의론을 이해하기 위해 여태껏 관찰한 로마서 1:3-4과 15:7-13의 수미상관 구조의 함의를 계속 염두에 둔다면, 1:3-4과 1:16-17에 제시된 복음에 대한 두 정의들이 한 덩어리를 이룸을 쉽게 감지할 수 있을 것이다.

두 본문들에 제시된 복음에 대한 두 정의들이 하나의 통일체라는 사실을 증명하는 것이 우리의 과업이며, 그럼으로써 바울의 칭의의 복음이 하나님과 자신의 아들 메시아 예수의 나라의 복음을 구원론적으로 표현한 양식이며 예수의 하나님 나라 복음을 부활절 이후 구원론적으로 제시한 것이라고 해석해야 그 복음을 올바로 이해하게 된다는 것이 우리의 논지다.

Justification
and God's Kingdom

제2장

하나님의 아들 메시아 예수에 관한
복음의 기독론적 양식

Justification
and God's Kingdom

  바울은 고린도전서 15:20-28에서 로마서 1:3-4에 인용된 예루살 렘교회의 복음을 부분적으로 전개한다. 이 본문에서 바울은 로마서 1:3-4에 암시된 본문인 시편 110:1을 명시적으로 인용하고 시편 2편 과 다니엘 2:44, 7:9-14의 암시들만 아니라 더욱이 시편 8:7을 인용 함으로써 그 본문의 의미를 뒷받침하면서,[1] 하나님께서 메시아 ('다윗 의 씨')를 '권세를 행사하는 하나님의 아들'로 세우셨다는 것이 무슨 의미인지를 설명한다. 그것은 바로 부활하신 메시아 예수를 자신의 오른편으로 높이시고 (20-23절에 '크리스토스'라는 단어가 4번 반복되었다는 사실을 주목하라.) 그의 왕권을 자신의 아들인 그분께 맡기셔서, 자신을 대신하여 하나님을 대적하는 모든 세력들을 복종시키거나 파멸하게 하도록 했다는 것이다. 그래서 하나님의 아들이신 메시아는 하나님 을 대행하여 이 사명을 완수할 때까지 성부 하나님의 왕적 능력을 행

---

[1] 참조. S. Kim, *Paul and the New Perspective: Second Thoughts on the Origin of Paul's Gospel*, WUNT 140 (Grand Rapids: Eerdmans; Tübingen: Mohr Siebeck, 2002), 196-200 (『바울과 새 관점』, 두란노 역간), M. Hengel, "Sit at My Right Hand! The Enthronement of Christ at the Right Hand of God and Psalm 110:1," in *Studies in Early Christology* (Edinburgh: T&T Clark, 1995), 119-225; O. Betz, *Jesus und das Danielbuch, vol. 2: Die Menschensohnworte Jesu und die Zukunfterwartung des Paulus (Dan 7,13-14)* (Frankfurt: Peter Lang, 1985), 131-32를 인용함; 또한 Wright, *Faithfulness of God*, 820-21도 참조하라.

사하실 것이다. 메시아 예수가 장차 그의 재림 때에 '마지막 원수'인 사망을 비롯하여 모든 사탄의 세력들을 멸하실 때 (고전 15:23, 50-57; 비교. 살전 4:13-18), 메시아는 하나님의 왕권을 성부 하나님께 돌려드릴 것이며, 그리하여 하나님의 왕적 통치가 그분의 피조 세계 전체에 만연할 것이며 우주적인 샬롬이 확립될 것이다. 이 말은 하나님의 아들이신 예수님의 왕권 또는 주권이 시간적으로 그의 재림 때까지로 한정되며, 그의 재림 이전의 현 시대는 그가 사탄의 세력들을 복종시키고 세상을 자신의 왕권 아래 두는 과정 중에 있는 기간임을 의미한다. 이 과정이 바로 온 세상을 창조주 하나님의 왕적 통치로 회복시키는 메시아 예수의 사역이다. 이것은 세상을 사탄의 나라로부터 하나님의 나라로 구속해 가는 과정이다.

골로새서 1:13-14에서 바울은 그가 고린도전서 15:20-28에서 전개하고 있는 복음을 요약한다. 성부 하나님이 자신의 아들이신 예수에게 자신의 완전한 능력을 갖춘 대리자로서 그 사역을 수행하도록 하려고 자신의 왕권을 맡기심으로써 세상을 사탄의 흑정으로부터 그의 나라로 구속하는 사역을 시작한 분이신 까닭에, 바울은 구속 사역을 성부 하나님이 하신 일이라고 좀 더 직접적으로 말할 수 있었다. 구속함을 받은 세상이 실제로 지금 당장은, 그분의 (즉, 하나님 자신의) 나라의 현재적 현현인 하나님의 아들의 나라 안에 있다는 진리를 여전히 견지하면서 말이다. 그래서 바울은 골로새서 1:13에서 "그가[하나님이] 우리를 흑암의 권세 [즉 사단의 나라]에서 건져 내사 그의 사랑의 아들의 나라로 옮기셨다"라고 말한다.

빌립보서 2:6-11에서 바울은 골로새서 1:13 (과 고전 15:20-28과 롬 1:3-4)과 기본적으로 동일한 복음을 신앙고백적 또는 복음선포적 찬양시로서 선포한다. 그것은 하나님께서 메시아를 높이셨고 그에게 '주'라는 자신의 이름을 주셔서 그로 하여금 "만물을 자기에게 복종하게 하실 수 있는 이[하나님]의 능력으로 말미암아" 피조물 전체를 다스리게 하셔서 (빌 3:21),[2] 하나님 아버지께 영광이 되게 하셨다는 내용이다.

복음 선포의 이 기독론적 양식들 (롬 1:3-4; 고전 15:20-28; 빌 2:6-11; 골 1:13-14; 비교. 엡 1:20-23)의 모든 본문들에는 하나님 나라가 (여기서 악한 세력들의 우두머리 또는 기원자를 지칭하는 약어로 사용된) 사탄의 나라를 극복한다는 동일한 기본 구조를 가지고 있다. 이 기독론적 양식들은 세상을 위한 복음 또는 좋은 소식이다. 하나님의 메시아적 아들이신 예수님이 사탄의 세력들을 복종시키거나 파멸하여 세상을 그 세력들의 죄와 사망의 통치로부터 하나님 나라로 구속하고 그리하여 하나님의 온 피조물 위에 하나님의 의와 화평과 생명의 왕권을 실현하도록 하나님의 통치권과 능력을 받으셨기 때문이다 (참조. 롬 16:20. "평강의 하나님이 사탄을 너희 발아래에서 부수실 것이니라." 또한 롬 14:17. "하나님의 나라는 … 성령 안에 있는 의와 평강과 희락이라."). 이것은 바울이 복음을 하나님의 나라라는 범주로 선포한다는 것, 묵시적 세계관을 전제로 하여 설교함을 의미한다. 묵시적 세계관은 이 세대/세상은 사탄의 세력들의 지배를 받고 있으며, 머지않아 하나님께서 새 세대/세상을 가지고 오셔서 악한 세력들을 멸하시고 자신의 백성과 자신이 창조하신 피조물을 구속하실 것을 대망하는 관점이다 (참조. 롬 8:18-39; 12:2; 13:11-14; 16:20, 25-27; 고전 2:6-10; 7:29, 31; 15:50-57; 고후 4:4; 갈 1:4; 빌 2:14-16; 골 2:15; 살전 5:1-10; 살후 2:1-12).[3]

---

2   참조. Kim, *Paul and the New Perspective*, 196, 200; 또한 Wright, *Faithfulness of God*, 821-22도 참조하라.

3   참조. Käsemann, "On the Subject of Primitive Christian Apocalyptic," in *New Testament Questions of Today*, 131-37; J. C. Beker, *Paul the Apostle: The Triumph of God in Life and Thought* (Philadelphia: Fortress, 1980), 135-81 (『사도 바울』, 한국신학연구소 역간); J. L. Martyn, *Galatians*. A New Translation with Introduction and

바울은 빌립보서의 찬양시 (빌 2:6-11)에서 하나님이 그리스도 예수를 '지극히 높이셨'으며 (ὑπερύψωσεν),[4] 그에게 지극히 높은 '이름', 즉 하나님 자신의 이름인 '주' (Lord)를 주셔서 그의 권세 (능력)를 행사하게 하시고 (참조. 3:20-21), 우주 만물의 모든 존재들로부터 경배를 받게 하셨다고 말한다 (비교. 사 45:23). 그러고 나서 바울은 이 찬양시를 '하나님 아버지'에 대한 언급으로 마무리한다. 그럼으로써 바울은 자신이 이 찬양시에서도 그리스도 예수의 하나님의 아들 되심을 의식하고 있음을 간접적으로 드러낸다.[5] 이렇게 하여 이 찬양시는 바울이 하나님께서 '권세를 행사하는 하나님의 아들'로, 모든 민족들이 '믿음의 순종'을 하게 될 '이름'인 '주'로 세우신 예수 그리스도에 대해 설명하고 있는 로마서 1:3-5과 동일한 의미를 전달한다.[6] 이것

Commentary, AB 33A (New York: Doubleday, 1997), 97-105 (『앵커바이블: 갈라디아서』, CLC 역간); P. Stuhlmacher, "'Christus Jesus ist hier, der gestorben ist, ja vielmehr, der auch auferweckt ist, der zur Rechten Gottes ist und uns vertritt'," in *Auferstehung - Resurrection: The Fourth Durham-Tübingen Research Symposium: Resurrection, Transformation, and Exaltation in the Old Testament, Ancient Judaism, and Early Christianity*, ed. F. Avemarie and H. Lichtenberger, WUNT 135 (Tübingen: Mohr Siebeck, 2001), 359-60 (351-61); J. Frey, "Demythologizing Apocalyptic? On N. T. Wright's Paul, Apocalyptic Interpretation, and the Constraints of Construction," in *God and the Faithfulness of Paul: A Critical Examination of the Pauline Theology of N. T. Wright*, ed. C. Heilig, J. T. Hewitt, and M. F. Bird, WUNT 2:413 (Tübingen: Mohr Siebeck, 2016), 520-24 (참조. 503-08); B. C. Blackwell, J. K. Goodrich, and J. Maston, eds., *Paul and the Apocalyptic Imagination* (Minneapolis: Fortress, 2016)에 실린 논문들.

4 참조. M. Hengel, "Sit at My Right Hand!," 155. 헹엘은 이곳에 사용된 동사가 행 5:31의 신앙고백인 "하나님이 그를 오른손으로 높이사"에 "근접한다"고 논평하고, "하나님의 보좌에서 아버지의 오른편은 하늘에서 가장 높은 곳이다"라고 덧붙인다.

5 비록 이 찬양시의 기원이 바울 이전이라고 하더라도, 바울은 이 찬양시를 채용함으로써 그가 말하려고 하는 것이 바로 이 찬양시가 말하고 암시하는 것과 일치함을 내비친다.

6 그래서 '하나님의 아들'과 '주'라는 칭호 모두 예수님을 하나님의 왕권을 가진 분으로 지칭한다. 하지만 전자가 하나님에 대한 예수의 관계를 하나님의 '상속자'와 그분의 왕권의 대행자로 표현하기 위해 사용된 반면에, 후자는 그가 실제로 하나님의 왕권을

은 로마서 1:3-4; 고린도전서 15:20-28; 빌립보서 2:6-11; 골로새서 1:13-14의 기독론적 양식들로 표현된 복음이 바울이 예수의 주권을 언급하는 많은 곳들에, 특히 로마서 10:9-10과 고린도전서 12:3에 등장하는 정형화된 어구와 같은 세례 형식과 자주 쓰는 '주 안에서' 형식 (롬 14:14; 고전 7:22, 39; 11:11; 15:15; 갈 5:20; 빌 4:1, 2, 4; 골 3:18; 4:17; 살전 1:1; 3:8; 살후 1:1)에 담겨 있음을 가르쳐준다. 바울의 세례 형식이나 '주 안에서' 형식이나 모두 세례로 말미암아 사탄의 주권으로부터 그리스도의 주권으로 이전되는 주권의 전이를 암시한다.[7] 그렇다면 비록 로마서 1:3-4, 고린도전서 15:20-28, 빌립보서 2:6-11, 골로새서 1:13-14, 그리고 이와 관련된 몇몇 본문들 (예컨대, 살전 1:9-10; 롬 8:31-39; 16:20; 엡 5:5)이 하나님의/하나님의 아들의 나라를 주된 범주로 채용하는 바울의 기독론적 복음 선포 양식의 몇 개 안 되는 분명한 예들에 불과하다 해도 우리는 이 양식을 바울의 복음 선포의 근본적인 구조로 간주할 수 있다.

이제 복음 선포의 이 양식이 요한계시록의 복음 선포의 유형으로 쉽게 전개될 수 있는 것이라는 사실을 주목하라. 사실 고린도전서 15:20-28은 요한계시록의 요약으로 간주될 수 있다.[8] 하지만 바울은 복음을 메시아 예수가 현재 로마 제국에 의해 구현되고 있는 사탄의 나라를 대항하는 거룩한 전쟁에서 교회를 그의 군대로서 이끌고 계

수행하고 있음을 염두에 두고 사용되었다.

7 본서 제6장을 보라.

8 요한계시록에서 하나님의 보좌에 앉으신 하나님의 아들 메시아 예수를 '죽임당한 어린양'으로, 또한 사탄의 세력들을 대항하여 싸우는 거룩한 전쟁에서 그의 교회를 승리로 이끄시는 '유다의 사자' (즉, 다윗적 메시아)로 묘사하는 그림 언어 (이미지)를, 예수가 하나님 우편에 높임 받은 다윗적 메시아로서 속죄와, 성령을 통한 구원의 통치, 그리고 중보로서 사탄의 세력들을 멸하시는 것으로 그리는 바울의 가르침과 비교하라. 더욱이 고전 15:20-28과 계 19:17-21:1에 제시된 주 예수 그리스도의 재림 때 악한 세력들의 멸망과 최종적으로 사망의 멸망의 순서를 비교하라.

시다고 전개하는 데까지는 가지 않는다. 그의 복음에 그렇게 하기 위한 몇몇 전제들이 내포되어 있기는 하지만 말이다. 그 대신에 바울은 사람들 또는 민족들을 죄와 사망의 권세로부터 구속함에 초점을 맞춘다.[9] 그래서 바울은 고린도전서 15:20-28에서 하나님의 아들 메시아 예수의 사탄의 권세를 멸하는 사역을 '마지막 원수'인 사망을 멸하는 것으로 완성에 도달한다고 제시하며, 그러고 나서 고린도전서 15:50-57에서 그 본문의 묵시적 담화를 재개하면서 하나님께서 그의 대행자이신 주 예수 그리스도로 말미암아 그의 재림 때 궁극적인 원수인 사망을, 그의 연합군인 죄와 율법과 더불어 멸하신다는 미래상을 제시한다. 그런 후 로마서 6장에서는 죄와 사망을 인격화하고 그것들을 사탄의 나라를 상징하는 것으로 내세우면서 (특히 9, 12, 14절에 있는 동사 $\kappa\upsilon\rho\iota\epsilon\acute{\upsilon}\epsilon\iota\nu$ ['다스리다']과 $\beta\alpha\sigma\iota\lambda\epsilon\acute{\upsilon}\epsilon\iota\nu$ ['다스리다']을 주목하라. 또한 롬 5:14, 17, 21도 참조하라.) 바울은 세례를 받을 때 그리스도와 연합하여 그의 죽음과 부활에 참여한 신자들은 죄와 사망의 나라로부터 해방되어 (하나님 나라를 상징하는) 의의 나라로 이전되었다고 제시한다.[10] 그

---

9 물론 바울과 요한계시록의 저자 요한은 사탄의 죄와 사망의 나라를 멸하고 우리를 그 나라로부터 구속하시는 주 예수 그리스도에 대한 본질적으로 동일한 복음을 선포한다. 하지만 요한과 다르게 바울은 사탄의 나라를 로마 제국이라는 도식으로 상황화하지도 구체화하지도 않으며, 다만 이 묵시적 전쟁에서 교회의 역할을 주 예수 그리스도의 일꾼 또는 그리스도의 군대라고 암시하기는 해도 강조하지는 않는다. 이렇게 하는 몇몇 이유들에 대해서는 S. Kim, *Christ and Caesar: The Gospel and the Roman Empire in the Writings of Paul and Luke* (Grand Rapids: Eerdmans, 2008), 34-60(『그리스도와 가이사』, 두란노 아카데미 역간); 또한 idem, "Paul and the Roman Empire," in *God and the Faithfulness of Paul: A Critical Examination of the Pauline Theology of N. T. Wright*, ed. C. Heilig, J. T. Hewitt, and M. F. Bird, WUNT 2:413 (Tübingen: Mohr Siebeck, 2016), 277-308을 참조하라.

10 사중적인 병행구절을 보라.
6:11: 이와 같이 너희도 너희 자신을 죄에 대하여는 죽은 자요 그리스도 예수 안에서 하나님께 대하여는 살아 있는 자로 여길지어다.
6:13: 또한 너희 지체를 불의의 무기로 죄에게 내주지 말고 오직 너희 자신을 죽은 자

리고 그들에게 그러므로 더 이상 죄의 종으로서 죄에게 순종하여 사망의 열매를 거두지 말고 의의 종으로서 의에 순종하여 생명의 열매를 거두라고 권한다.

이와 마찬가지로, 바울은 골로새서 1:13-14에서도 사탄의 나라와 하나님의 아들의 나라를 서로 대적 관계로 설정하고, 구원 사건을 '구속, 곧 죄 사함'이라고 해석하면서 우리가 사탄의 나라에서 구원을 받아 하나님의 아들의 나라로 옮겨진 것을 천명하는 데만 온통 관심을 집중한다. 바울은 다시 골로새서 2:13-15에서 십자가에 달리신 그리스도의 대속의 죽음을 하나님이 "통치자들과 권세자들의 [능력의 옷을] 벗겨버리고 그들을 무력한 자들로 공공연히 드러내사 [그리스도 안에 있는] 승리의 행진에서 [패배한 원수들로] 구경거리가 되어 끌려가도록 한" 사건이라고 말하고 있다. 이와 같이 바울은 하나님이 그리스도의 십자가 사건을 통하여 이루신 죄 사함과 사망으로부터의 구속에 초점을 맞춘다.

바울은 빌립보서 3:20-21에서도 주 예수 그리스도가 장차 그의 재림 때 하나님께서 그에게 주신 (빌 2:6-11) 왕적 권세를 가지고 행하실 구속 사역을 "우리의 비천한 몸을 그의 영광스러운 몸으로 변하게 하는" 것, 즉 사망이 주관하는 우리의 몸을 그의 부활의 몸과 일치하도록 변하게 하시는 것이라 확언하는 데 초점을 맞춘다 (비교. 고전 15:42-57; 롬 8:23).

데살로니가전서 1:9-10에서 바울은 데살로니가의 그리스도인들이 자신에게서 받은 복음을 요약한다. 그 요약은 하나님과 하나님의

가운데서 다시 살아난 자 같이 하나님께 드리며 너희 지체를 의의 무기로 하나님께 드리라.
    6:18: 죄로부터 해방되어 의에게 종이 되었느니라.
    6:22: 그러나 이제는 너희가 죄로부터 해방되고 하나님께 종이 되어 거룩함에 이르는 열매를 맺었으니 그 마지막은 영생이라.

아들 예수의 언어로 되어 있는데, 하나님의 아들 예수를 죽은 자들 가운데서 일으켜지시고 하늘로부터 오실 분으로 언급하여 그가 하늘에서 높여지셨음을 암시한다. 그리하여 이 복음의 요약은 그가 로마서 1:3-4에서 인용하고 고린도전서 15:20-28에서 확장하고 있는 복음을 뚜렷이 연상시킨다. 이와 마찬가지로 데살로니가전서 1:10에서 "그의 아들이 하늘로부터 강림하실 것을 기다린다"는 그의 용어는 빌립보서 3:20-21에 있는 이와 비슷한 어구 ("거기[하늘]로부터 구원하는 자 곧 주 예수 그리스도를 기다리노니")를 연상시킨다. 그래서 우리는 데살로니가전서 1:9-10의 복음에 대한 짧은 요약에 로마서 1:3-4; 고린도전서 15:20-28, 50-57; 빌립보서 (2:6-11); 3:20-21에 표현된 사상들이 암시적으로 포함되어 있다고 추정할 수 있다. 한마디로 말해서, 죽은 자 가운데서 일으키심을 받은 예수는 하늘에서 하나님의 아들로서 하나님의 우편에 높여지셔서 하나님을 대행하여 하나님의 왕권을 행사하시며, 종말에 하나님의 목적을 이루기 위해 하늘로부터 다시 오실 것이다. 그렇다면 바울이 사탄의 활동들 (살전 2:18; 3:5)과 하나님 나라 (살전 2:12; 또한 3:11-13; 5:23을 참조하라)를 의식하면서 쓴 이 편지에서 이 사상을 표현하고 있으므로, 우리는 바울이 데살로니가전서 1:9-10에서도 그의 기본적인 묵시적 사고 구조 안에서, 그가 하나님의 아들의 사명을 얼마나 인간의 구속에 다시 초점을 맞추어 생각하고, 그러한 인간의 구속을 최후의 심판 때 있을 (우리의 죄에 내리시는) 하나님의 진노로부터 구원, 즉 칭의 (살전 3:12-13; 5:9-10 참조)의 도식으로 구체화시키고 있는지 감탄하지 않을 수 없다. 그가 골로새서 1:13-14, 고린도전서 15:20-28, 50-57, 로마서 6장에서 말하는 것과 일관되게 말이다.[11]

---

11   데살로니가전서에 칭의론이 암시적으로 존재한다는 논의에 대해서는 M. Hengel

로마서 8:18-39에서 바울은 하나님의 아들 메시아 예수와 우리의 칭의의 도식으로 정의한 그의 복음 (롬 1:3-4, 16-17)에 대한 강해의 절정에 이른다. 그 본문은 바울이 어떻게 하나님과 그분의 아들이 악한 세력들과 대결하고 있다는 폭넓은 묵시적 틀을 고수하면서 종말 때 하나님의 아들 메시아 예수께서 모든 피조물을 사탄의 죽음의 권세에서 구속하시는 것으로 말하고 있는지, 그러면서도 인간의 구속에 집중하며, 그것을 하나님의 자녀에로의 입양, 최후의 심판에서의 칭의, 그리고 하나님의 아들의 영광스러운 형상으로의 변화라는 용어들로 제시하는지를 잘 보여주고 있다.

---

and A. M. Schwemer, *Paul between Damascus and Antioch: The Unknown Years* (Louisville: Westminster John Knox, 1997), 301-10; R. Riesner, *Paul's Early Period: Chronology, Mission Strategy, Theology* (Grand Rapids: Eerdmans, 1998), 394-403; Kim, *Paul and the New Perspective*, 85-100을 보라. 살후 1:5-10에 칭의론이 매우 분명하게 존재한다는 주장에 대해서는 나의 데살로니가전후서 주석 (WBC)을 보라. 그 단락에는 내가 본서에서 칭의론의 구성요소들이라고 주장하는 요점들이 거의 다 들어 있다. 유의 사항들: '하나님의 의로운 심판'을 묘사하면서 $\delta\iota\kappa$-언어가 4번 등장한다는 것; 그 심판의 표준으로서 복음에 대한 믿음 (암시적인 '복음에 대한 [믿음의] 순종'을 비롯하여)을 4번이나 언급하며 강조한다는 것 (살후 1:3-4과 2:11-13에 5번 더 언급된 것도 참조하라); 신자들은 '하나님의 의로운 심판'의 판결로서 '하나님 나라에 합당한 자로 여김을 받는다 ($\kappa\alpha\tau\alpha\xi\iota\omega\theta\tilde{\eta}\nu\alpha\iota$)'는 것 ('하나님 나라에 합당한 자로 여김을 받다 [$\kappa\alpha\tau\alpha\xi\iota\omega\theta\eta/\nu\alpha\iota$]'는 '의롭다함을, 곧 의로운 자로 여김을 받다' [$\delta\iota\kappa\alpha\iota\omega\theta\eta/\nu\alpha\iota$]와 동의어이다. 왜냐하면 후자는 '무죄 선언'과 함께 '하나님 나라로 회복되다'도 의미하기 때문이다); 롬 1:3-5을 반영하는 '우리 주 예수의 복음에 순종'이라는 어구 (참조: 본서 제6장 각주 3)와 함께 '우리 주 예수의 복음에 순종하지 않는 사람들에게' $\dot{\epsilon}\kappa\delta\dot{\iota}\kappa\eta\sigma\iota\varsigma$ ('징벌' - '칭의' [$\delta\iota\kappa\alpha\dot{\iota}\omega\sigma\iota\varsigma$]와 상반되는 판결)을 내린다는 것을 유의할 것; 하나님께서 신자들에게 힘을 주셔서 '[그의] 능력 (즉, 그의 성령)으로 말미암아 모든 선한 뜻과 믿음의 역사를 완성하게' 하신다는 사상; 그리고 '우리 하나님과 주 예수 그리스도의 은혜'에 궁극적으로 호소하는 것 등 (본서 제7장 각주 5-7에서 논의하는 것들을 참조하라). 또한 살후 1:5-12와 유사한 본문인 살후 2:10-15, 16-17도 참조하라. 물론 이 주장은 칭의론이 바울의 유대주의자들과 논쟁한 결과로 나온, 바울의 생애에서 나중에 발전된 것에 불과하며, 그러므로 데살로니가에 보낸 편지에는 칭의론이 부재하다는 비평적인 신약학자들의 대다수의 견해와 상반된다 (본서 제9장을 보라. 데살로니가후서의 바울 저작성에 대해서는 앞에 언급한 나의 데살로니가전후서 주석을 보라).

지금까지 우리는 로마서 1:3-4처럼 복음을 기독론적 양식으로 선포하는 본문들인 고린도전서 15:20-28 (과 50-57); 빌립보서 2:6-11 (과 3:20-21); 골로새서 1:13-14 (과 2:13-15); 데살로니가전서 1:9-10 (과 3:12-13) 등이 하나님의 아들이 하나님의 왕권을 사탄의 세력들을 멸망시킴의 도식으로 그리되, 그분이 특히 죄와 사망의 권세를 멸하고 우리의 죄를 사하시며 하나님의 진노로부터 우리를 구속하신다는 사실에 초점을 맞추고 있음을 살펴보았다. 또한 우리는 로마서 8:18-39도 동일하게 그렇게 하고 있음을 살펴보았다. 이 사실은 당연히 우리로 하여금 로마서 1:3-4과 16-17에 언급된 복음에 대한 두 정의들이 하나의 통일체라는 것을 좀 더 분명히 깨닫게 한다. 그것은 우리가 로마서에서 칭의의 복음이 다윗적 메시아로서 높힘받은 하나님의 아들 예수의 모든 민족들에 대한 통치를 천명하는 로마서 1:3-4과 15:7-13의 수미상관 구조 안에서 전개되고 있다는 사실을 관찰하는 과정 중에 감지하기 시작한 내용이다.

Justification
and God's Kingdom

제3장

하나님의 아들 메시아 예수는

그의 속죄와 현재적 통치와 중보를 통하여

사탄의 세력들을 멸하고 우리를 구속하신다

Justification
and God's Kingdom

그렇다면 바울은 하나님의 아들 메시아 예수가 실제로 어떻게 죄와 사망의 권세를 멸하시고 우리의 죄 사함과 하나님의 진노로부터의 구속을 가져오시며, 그리하여 사탄의 나라를 무찔러가신다고 보았는가?[1]

갈라디아서 4:4-5에서 바울은 하나님께서 "율법 아래 있는 자들을 속량하시기 [ἐξαγοράσῃ] 위해 자신의 아들을 보내셨다"고 말한다. 그는 그리스도께서 오시기 전에 율법 아래 있는 유대인적 존재를 율법이라는 후견인 아래 '갇힘'(3:23-24; 4:1-2)이라고 말한 후에, 그리고 그것을 '우주의 근본 요소들'(초등학문, τὰ στοιχεῖα τοῦ κόσμου, 4:3)에 '종노릇 함'이라는 용어로 다시 서술한 후에 그렇게 말한 것이다. 구속은 속전 지불로 말미암아 갇힘이나 노예상태에서의 해방을 뜻한다 (참조. 고전 6:20; 7:23). 바울이 말하려고 하는 바가 바로 십자가상에서의 그리스도의 대속의 죽음이 그러한 속전 지불이었다는 것이 분명하다. 왜냐하면 그는 갈라디아서 3:13에서 (신 21:23을 인용하여) 십자가상의 그리스도의 죽음을 언급하면서, "그리스도께서 우리를 위하

---

[1] 이 장에서 그리스도의 속죄를 해석함에 있어 형법적 대신 속죄 (내포적 대속) 이론과 그리스도의 승리 (*Christus victor*) 이론의 통일성이 드러날 것이다. 종종, 특히 미국에서 이 두 이론들을 상반되는 것들로 대조하는데, 그것은 옳지 않다.

여 저주를 받은 바 되사 율법의 저주 [κατάρα]에서 우리를 속량하셨다 [ἐξαγόρασεν]"고 이미 말했기 때문이다.

많이 논란되는 '우주의 근본 요소들' (초등학문)의 개념을 우리가 여기서 자세히 논의할 수는 없다. 또한 동일하게 논란의 대상이 되는 갈라디아서 3:13-4:11에 등장하는 대명사들 ('우리가/우리를'과 '너희')이 각각 누구를 가리키는지를 주도면밀하게 밝히는 것에도 힘을 쓸 여력이 없다. 하지만 '율법 아래 있는 자들' (4:5a), 즉 유대인들이나, "너희가 그 때에는 하나님을 알지 못하여 … 그러나 이제는 하나님을 알게 된" (4:8-9) 이방인 출신의 그리스도인들이나 모두 다 지금까지 그 '우주의 근본 요소들'에 '종노릇하였'지만 (3, 9절), 지금은 '속량함을' 받았다 (5a절은 분명히 전자를, 8-9절은 암시적으로 후자를 가리킴)고 말할 수 있는 까닭에, 우리는 5b절의 '우리'를 단지 유대인 출신의 신자들만을 언급하는 것이 아니라 적어도 암시적으로나마 이방인 출신의 신자들도 포함하는 것으로 취할 수 있다.

이와 마찬가지로 우리는 6-7절의 '너희'를 단지 이방인 신자들만을 언급하는 것이 아니라 유대인 출신의 신자들도 (6절의 '우리 마음'을 주목하라) 포함하는 것으로 취할 수 있다.[2] 8-9절에 반복해서 등장하는 동사 δουλεύειν ('종으로 섬기다')은 8절의 '본성상 하나님이 아닌 존재들'과 9절의 '약하고 천박한 근본 요소들' (τὰ ἀσθενῆ καὶ πτωχὰ στοιχεῖα)이 하나의 동일한 실체들을 지칭하는 병행 표현이라는 사실을 분명히 한다. 이 사실은 3절과 9절의 '요소들'은 단순히 우주를 구성한다고 생각된 것들을 지칭하거나, 모세의 율법 (참조. 4절)이나 이방 종교들의 가르침들 (참조: 10절)을 그냥 '초등학문' 또는 '기초 원리들'이라고 지칭하는 것이 아니고 바울이 유대교의 토라 준수와 이

---

2   Moo, *Galatians*, 211-13, 267.

방 종교들의 여러 준수 사항들과 연결되었다고 이해한 몇몇 우주적인 세력들을 지칭하고 있음을 제시한다 (바울이 롬 7장에서 그리스도 안에서의 '해방'이 오기 전에 율법 아래 있는 사람들을 죄, 육신, 율법, 사망에 갇혀 있다고 묘사한 것 [참조 롬 7:24과 8:1-2]이 바로 이 연결을 비신화화하고 실존주의적으로 설명한 것으로 볼 수 있다). 그래서, 이곳에서 우리가 이루려는 목적과 관련하여, 하나님의 진노 또는 그 진노의 근거가 되는 '율법의 저주'($\tau \hat{\eta} \varsigma$ $\kappa \alpha \tau \acute{\alpha} \rho \alpha \varsigma \ \tau o \hat{\upsilon} \ \nu \acute{o} \mu o \upsilon$)에서 우리를 구속하신 그리스도의 대속의 죽음이 유대인의 율법과 이방 종교들의 여러 규율들로 말미암아 우리를 종노릇하게 하는 영적인 세력들인 '우주의 근본 요소들'로부터 우리를 구속하신 수단으로 선포되고 있다는 것은 중요하다.

갈라디아서 3:13-4:11과 비슷하게, 바울은 골로새서 2:8-23에서도 십자가상에서의 그리스도의 대속으로 말미암아 하나님께서 '율법적인 요구들로서 우리를 대적하며 서 있는 증서를 무효로 만드심'으로 말미암아 '우리의 모든 죄를 (은혜로) 사하신 [$\chi \alpha \rho \iota \sigma \acute{\alpha} \mu \epsilon \nu o \varsigma$]' 것을 말하는 문맥에서 '우주의 근본 요소들'을 언급한다 ($\tau \grave{\alpha} \ \sigma \tau o \iota \chi \epsilon \hat{\iota} \alpha \ \tau o \hat{\upsilon}$ $\kappa \acute{o} \sigma \mu o \upsilon$ 8절과 20절). 바울은 하나님의 이 같은 구원의 행위를 그리스도로 말미암아 '통치자들과 권세들 [$\grave{\alpha} \rho \chi \grave{\alpha} \varsigma \ \kappa \alpha \grave{\iota} \ \tau \grave{\alpha} \varsigma \ \grave{\epsilon} \xi o \upsilon \sigma \acute{\iota} \alpha \varsigma$] (의 권세들)을 옷 벗기는 것 (stripping)'과 '그 (것)들을 꺾은 승리 [$\tau \rho \iota \upsilon \mu \pi \eta \iota \nu \gamma$]'의 언어로써 말하고 있으며 (13-15절), 독자들에게 이에 근거하여 종교적인 법들을 준수하라는 요구들에 굴복하거나 헛된 철학에 집착하지 말라고 권한다.

그래서 바울은 갈라디아서 3:13-4:11에서나 골로새서 2:8-23에서 십자가상의 그리스도의 대속의 죽음으로 말미암아 율법의 저주 또는 하나님의 진노로부터 우리를 구원하신 그리스도의 구속을 '우주의 근본 요소들' 또는 '본성상 신들이 아니'지만 실제로 하나님과 인간들을 대적하는 세력들인 '통치자들과 권세들'로부터 우리를 구원하신 그리스도의 구속과 동일시한다. 다시 말해서, 바울은 그리스도가 우리를 대신한 그의 속죄를 통하여 우리를 하나님의 진노로부터 구속하심으로써 사탄의 세력들로부터 우리를 구속하신다고, 또는 그리스도의 대속으로 말미암아 하나님께서 우리를 '의롭다고 하심' (갈 3:13의 '율법의 저주에서 구속' 또는 골 2:13의 '우리의 모든 죄를 사하심') 이 그리스도께서 사탄의 세력들로부터 우리를 구속하신 것이라고 가르친다. 이 내용이 바로 골로새서 1:13-14과 갈라디아서 1:4에서 간단명료하게 천명된 것이다: "그가 [하나님이] 우리를 흑암의 권세 [ἐξουσίας]에서 건져 내사 [ἐρρύσατο] 그의 사랑의 아들의 나라로 옮기셨으니, 그 아들 안에서 우리가 속량 [ἀπολύτρωσιν] 곧 죄 사함 [ἄφεσιν]을 얻었도다" (골 1:13-14); "그리스도께서 우리의 죄를 위하여 죽으신 것은 이 악한 세대 (즉 이 세대의 신 [고후 4:4; 참조. 고전 2:6-8]에 의해 통치를 받는 세대)에서 우리를 건지시려 함 [ἐξέληται]이었다" (갈 1:4).

로마서 7:24-8:4에서 바울은 죄와 사망의 법에 종노릇하는 아담적 인간 (또는 이스라엘)이 절망하여 "누가 이 사망의 몸에서 나를 건져내랴 [ῥύσεται]?"라며 부르짖는다고 서술한다 (롬 7:24). 그러고 나서 그는 "그리스도 예수 안에 있는 생명의 성령의 법이 죄와 사망의 법에서 [우리를] 해방하였다 [ἠλευθέρωσέν]"고, 그래서 "이제 그리스도 예수 안에 있는 자에게는 결코 정죄함 [κατάκριμα]이 없"다고 선언한다 (8:1-2). 그리고 바울은 이 '구원' 또는 '해방'이 "하나님께서 자신의 아들을 보내사 그의 육신에 죄에 대해 내리신 심판/정죄 [κατακρίνειν]를 감당하여 [우리를 위한] 속죄 제사가 되게 하심으로써" 이루어진 것으로 설명하고, 그것은 "육신을 따르지 않고 그 영을 따라 행하는 우리에게 율법의 요구가 이루어지게 하시려 함"이었다고 설명한다 (8:3-4). 그래서 바울은 갈라디아서 4:4-5 (과 골 1:13-14;

2:8-23)에서처럼 로마서 7:24-8:4에서도 하나님의 아들을 죄와 사망의 법에 대한 노예생활로부터, 또는 하나님의 정죄 혹은 진노로부터 구원하시는 하나님의 구원 사역의 실행자로 제시하고, 그의 속죄의 죽음을 그 구원의 수단으로 제시한다.

사실, 바울은 로마서 5:6-10에서 로마서 8장에서 말하려고 하는 내용을 요약적으로 미리 알려준다.[3] 이곳 로마서 5:6-10에서 바울은 우리를 대신하여 죽으신 그리스도의 죽음으로 말미암아, 즉 그의 속죄의 제사로 말미암아 ('그의 피로 말미암아', 9절) 이루어진 우리의 현재적 칭의에 관하여 말하며 (6, 8절), 그것을 최후의 심판 때 하나님의 진노로부터 구원을 받는 우리의 궁극적인 구원을 위한 근거로 제시한다 (9절). 그 다음에 바울은 10절에서 계속하여 왜 우리의 현재적 칭의가 하나님의 진노로부터 받게 될 우리의 미래적 구원을 확신시켜주는지 설명한다 (10절의 $\gamma\acute{\alpha}\rho$를 주목하라). 그것은 '경건하지 않은 자들 [죄인들]'인 우리에 대한 하나님의 칭의는 그의 '원수들'인[4] 우리

---

3 예를 들어, D. J. Moo, *The Epistle to the Romans*, NICNT (Grand Rapids: Eerdmans, 1996), 293-94 (『NICNT 로마서』, 솔로몬 역간); M. Wolter, *Rechtfertigung und zukünftiges Heil: Untersuchungen zu Röm 5,1-11*, BZNW 43 (Berlin: de Gruyter, 1978), 181-92를 참조하라.

4 '경건하지 않은 자들' ($\acute{\alpha}\sigma\epsilon\beta\epsilon\hat{\iota}\varsigma$, 롬 5:6: 비교. 4:5)은 하나님의 '원수들' ($\dot{\epsilon}\chi\theta\rho o\acute{\iota}$)이다. 그들이 사탄의 나라의 군인들로서 사탄의 통치에 복종하기 때문이다. 사탄은 그들을 고용하여 자신들의 '몸 (지체들)'을 불의의 '무기들' ($\ddot{o}\pi\lambda\alpha$)로 (6:13) 삼아서 하나님의 나라를 대항하게 하며, 하나님의 뜻을 대적하여 악을 더 증가시킨 것에 대한 대가로 그들에게 사망을 '삯' ($\dot{o}\psi\acute{\omega}\nu\iota\alpha$)으로 지불한다 (참조. Moo, *Romans*, 408, n.79. 무는 이곳에 사용된 $\dot{o}\psi\acute{\omega}\nu\iota o\nu$이라는 단어가 군사적 함의를 가지고 있다고 제시한다. 이 단어는 "70인역의 용례 세 곳 모두 [1 Esdr.4:56; 1 Macc. 3:28; 14:32]와 신약성경에 사용된 다른 세 곳 [눅 3:14; 고전 9:7; 고후 11:8은 구체적이지 않음] 중 두 곳에서 특히 군인들에게 지불하는 봉급 [LSJ]에 자주 사용되었듯이 말이다." 이렇게 '원수들' (롬 5:10), '무기들' (6:13), '삯' (6:23)뿐만 아니라 '왕노릇' ($\beta\alpha\sigma\iota\lambda\epsilon\acute{\nu}\epsilon\iota\nu, \kappa\nu\rho\iota\epsilon\acute{\nu}\epsilon\iota\nu$, 5:14, 17, 21; 6:9, 12, 14)과 '종노릇/해방' (롬 6:6, 16-22)과 같은 바울의 용어들은 하나님의 나라가 사탄의 나라와 전쟁 중에 있다는 바울의 묵시적 세계관을 반영하는 것으로 보인다. 바울이 그의 칭의의 복음을 설명하면서 이와 같은 용어를 채용하고

를 하나님 자신과 화목하게 하신 것을[5] 의미하기 때문이다. 그래서 우리가 의롭다함 (무죄 선언, 또는 죄 사함을 받고 하나님과 올바른 관계로 회복됨)을 받아서, 즉 하나님과 화해되어서 우리는 더 이상 하나님의 '원수'가 아니다. 그래서 이제 우리는 하나님과 '화평'을 누리게 되었으며 (1절), 최후의 심판 때 그의 '진노' (즉, 하나님의 정죄함, 롬 8:1)로부터 구원을 받게 될 것이다. 이러한 설명의 절정에서 바울은 그리스도의 죽음 (6, 8절)을 '[하나님의] 아들의 죽음'으로 바꿔 말한다. 이것은 나중에 그가 로마서 8:3-4, 32 (또한 갈 4:4-5; 2:20)에서 하나님이 자신의 아들을 보내셨다는 보냄의 형식과 그를 죽음에 내어 준다는 내어줌의 형식으로 전개할 사상, 즉 하나님의 아들이신 그리스도 예수가 우리를 위해 자신의 속죄의 죽음으로 말미암아 우리의 칭의 (와 하나님과의 화목)를 가져오셨다는 사상을 시사하는 것이다.

하지만 바울은 로마서 5:10의 하나님의 아들이란 칭호를 가지고 8:32-34에서 전개할 사상, 즉 높임 받은 그리스도 예수, 하나님의 아들이 최후의 심판 때 우리를 위해 중보하시리라는 사상도 시사하는 것 같다. 이 사실은 8b-9절과 10절 사이에 있는 병행성에서 엿볼 수 있다.

8 συνίστησιν δὲ τὴν ἑαυτοῦ ἀγάπην εἰς ἡμᾶς ὁ θεός, ὅτι

있으므로, 그가 칭의를 사탄의 나라에서 하나님 나라로의 이전 (참조. 골 1:13-14), 죄와 사망의 통치에서 하나님과 의의 통치로 이전되는 (롬 6:12-23) 주권의 전이로 이해하고 있다는 견해를 뒷받침하는 것으로 보인다.

5 바울이 1절에서 어떻게 우리의 '칭의' (δικαιωθέντες)를 하나님과 누리는 우리의 '화평'이라고 선언하고, 계속해서 9-10절에서 어떻게 그리스도의 죽음을 통해 하나님과 누리는 '우리의 화목' (κατηλλάγημεν)이라는 용어로써 그리스도의 속죄의 희생 제사를 통한 우리의 '칭의' (δικαιωθέντες)를 설명하는지 주목하라.

ἔτι ἁμαρτωλῶν ὄντων ἡμῶν   Χριστὸς ὑπὲρ ἡμῶν ἀπέθανεν[6]

9 πολλῷ οὖν μᾶλλον

                  δικαιωθέντες νῦν   ἐν τῷ αἵματι αὐτοῦ
      σωθησόμεθα   δι᾽ αὐτοῦ   ἀπὸ τῆς ὀργῆς·

10 εἰ γὰρ ἐχθροὶ ὄντες   κατηλλάγημεν τῷ θεῷ
      διὰ τοῦ θανάτου τοῦ υἱοῦ αὐτοῦ,
      πολλῷ μᾶλλον
                  καταλλαγέντες
      σωθησόμεθα   ἐν τῇ ζωῇ αὐτοῦ.   (ἐν τῇ ζωῇ αὐτου).[7]

8b-9절에서 바울은 우리 죄를 위한 그리스도의 대속의 죽음으
로 말미암아 우리가 의롭다함을 받았으며 그래서 우리는 최후의 심
판 때에도 그리스도로 말미암아 하나님의 진노에서 구원을 받을 것

---

6   이 8절과 앞서 나오는 5bc-6절 간의 병행성에 대해서는 Wolter, *Rechtfertigung*, 168을
참조하라.

7   Wolter, *Rechtfertigung*, 193-94. 볼터는 "[10절과] 9절의 '형식과 내용상의 연관성'을
인정한다. 하지만 그는 이상하게도 다음의 두 가지 주장들을 내세우면서 두 절들 사
이의 상이성들을 강조한다: (1) 10절은 '화해'라는 그림 언어로써, '칭의'라는 그림 언
어로 행해진 9절의 주장을 강화한다는 사실을 지적함으로써. (2) 9절은 그리스도의
죽음에 나타난 그분의 행위로부터 최후의 심판 때 있을 그의 행위를 지향하면서 하
나님의 사랑에 초점을 맞추고 있는 반면에, 10절은 9절의 최후의 심판에 대한 언급을
포기하고 σῴζειν ('구원하다')를 미래 종말론적 구원이라는 일반적인 의미로 사용하
면서 "객관적인 '어려움들'에 대한 객관적인 극복을 그냥 일반적인 이해의 수준에서"
펼치고 있다고 주장하면서. 실제로 10절은 '화해'라는 그림 언어로써 '칭의' (죄 사함
과 하나님과 올바른 관계로의 회복)의 함의들을 부각시키고, 그리스도의 죽음을 하
나님의 아들의 죽음으로 설명함으로써 9절의 주장을 강화한다. 바울이 여느 좋은 작
가가 그러하듯이 9절에서 말한 하나님의 진노 (또는 최후의 심판)를 병행구절인 10절
에서 반복할 필요가 없다고 생각했을 것이라는 사실은 쉽게 이해할 수 있다. 더욱이
하나님의 사랑 주제는 8b-9절만 아니라 이 본문과 병행구절인 10절도 지배한다. 그
러므로 10절의 '구원'을 9절에 있는 것과 다르게, 그리고 최후의 심판과 별개로 해석
하는 것은 매우 잘못된 것이다.

이라고 설명한다. 이어지는 절 (10절)에서, 바울은 '[하나님의] 아들의 죽음'으로 말미암아 우리는 현재적 칭의를 얻었고 '그의 생명 (살아나심)'으로 말미암아 우리는 미래적, 종말론적 구원을 얻을 것이라고 이를 상세히 설명한다. 여기서 우리는 이 병행구절에서 다음과 같은 점들에 주목한다.

1. '죄인들' (8b절)과 '원수들' (10a절) 간의 상응성
2. 칭의 (9절)와 화목 (10절) 간의 상응성
3. 그리스도의 죽음 (8b-9절)을 하나님의 아들의 죽음 (10a절)으로 다시 제시한 점
4. '그 [그리스도]로 말미암아' (9b절)를 '[하나님의 아들의] 생명 (살아나심)으로 말미암아' (10b절)라고 구체적으로 설명한 점
5. '자신의 아들의 죽음으로 말미암아' (10a절)와 '그의 생명 (살아나심)으로 말미암아' (10b절)가 대칭으로 놓인 점 ('그의 생명 [살아나심]으로 말미암아'라는 이 어구 [10b절]는 '그로 말미암아' [9b절]와 상응하면서 동시에 '자신의 아들의 죽음으로 말미암아' [10a절]와 대칭되는 이중적인 역할을 수행한다).

'그의 생명으로 말미암아' (10b절)라는 어구가 같은 절 (10a절)에서 '[하나님의] 아들의 죽음'과 대칭되어 있는 까닭에, 이 어구가 하나님의 아들의 부활 생명을 지칭하는데 그 안에 *하나님의* 아들의 높여지심의 뜻을 내포하고 있는 것이 분명하다 (참조. 롬 1:4). 그렇다면, 10b절의 '*그의 생명* (즉 하나님의 아들의 부활 생명)으로 *말미암아*' 얻는 미래적 '구원'이 9b절의 '*그로 말미암아* [하나님의] *진노로부터*' 얻는 미래적 '구원'을 반복한 것이므로, 이 두 절 (9b와 10b절)은 우리가 단순히 그리스도의 부활이나 부활 생명에 참여하고 있다는 것만 염두에

둔 것이 아니라,[8] 오히려 롬 8:34c-e (참조: 살전 1:10)에서처럼 최후의 심판 때 부활하고 높여지신 그리스도가 하나님의 아들로서 우리를 위해 하실 중보도 염두에 둔 것으로 생각된다.[9]

그러한 사상이 로마서 4:24-25에 이미 제시된 것으로 보이는 까닭에 로마서 5:9-10도 그것을 내포하고 있을 가능성이 높다. 로마서 4:24-25에서 바울은 "예수 우리 주를 죽은 자 가운데서 일으키신 [ἐγείραντα] 이 [하나님]를 믿는 자니라. 예수는 우리가 범죄한 것 때문에 [διά] 내어줌이 되고 [παρεδόθη] 또한 우리를 의롭다 하시기 위하여 [διά][10] 일으켜지셨느니라 [ἠγέρθη]"라고 말한다. 25절의 두 부

---

8   대부분의 주석들은 이 점만을 생각한다. 예: J. D. G. Dunn, *Romans* 1-8, WBC 38A (Waco: Word, 1988), 260 (『로마서 1-8』, 솔로몬 역간; J. A. Fitzmyer, *Romans*, AB 33 (New York: Anchor, 1992), 401 (『로마서』, CLC 역간); 또한 롬 5:5-10과 8:31-39 간의 긴밀한 병행성을 인지하고 있음 (188-95)에도 불구하고 Wolter, *Rechtfertigung*, 194-95도 이 점만 생각한다.

9   O. Michel, *Der Brief an die Römer*, KEK (Göttingen: Vandenhoeck, 1978), 183; P. Stuhlmacher, *Der Brief an die Römer*, NTD (Göttingen: Vandenhoeck, 1989), 76 (『로마서 주석』, 장로회신학대학교출판부 역간); 참조. Moo, *Romans*, 311; 또한 9절의 "그의 생명으로 말미암아"라는 어구를 적절히 이해하지 못하긴 했지만 Wolter, *Rechtfertigung*, 189-91도 참조하라. 본서 위의 각주 7도 참조하라.

10 25a절에서 διά + 목적격 구문은 일반적으로 원인적 또는 회고적 의미로 해석된다 ("우리의 범죄로 인해"). 하지만 25b절의 구성은 최종적 또는 전망적 의미로 해석된다 ("우리를 의롭게 하기 위해서", "우리의 칭의를 가져오려고"). 하지만 바울이 과연 두 개의 병행절로 되어 있는 신앙고백 형식 내에서 동일한 구문을 서로 다른 의미로 사용했을까? 25b절에서 원인적/회고적 의미 ("우리가 [이미] 의롭다함을 받았기 때문에")로 해석하는 것이 쉽지 않기 때문에 (반대: Kirk, *Unlocking Romans*, 77-79), 우리는 25b절의 구문 ("우리의 칭의 때문에", 즉 "우리를 의롭게 하기 위하여")처럼 25a절에 있는 διά + 목적격 구문을 과연 원인적/전망적 의미 또는 최종적 의미 ("우리의 범죄 때문에", 즉, "우리의 범죄를 처리하려고")를 취할 수 있을지 고려해야 한다 (참조: J. Murray, *The Epistle to the Romans*, NICNT [Grand Rapids: Eerdmans, 1959], 154-56). 만일 고전 15:3의 "그리스도께서 우리의 죄를 위하여 죽으셨다"는 신앙고백이 이곳 25a절의 신앙고백의 그리스어 표현 형식이라면 (참조. M. Hengel, *The Atonement: A Study of the Origins of the Doctrine in the New Testament* [London: SCM, 1981], 49-50, 『속죄론』, 대한기독교서회 역간), 이곳의 διὰ τὰ παραπτώματα

분으로 된 신앙고백 형식은 이사야 53:10-12의 용어를 반영한다. 이사야 본문에서 다음과 같은 표현들에 유의하라: 야웨는 그의 종을 '세우신다/주신다'(תשׂים/δῶτε, 10절), 또는 주의 종은 '그의 생명/영혼'을 '속건제물/속죄제물'(אשׁם/LXX: περὶ ἁμαρτίας, 10절, 또는 διὰ τὰς ἁμαρτίας αὐτῶν, 12절. 참조: TgIsa 53:5a 의 אתמסר בער יתנא: 이 문구는 성전 파괴를 지칭하는 것이지만, 우리의 25a절과 완전히 병행을 이룸)로 '쏟아 붓는다'(הערה/LXX: παρεδόθη, '넘겨지다/주다'/TgIsa: מסר, '넘겨지다', 12절). 그리고 (주의) 종은 고난을 겪은 후에 '의로운 자'로서 많은 사람을 '의롭게 할 것이다 [δικαιῶσαι / יצדיק]'. "그가 많은 사람들의 죄를 담당하며 범죄자들을 위하여 (중보) 기도하였다 [יפניע 사 53:12 MT/ יבעי TgIsa 53:4, 11, 12]." 그래서 바울이 로마서 4:25의 두 부분으로 구성된 형식으로서 주 예수가 이사야 53:10-12의 예언을 성취하시면서 십자가상에서 행하신 그의 속죄와 최후의 심판에서 수행하실 그의 (중보) 기도를 통해 우리의 칭의를 이루신다고 선언하려는 것으로 보인다.[11]

던 (J. D. G. Dunn)도 이사야 53장이 로마서 4:25에 영향을 주었다는 것을 인정한다. 하지만 그는 대부분의 주석가들처럼 25절에 있는 두

ἡμῶν ("우리의 범죄로 인하여")이라는 어구는 고전 15:3의 ὑπὲρ τῶν ἁμαρτιῶν ἡμῶν ("우리의 죄를 위하여")처럼 해석해야 할 필요가 있다: 즉, "우리의 범죄/죄를 속죄하기 위하여". 갈 1:4 ([Χριστοῦ] τοῦ δόντος ἑαυτὸν ὑπὲρ τῶν ἁμαρτιῶν ἡμῶν, ["그리스도는 우리의 죄를 위하여 자신을 내주셨다"])에 비추어 볼 때, 이렇게 해석해야 할 가능성은 아주 높다. 갈 1:4은 고전 15:3에 인용된 그리스어로 표현된 케리그마 전통의 구조 안에서 원래 셈어 동사인 '주다/넘겨주다' (מסר/δόντος)를 유지 지탱하고 있는 것 같다 (참조. ὑπέρ, BDAG A1[b]).

11 Stuhlmacher, *Biblische Theologie*, 1:296; J. Ådna, "The Servant of Isaiah 53 as Triumphant and Interceding Messiah: The Reception of Isaiah 52:13-53:12 in the Targum of Isaiah with Special Attention to the Concept of the Messiah," in *The Suffering Servant: Isaiah 53 in Jewish and Christian Sources*, ed. B. Janowski and P. Stuhlmacher (Grand Rapids: Eerdmans, 2004), 214-24 (189-224).

개의 $\delta\iota\acute{\alpha}$ 어구들을 예수님의 죽음과 부활이 우리의 칭의를 위해 발생했다는 단순한 주장을 위한 수사학적 병행에 불과한 것으로 취급하면서, 예수님의 죽음의 효과와 그의 부활의 효과 간의 차이를 부인한다.[12] 그리스도의 죽음과 부활이 우리의 칭의를 위한 하나의 구원사건의 두 순간들로서 한 덩어리라는 것은 사실이다. 하지만 다음과 같은 세 가지 사실들을 고려하라. (1) 그리스도의 부활은 단지 그의 속죄의 죽음의 정당성을 드러내고 죄와 사망의 권세에 대한 그의 승리를 확증한 것만이 아니라, 그를 '하나님의 권세를 행사하는 아들'로 또는 우주적인 '주님'으로 높이신 것이며, 그리하여 그가 우리의 구속을 위해 하나님의 왕권을 가지고 계속해서 죄와 사망의 권세를 멸하셔서 (고전 15:20-28, 등)[13], 마침내 최후의 심판 때 우리의 칭의를 위해 중보하게 하신 것이기도 하다 (롬 8:32-34). (2) 신자들은 그리스도의 속죄의 죽음에 근거하여 이미 의롭다함 (칭의)을 받았다 (롬 5:1, 8-9a, 10a; 3:23-26). 하지만 그들은 하나님의 아들이신 주 예수의 중보로 말미암아 최후의 심판에서 칭의의 완성 (하나님의 진노로부터 구원)에는 아직 이르지 못했다 (롬 8:32-34; 살전 1:10; 또한 갈 5:4-5; 롬 8:23-25도 참조하라). (3) 이러한 칭의의 '이미-그러나 아직' 구조는 우리로 하여금 바울이 칭의의 현재적 국면을 '첫 열매'와 완성 사이에 있는 것으로 의식하고 있었다고 믿게 한다.[14] 그렇다면 바울이 우리의 구속을 위해 죄와 사망의 권세를 멸해가는 부활하신 그리스도의 현재적 왕적 사역을 우리로 하여금 사탄의 죄의 통치에 떨어지지 않게 하시고 자신의 의의 통치에 '믿음의 순종'을 하게 함으로써, 즉 우리에게 사탄의 통치가 아니라 자신의 통치에 순종하도록 명령하고 힘주심으로

---

12   Dunn, *Romans* 1-8, 224-25.

13   본서 제2장을 보라.

14   본서 제7장을 보라

써 우리가 칭의의 상태에 계속 있도록 (또는 우리가 현재 칭의된 자들 또는 의인들로서의 신분을 유지하도록) 붙들어주시는 것으로 이해하고 있다고 생각하는 것은 지극히 자연스럽다 (롬 6:11-23).[15]

주 예수 그리스도의 이 현재적 통치의 끝에, 즉 그의 재림 때, 부활하고 높여지신 그리스도는 하나님의 최후의 심판 자리에서 우리가 칭의의 완성을 얻도록 우리를 위해 중보하실 것이다. 우리 칭의의 완성을 위해 절대적으로 필요한 이 두 사역들 (사단의 통치를 무찔러 우리로 하여금 하나님의 통치를 받는 의인들로 지탱하는 일과 최후의 심판 때 우리를 위한 중보)은 하나님의 높이 들림을 받은 아들이신 부활한 그리스도께서 '그의 [부활] 생명'으로 현재 행하고 계신 것과 장차 행실 것이다 (롬 5:10b). 그래서 바울은 "그리스도는 우리를 의롭다 하시기 위하여 일으킴을 받으셨다" (롬 4:25b)고 말하는 것이다. 다시 말해서 그리스도는 '그의 생명으로' 우리의 칭의를 위해 이 두 가지 일을 행하시도록 부활된 것이라는 뜻이다. 그래서 바울이 로마서 5:9-10에서 '그 [즉, 그리스도]로 말미암는' 또는 '그 [즉, 하나님의 아들]의 생명으로 말미암는' 미래의 구원을 '그의 피로 말미암는' 또는 '그의 [즉, 하나님의] 아들의 죽음으로 말미암는' 이미 이루어진 칭의 또는 화목과 대칭시킬 때,[16] 바울은 하나님의 아들이신 부활하신 그리스도께서 자신 (과

---

15 본서 제7장을 보라

16 롬 4:25b ("우리의 *칭의*를 위하여 일으켜졌느니라")의 공식화된 표현으로 "그로 말미암아 [하나님의] 진노로부터의" 미래적 *구원* (5:9b)과 "그의 [하나님의 아들의] [부활] 생명으로 말미암는" *구원* (5:10b)이 최후의 심판 때 있을 *칭의*의 완성을 의미한다는 것이 분명해졌다. 하지만 5:9b와 10b에서는 우리가 (세례 때) 이미 받은 구원을 가리키는 비유적 용어들인 '칭의' (5:9a, "그의 피로 말미암아 칭의를 받았으니")와 '화목'과 혼동을 피하기 위해 비유적인 용어가 아니고 일반적인 용어인 '구원' (σωθησόμεθα)이 사용되었다. 이러한 관점은 칭의와 구원이 교차대구 구조 내부에서 동의어로 등장하는 롬 10:9-10의 뒷받침을 받고 있다.

A: 네가 만일 네 입으로 예수를 주로 시인하며

　　B: 하나님께서 그를 죽은 자 가운데서 살리신 것을 네 마음에 믿으면,

하나님)의 영을 통해 실행하시는 현재적 통치를 염두에 두고 있다 (롬 1:4; 8:9). 즉 우리로 하여금 하나님을 위해 (롬 7:4-6; 골 1:10) '의의/성령의 열매'를 맺으며 (빌 1:11; 갈 5:22; 고전 9:10; 살전 3:12-13; 또한 롬 8:4도 참조하라) 칭의의 상태에 머물러 있게 (즉, 의인으로서 우리의 신분을 유지하게) 하는 그리스도의 현재적 통치를 염두에 두고 있다. 더 나아가서 최후의 심판 때 우리의 칭의를 완성하여 마침내 우리를 하나님의 진노로부터 구원하실 그리스도의 중보도 염두에 두고 있다.[17]

B': 사람이 마음으로 믿어   구원을 받으리라
                          의에 이르고
A':입으로 시인하여   구원에 이르느니라.

C. E. B. Cranfield, *A Critical Exegetical Commentary on the Epistle to the Romans*, ICC (Edinburgh: T&T Clark, 1979), 2:530-31 (『로마서 주석』, 도서출판 로고스 역간); J. D. G. Dunn, *Romans* 9-16, WBC 38B (Waco: Word, 1988), 609 (『로마서 9-16』, 솔로몬 역간; Moo, *Romans*, 658-59. 롬 8:31-39은 바울에게 궁극적인 종말론적 구원은 최후의 심판에서 칭의의 완성 (최종적인 실현)임을 확증한다 (참조. 살전 1:10; 5:9-10). 칭의의 완성은 (부정적으로 말하자면) 사탄의 죄, 육신, 율법, 사망의 권세로부터의 궁극적인 구출을 (참조. 롬 8:23-25; 고전 15:50-57), 그리고 (적극적으로 말하자면) 하나님의 형상/영광 또는 신적 생명, 즉 영생을 받게 하는 것이다 (참조. 롬 8:28-30; 6:23). 참조. 본서 제7장의 각주 6.

17 던 (*Romans* 1-8, 268-69)은 롬 4:25b ("우리를 의롭다 하시기 위하여 일으켜졌느니라") 구절이 앞에 있는 4:25a ("우리가 범죄한 것 때문에 내어줌이 되고") 어구와 더불어 그리스도의 죽음과 부활이 우리를 의롭게 하려고 일어났음을 수사학적으로 강조하는 것 이외에 부차적인 의미를 담고 있음을 부인하면서도, 롬 5:9-10에 대해서는 다음과 같이 말한다. "이 두 절들에서 바울은 *이미 발생한 것의 단회성* ('우리가 칭의되었다/화해되었다')과 구원의 과정에 있지만 아직 완성되지 않은 구원의 아직-아님 ('몸의 구속' 등 - 8:23) 사이에서 균형을 찾으려고 하는 것이 분명하다. 각각의 용어 (칭의/화해, 구원)가 어느 한 측면 또는 다른 측면을 가리키는 전문용어일 것이며, 그래서 세 용어들을 다 서로 날카롭게 구별해야 한다고 주장하는 것은 현학적이고, 신학적으로 정당하지 않으며, 목회적으로 위험하다. 그래서 예수의 죽음이나 예수의 부활 생명을 구원론적으로 구별된 실체들로서 각각의 측면에만 무게를 두려고 시도하는 것 역시 동일하게 근거가 없다 (참조. 4:25). 바울이 말하려고 하는 요지는 다음과 같은 것이다: 한편, (우리의) 소망의 근거는 단순히 순교자 같은 희생으로 이해된 과거의 한 사건 (예수님의 죽음)이나 예수의 부활 생명으로 이해되는 하나님의 능력에 대한 경험이 아니라, 두 사건들이 완전히 서로 연속된 것이고 똑같이 하나님의 사랑을 나타내는 한 덩어리라는 데 있다는 것. 다른 한편, 이 요지도 뚜렷이 드러난다:

인간들을 자신과의 올바른 관계로 회복시키시려는 하나님의 목적은 예수님의 죽음이나 회심 같은 어떤 한 사건에서 단회적으로 완성되는 것이 아니라, 그리스도의 부활 생명의 권세 (또는 다르게 표현하자면 하나님의 영 - [롬 5:5])이 주도적인 역할을 수행하는 지속적인 과정에서 성취되어간다는 것"(기울임체 첨가). 롬 10:10에 대해 던 (Romans 9-16, 609)은 이와 비슷하게 다음과 같이 말한다: "εἰς σωτηρίαν이 미래 종말론적 성취를 전망하는 까닭에 … 병행 어구인 δικαιοσύνη에도 거의 확실하게 동일한 미래적 전망이 있다는 사실을 상기할 필요가 있다 (6:16 주석도 보라). 하나님의 의는 하나님이 신자를 용납하셨다는 그의 처음 행위만이 아니라 (그를) 지속적으로 붙들어주시는 하나님의 힘과 최종적으로 의인이라 선언하심이다"(기울임체 첨가. 던이 그의 책 Theology of Paul, 386, 636-37에서 지적한 동일한 요지들에 대해 우리가 본서 서론 각주 15에서 토론한 것을 참조하라). 던은 기울임체로 제시한 두 인용문들에서 우리가 여기서 말하려고 하는 것과 비슷한 요점들을 지적하고 있다. 하지만 우리가 생각하기에, 던이 최후의 심판에서 우리가 '최종적인 의인 선언' (즉, 칭의의 완성인 하나님의 진노로부터의 구원)을 받도록 하기 위해 우리의 구원의 '지속되는 과정'을 지탱하는 '그리스도의 [또는 하나님의 아들의] 부활 생명의 능력' (롬 5:10)이 죽은 자 가운데서 일으킴을 받은 하나님의 아들이신 그리스도 예수의 주권의 능력이라는 것을 이해하지 못한 것은 애석하다. 그리고 롬 4:25b과 5:10b이 (롬 10:9-10의 "예수가 주님이시다"라는 고백과 더불어 - 본서 제7장과 제8장을 보라) 그리스도의 죽음과 부활이 함께 효력을 발휘하여 우리의 칭의를 이룬다는 일반적인 생각을 넘어서 이 구체적인 사상을 표현하고 있다는 사실을 던은 보지 못했다. 무 (Romans, 289-90) 역시 4:25ab의 두 병행절에 수사학적 의도를 부여한다. 하지만 그는 바울이 그리스도의 부활을 우리의 칭의와 연결하는 것이 흔치 않는 일이라는 사실을 지적하면서, 여기서 바울이 어떤 신학적인 요지를 천명하고 있다고 이해하기도 했다. 즉, "예수의 죽음이 하나님의 칭의의 행위가 진행될 수 있는 필수적인 근거를 제공하듯이, 그의 부활은 그리스도의 옳음을 선언하고 그를 죄의 영향으로부터 영원히 해방시킴으로써 (비교. 6:10), 그리스도와 연합한 신자들이 경험하는 죄를 제압하는 지속적인 권세를 제공한다"고 말이다. 그런 다음에 무 (Romans, 310-11)는 롬 5:9-10을 이렇게 주석한다. "[롬 5장] 1절에서처럼 '의롭다 하심을 받았다'는 것은 그리스도를 믿는 죄인에게 선언된 과거의 무죄 선언을 암시한다. 하지만 '이제'라는 단어는 이렇게 무죄 선언을 받은 사람들의 지속적인 '의로운' 신분/지위라는 뉘앙스를 덧붙인다. … 그리스도의 희생적 죽음에 근거하여 신자에게 전달된 의인이라는 신분/지위는 [최후의 심판 때] 진노로부터의 구원을 낳는다. … 바울은 애초의 구원이 '그의 피로 말미암아' 이루어졌듯이 최종적인 구원 역시 '그로 말미암는다'고 주장함으로써 둘 사이의 깨질 수 없는 연결을 제시한다. 10절의 병행적 표현인 '그의 생명으로' (개역개정에는 '그의 살아나심으로 말미암아'라고 번역됨 - 역주)에 비춰 볼 때, 바울이 이 어구로써 그의 부활로 말미암아 '하나님의 능력을 행사하는 아들로 인정되신' (참조. 1:4; 8:34) 부활하신 그리스도의 중보를 말하려고 했을 개연성이 높다." 이렇게 하여 무는 우리가 여기서 전개하고 있는 견해에 던보다는 조금 더 근접한다. 심지어 무마저 만족스러울 정도로 분명히 그리고 일관성 있게 설명을 못하지만 말이다 (무가 그

이제, 바울이 넘겨줌의 형식 (롬 8:32; 갈 2:20; 참조 엡 5:2, 25과 갈 1:3-4
의 '그리스도'도 참조하라)에서 동사 *παραδιδόναι* ('넘겨주다')와 '하나님의
아들'이라는 칭호를 연결하여 사용하지만 '주'라는 칭호와는 한 번도
연결하여 사용하지 않는다는 것을 고려할 때, 로마서 4:24-25의 어
구가 좀 이상하게 보인다는 사실을 주목하라. 바울이 '주'라는 칭호
를 일반적으로 예수의 부활, 높여지심 (현재적 주권), 재림 등의 주제들
과 함께 사용하고[18], 높여지신 주 예수가 고난을 받으셨다는 역설을
특별히 부각시키려는 경우에서만 그 칭호를 예수의 죽음과 직접 연
결한다 (고전 2:8; 갈 6:14; 살전 2:15; 또한 고전 11:23-27에 있는 주의 만찬 예식
도 참조하라). 그런데 여기서는 그러한 목적이 눈에 띄지는 않는다. 그
러므로 로마서 4:24-25에서 바울이 '하나님의 아들'이라는 칭호 대
신 '주'라는 칭호를 사용한 것은 그가 로마서 10:9-10에서 인용하고
설명할 세례 형식을 염두에 두고 글을 쓰고 있기 때문이라고 보는 것
이 최상인 것 같다. 바울은 여기서 믿음으로 말미암는 칭의를 천명하
는 것에 주된 관심이 있기에 24절 ("의로 여기심을 받을 우리도 위함이니, 곧
예수 우리 주를 죽은 자 가운데서 살리신 이를 믿는 자니라")에서 로마서 10:9-
10의 세례 형식의 요약판을 제공한다.[19] 그런 까닭에 바울이 여기서

의 주석 *Romans*, 312에서 10절의 '그의 생명으로 말미암아'에 관해 계속해서 말하는
내용을 보라).

18 Werner Kramer, *Christ, Lord, Son of God* (London: SCM, 1966), 65-107, 151-82.

19 롬 4:24-25이 롬 10:9-10과 공유하고 있는 단어들에 주목하라. "네가 만일 네 입으로
*예수를 주로 고백하며 또 네 마음으로 하나님께서 그를 죽은 자 가운데서 일으키신
것을 믿으면 구원을 받으리라. 사람이 마음으로 믿어 의에 이르고 입으로 고백하여
구원에 이르느니라.*" 바울은 4:23-25의 말들로써 칭의가 행위로 얻는 것이 아니라 조
상 아브라함처럼 창조주의 부활을 주시는 또는 생명을 주시는 능력으로 그의 약속을
지키시는 하나님을 믿는 사람들에게 의로 여겨지는 것이라는 롬 4장의 그의 긴 논의
를 결론짓는다. 하지만 바울은 이 결론에서 롬 10:9-10의 세례 형식을 반향함으로써
칭의를 매개하는 믿음을 우리를 위한 자신의 구원 사역의 실행자이신 우리 주 예수
를 죽은 자 가운데서 일으키신 하나님을 믿는 특정한 믿음이라고 구체화한다.

'주' 칭호를 동사 *ἐγείραντα* ('살리신 [이]')와 연결하여 사용한 것은 지극히 정상적이다. 그러고 나서 바울은 25절에서 이러한 믿음이 왜 우리의 칭의를 가져오는지를 설명하기 위해 두 부분들로 되어 있는 신앙고백 형식을 덧붙이는데, 그 형식은 학자들이 흔히 주장하는 대로, 자신 이전의 그리스도인들로부터 물려받은 것이든지, 아니면 이사야 53장과 예수님의 말씀 (막 10:45/마 20:28, 눅 12:8-9/마 10:32-33)을 반향하여[20] 일찍이 자신이 직접 만든 신앙고백 문형이다.[21] 이것은 24c절의 '주' 칭호가 25a절의 동사 *παρεδόθη* ('내어줌이 되었다')와 다만 느슨하게 연결되었음을 의미한다. 이런 까닭에 우리는 25절의 두 부분으로 구성된 형식이 원래 (신적 수동태 형태로 되어 있는) 두 동사 *παρεδόθη* ('내어줌이 되었다')와 *ἠγέρθη* ('일으킴을 받았다')의 주어로 '하나님의 아들' (참조. 롬 8:32; 갈 2:20; 또한 요 3:16)이나 '그리스도' (참조. 갈 1:3-4; 엡 5:2, 25)를 보유하고 있었다고 추정할 수 있다.[22]

이러한 추측은 다음과 같이 재구성한 4:25과 5:8b-9/5:10 간의 깔끔한 상응성에 의해 뒷받침을 받는다.

"[하나님의 아들이신 예수는] 우리의 범죄 때문에 [죽음에] 내어줌이 되었

---

20 Stuhlmacher, "Christus Jesus ist hier," 356; 다음에 이어지는 각주 22와 본서 제10장 각주 5에 언급된 나의 논문을 참조하라.

21 롬 4:25의 형식이 바울이 작성한 것인지 바울 이전 교회의 전승인지에 관한 논의는 우리의 현재 목적에 중요하지 않다. 여기서 우리의 관심사는 바울이 그 형식을 어떻게 이해했고 사용했는지에만 있을 뿐이다.

22 롬 4:25을 내어줌의 형식의 한 예로 취급해야 하고, 보냄의 형식 (롬 8:3-4; 갈 4:4-5; 참조. 요 3:17; 요일 4:9-10)과 내어줌의 형식 (롬 8:32; 갈 1:4; 2:20; 참조. 요 3:16)이 예수님의 속전 말씀 (막 10:45 par)을 반향한다는 것, 그리고 이 형식들에서 '하나님의 아들'이라는 어구는 속전 말씀의 '인자'에 해당한다는 입장에 대해서는 S. Kim, "Jesus' Ransom Saying (Mark 10:45 par) and Eucharistic Saying (Mark 14:21-25 pars) Echoed in 1 Thessalonians," in S. Kim, *Paul's Gospel for the Thessalonians* (출간 예정)를 참조하라.

다"(4:25a)

"우리가 원수 되었을 때에, 자신의 아들의 죽음으로 말미암아 하나님과 화목하게 되었다"(5:10a)

"또한 우리를 의롭다 하시기 위하여 [하나님의 아들이신 예수가] 일으켜 지셨다"(4:25b)
"우리가 그의[하나님의 아들의] [부활] 생명으로 말미암아 더욱 [하나님의 진노하심에서. 참조. 9b절] 구원을 받을 것이다"(5:10b)

앞에서 우리는 5:8b-9와 5;10이 병행구절들이라는 것을 살펴보았다. 이것은 4;25과 5:8b-9 사이에도 동일한 상응성이 있음을 의미한다.

"[하나님의 아들이신 예수는] 우리의 범죄 때문에 [죽음에] 내어줌이 되었다"(4:25a)
"우리가 아직 죄인 되었을 때에 그리스도 [하나님의 아들. 참조. 10a절]가 우리를 위하여 죽으셨다"(5:8b)

"또한 우리를 의롭다 하시기 위하여 [하나님의 아들이신 예수가] 일으켜 지셨다"(4:25b)
"더욱 그로 말미암아 하나님의 진노하심에서 구원을 받을 것이다"(5:9b)[23]

---

23   이러한 상응성은 롬 4:25b의 칭의가 최후의 심판 때 하나님의 진노로부터의 궁극적인 구원, 즉 종말 때 완성될 칭의의 완성을 가리킨다는 사실을 확증한다. 이 칭의의 완성을 바울은 세례를 통해 이미 얻은 칭의와 대조되게 '구원'이라고 바꿔 말한다.

로마서 5:8b의 '위하여 죽으셨다'($\dot{\alpha}\pi\acute{\epsilon}\theta\alpha\nu\epsilon\nu$ $\acute{\upsilon}\pi\acute{\epsilon}\rho$)는 표현은 고린도전서 15:3에서처럼 원래 셈어로 '넘겨졌다'(רםכנ/$\pi\alpha\rho\epsilon\delta\acute{o}\theta\eta$)의 그리스어화된 표현일 가능성이 많다. 이 사실로 인해 4:25a와 5:8b가 병행구절들일 가능성이 한층 더 높아졌다. 이제 원래 셈어적 원본을 염두에 두면서 "우리가 아직 죄인 되었을 때에, 그리스도/하나님의 아들이 우리를 위하여 [죽음에] *넘겨지셨다*"고 하는 5:8b를 읽어보라. 그리고 바울이 5:8a에서 이 사건을 어떻게 설명하는지를 생각하라: "하나님이 우리에 대한 자신의 사랑을 확증하[보여주]시느니라..." 그렇다면 우리는 여기서 전형적인 내어줌의 형식을 보게 된다: 하나님은 그의 사랑에 기인하여 우리를 위해 자신의 아들 또는 그리스도를 넘겨주셨다 또는 내어주셨다 (롬 8:32; 갈 2:20; 엡 5:2, 25; 요 3:16).[24]

이렇게 하여 그리스도의 죽음과 부활을 이사야 53장에 있는 죄인들의 칭의를 위한 주의 종의 속죄와 중보라는 용어로 제시하는 로마서 4:25과, 로마서 4:25를 전개하는 로마서 5:8-10은 함께 이렇게 천명한다. 즉, 하나님의 아들 그리스도 예수는 그의 대속의 죽음으로 말미암아 우리의 칭의를 이루셨고, 현재 사탄의 죄의 통치에 대항하여 그의 성령으로 말미암아 그의 의의 통치를 실행함으로써 우리의 칭의를 견지하고 계시며, 장차 최후의 심판에서 그의 중보를 통하여 칭의의 완성 (하나님의 진노로부터 구원)을 이루실 것이라고 말이다.

---

24 실제로 8a절과 8b절 간의 논리적인 연결은 그리스도를 우리를 위해 죽게 하신 분이 *하나님*이셨다는 것, 즉 넘겨줌의 형식이 천명하는 것을 이미 암시한다. 6절의 $\kappa\alpha\tau\dot{\alpha}$ $\kappa\alpha\iota\rho\acute{o}\nu$ ('정하신 때에')을 갈 4:4-5의 보냄의 형식을 시작하는 '때가 차매 (충분히 임하였을 때에)'의 의미로 취한다면 (C. K. Barrett, *The Epistle to the Romans*, 2nd ed., BNTC [London: Black, 1991], 98; Michel, R mer, 181), 우리는 바울이 여기서 넘겨줌의 형식을 염두에 두고 있다는 더욱 확실한 증거를 갖게 되는 셈이다. 내어줌의 형식이 보냄의 형식과 밀접한 관련을 갖고 있으니 말이다.

바울은 그의 칭의의 복음 강해의 절정에 해당하는 로마서 8:31-39에서 로마서 4:24-25과 5:6-10에서 예시한 것을 펼쳐놓는다. 그는 로마서 8:31-39에서 하나님이 미리 정하시고 부르시고, 의롭다고 하신 사람들의 구원의 완성 ('영화롭게 함')의 확실성을 천명하기 위하여 (롬 8:28-30) 도전적으로 외친다. "하나님이 우리를 위하시면 누가 우리를 대적하리요?" "누가 능히 하나님께서 택하신 자들을 고발하리요?" "누가 정죄하리요?"라고 말이다. 이런 것들의 가능성을 절대적으로 부정하고, 최후의 심판에서 우리의 칭의의 완성 (또는 하나님의 진노로부터 구원)을 확신시키기 위해, 첫째로 바울은 넘겨줌의 형식을 인용함으로써 하나님의 사랑을 강조한다: "자기 아들을 아끼지 않고 내주신 이가 어찌 그 아들과 함께 모든 것을 우리에게 주시지 아니하겠느냐?" (32절. 참조. 롬 5:8). 둘째로, 바울은 우리를 선택하신 동일한 하나님이 우리를 의롭다고 선언하시는 재판장이라는 사실을 언급한다 (33절). 셋째로, 그는 그리스도의 사역을 말한다: "죽으실 뿐만 아니라 다시 일으켜지신 이는 그리스도 예수시니, 그는 하나님 우편에 계신 분이요 우리를 위하여 간구/중보하시는 분이시니라" (34절). 그러므로 여기서 우리를 위해 자기 아들을 내주신 하나님 (32절)과 그리스도의 죽음 (34b절)에 대한 언급들은 앞에 언급한 본문인 8:3-4 (과 3:23-26; 4:24-25; 5:6-10)의 사상을 반복한다. 즉, 하나님은 우리의 칭의를 위해 자신의 사랑에서 우러나오는 행위, 즉 자신의 아들을 보내시고 그 아들을 대속의 죽음에 내어주시는 행위를 하셨다.

하지만 바울은 그리스도의 속죄의 죽음을 천명한 후에 로마서 8:34에서 계속하여 시편 110:1 (과 4절도 해당될 개연성이 있음)과 로마서 1:3-4의 복음을 반향하면서, 그의 부활과 높여지심을 천명한다. 그가 이렇게 하는 까닭은 그리스도의 중보를 천명하려는 데 있다. 모든 악한 세력들을 이기고 일으킴을 받으신 그리스도는 하나님의 아들과 주로서 하나님 오른편에 앉으셨으며, 지금이나 최후의 심판에서나 우리를 위해 간구/중보하신다 (롬 4:25; 5:10; 살전 1:10).²⁵ 그러므로 비록 어떤 원수가 우리를 대적하여 고소를 한다고 해도, 우리에게 정죄는 없을 것이고 다만 우리의 궁극적인 칭의만 있을 것이다. 여기서 우리는 갈라디아서 4:4-5과 로마서 7:24-8:4을 염두에 두면서, 바울이 '하나님의 아

---

25 헹엘 ("Sit at My Right Hand!," 159)은 *ἐντυγχάνει* ('간구/중보하다')의 현재 시제를 들어 이렇게 말한다. 바울은 그리스도의 현재적 간구/중보와 최후의 심판에서의 간구/중보를 다 염두에 두고 있다고 말이다. 그러면서 헹엘은 그리스도의 현재적 중보를 성령의 중보와 병행으로 이해한다 (롬 8:26-27. 또한 U. Wilckens, *Der Brief an die Römer* [Röm 6-11], EKK 6/2 [Neukirchen: Neukirchener Verlag, 1980], 174-75). 이러한 관찰은 33절의 분사 *ὁ δικαιῶν* ('의롭다 하시는 이')의 현재 시제와 일치한다. 이것을 던 (*Romans* 1-8, 503)은 "하나님의 칭의의 행위가 (회심 때에든지 아니면 어느 때에든지 발생하는) 한 번으로 완성되는 단회적인 사건이 아니라 지속적인 지탱해주심"을 가리키는 것으로 이해한다. 또한 P. Stuhlmacher, "The Process of Justification," in *Revisiting Paul's Doctrine of Justification: A Challenge to the New Perspective*, with an essay by Donald A. Hagner (Downers Grove: IVP Academic, 2001), 58-59도 참조하라. 쉬툴막허는 이렇게 언급한다: "로마서 4:25과 8:34은 함께 기독론에 대한 광범위한 종말론적 기간을 제공한다. 성 금요일에 그리스도는 하나님에 의해 죽음에 내어줌이 되셨다. 그리고 부활절 이후 그는 자신을 주로 고백하는 모든 사람을 위해 하나님의 심판의 보좌 앞에서 그의 죽음의 효력을 발생시키신다 (참조 롬 10:9-11). 예수를 주라고 고백하는 사람들이 주님께 계속 신실하면, 주님도 최후의 심판 때까지 그들의 변호자가 될 것이며, 그리하여 그리스도 예수 안에서 그들에게 보여주신 하나님의 사랑에서 아무것이든지 아무라도 그들을 끊을 수 없을 것이다 (참조. 롬 8:38-39). 예수 그리스도는 부활절부터 이 세상 끝까지 신자들의 칭의의 살아 있는 보증자이시다." 우리는 확실히 그의 영으로 말미암는 그리스도의 현재적 중보를 우리의 칭의의 신분을 유지시키는 그의 현재적 통치의 일부로 이해할 수 있다 (본서 제7장을 보라). 그렇지만 롬 8:31-39의 전체 심판 장면이 우리의 칭의의 종말론적 완성을 묘사하는 까닭에, 즉 여전히 현재 믿음으로 견지하는 (8:28-30) 소망의 대상 (8:18-27)으로 남아 있는 까닭에, 여기서는 최후의 심판에 더 초점이 맞춰져 있다고 보아야 한다. Stuhlmacher, "Christus Jesus ist hier," 355-57를 보라. 그러나 바울은 빌 1:19-21에서 자신이 로마의 관원 (아마도 카이사르) 앞에서 재판 받을 때 예수 그리스도의 영의 도움을 통해 자신이 구원 (곧 무죄 석방)을 받을 것을 안다고 하는데, 그리스도가 신자들이 최후의 심판에서 칭의의 완성을 얻을 때까지 그들을 칭의 또는 구원의 상태에 붙들어주시는 그의 사역의 일부로서 로마의 재판정에서 바울 자신을 위해 그의 영을 통하여 중보 사역을 해주시리라 생각하는 것 같다 (본서 제10장의 각주 7도 보라).

들'이란 칭호를 사용하기를 기대할 수 있을 것이다. 그가 정죄로부터의 구원 (해방)에 관해 말하는 계제이니 말이다 (참조 살전 1:10). 하지만 바울은 '하나님의 아들'이라는 칭호를 사용하는 대신에, 34절의 문장을 여는 첫 구절에 '그리스도'라는 칭호를 사용한다 (Χριστὸς [Ἰησοῦς] ὁ ἀποθανών).[26] 그리고는 고린도전서 15:3-5에서처럼 그 절에 예수 그리스도의 구원 행위를 묘사하는 세 개의 절들을 이어 단다. 하지만 로마서 8:34이 로마서 8:32의 사상 (ὅς γε τοῦ ἰδίου υἱοῦ οὐκ ἐφείσατο ἀλλὰ ὑπὲρ ἡμῶν πάντων παρέδωκεν αὐτόν)을 잇는 것이므로, 로마서 8:32-34에 '[하나님의] 아들'과 '그리스도' 칭호들이 번갈아 사용된 것은, 우리가 앞에서 병행구절인 로마서 5:8-10 ("그리스도께서 우리를 위하여 죽으셨다" [5:8/8:34]와 "그의 아들의 죽음" [5:10/8:32])에서 관찰했듯이, 두 칭호들이 서로 바꿔 쓸 수 있는 칭호들이라는 사실만 확인하는 것이다. 이 견해는 데살로니가전서 1:10과 5:9-10의 또 다른 병행구절에서도 확인할 수 있다. 이 두 본문들에서 바울은 먼저 하나님의 진노하심에서 우리를 건질 분이신, "하나님께서 죽은 자 가운데서 일으키신 [하나님의] *아들*"에 대해 말하고, 그리고 나서 "우리를 진노하심에 이르지 않게 하고, *우리를 위하여 죽으신* 우리 주 예수 *그리스도*로 말미암아 구원을 얻게 하시는" (이것은 롬 5:6, 8b; 참조. 고전 15:3에 있는 것과 같은 전형적인 '죽음 형식'이다) 하나님에 대해 말한다.[27] 그런 까닭에 우리는 이곳 로마

26　'죽음의 형식' ("그리스도가 우리를 위해서 죽었다")에 '그리스도'라는 칭호가 고정적으로 사용되기 때문인 것 같다. 참조. Kramer, *Christ, Lord, Son of God*, 26-28.

27　살전 1:10 ("또 [하나님이] 죽은 *자들 가운데서 일으키신 [하나님의] 아들이 … 장차 올 진노로부터 우리를 건지시는 예수시니라*")이 롬 5:8-10과 8:32-34에 근접하는 병행을 이루고, 로마서의 이 두 본문들처럼, 그의 재림 때 하나님의 진노로부터 우리를 건지시기 (즉, 우리의 칭의의 완성을 이루시기) 위한 하나님의 아들의 중보를 염두에 두고 있다는 견해에 대해서는 S. Kim, "Jesus the Son of God as the Gospel," in *Earliest Christian History: History, Literature, and Theology. Essays from the Tyndale Fellowship in Honor of Martin Hengel*, ed. M. F. Bird and J. Maston, WUNT 2:320 (Tübingen:

서 8:32-34에서 바울이 그리스도가 십자가상에서 행하신 속죄로 말미암아 (롬 8:32a, 34b. 롬 4:25a; 5:8, 9a, 10a; 살전 5:9-10에서처럼. 또한 롬 3:24-26도 참조하라), 그리고 하나님의 아들로서 하나님 우편에서 우리를 위해 중보하심으로 말미암아 (롬 8:34c-e. 롬 4:25b; 5:9b, 10b; 살전 1:10에 암시되었듯이. 또한 히 4:14-16; 7:25; 요일 2:1도 참조하라) 정죄에서 우리를 구원하신다고 천명하는 것을 본다.[28]

여기서 바울이 로마서 8장에서 하나님의 아들 메시아 예수의 속죄와 중보를 통한 우리의 칭의 (롬 8:1-4, 32-34)를 사탄의 세력들의 대적과 고발의 맥락에서 (롬 8:31-39) 제시하고 있다는 것과, 그럼으로써 바울이 우리의 칭의를 하나님의 아들 메시아 예수가 이 사탄의 세력들에 대한 궁극적인 승리로, 또한 그 세력들과 그들의 악한 영향으로부터 우리의 최종적인 구속으로 제시한다 (롬 8:35-39)는 사실을 주목하는 것이 중요하다. 여기서 말하는 우리의 미래적 칭의는 우리가 궁극적으로 하나님의 영광과 하나님의 생명을 얻게 하는 것 (롬 8:26-30)이며, 피조물 전체가 썩어짐과 죽음으로부터 구속을 얻게 하는 것이다 (롬 8:18-25).[29]

Mohr Siebeck, 2012), 121-27을 보라.

28   최후의 심판 때 있을 그리스도의 속죄와 중보의 통합에 대해서는 Stuhlmacher, *Biblische Theologie*, 1:335를 참조하라. 쉬툴막허는 이렇게 말한다: "최후의 심판 때에 높여지신 그리스도는 그를 믿는 죄인들을 위해 그의 대속의 죽음이 효력을 발휘하게 하시며, 이런 의미에서, 의롭다 하시는 ($\dot{o}$ $\delta\iota\kappa\alpha\iota\hat{\omega}\nu$) 하나님 앞에서 그들의 변호자로 그들을 위해 중보하실 수 있으시다 (롬 8:34; 참조, 사 53:12)." 또한 Stuhlmacher, "Christus Jesus ist hier," 355-57; Moo, *Romans*, 542도 참조하라.

29   참조. M. C. de Boer, "Apocalyptic as God's Eschatological Activity in Paul's Theology," in *Paul and the Apocalyptic Imagination*, 54-63. 드 보어는 유대교의 묵시적 종말론에서 인간의 곤궁의 기원과 그것의 해결을 설명하는 두 도식들을 구별한다. 그 중 하나는 사탄과 그의 하수인들을 죄와 사망의 원인 (책임자들)이라는 입장을 견지하고 마지막 때 하나님의 멸하심을 기대한다고 설명하는 '우주론적 도식'이다 (참조. 1 *Enoch*). 다른 하나는 인간들 자신들을 죄와 사망의 원인 (책임자들)이라는 입장을 견

이와 같이 바울은 로마서 8장에서 그가 갈라디아서 1:3-4; 3:13-4:11과 골로새서 1:13-14; 2:8-19에서 (그리고 고전 15:20-28, 50-57; 살전 1:10; 5:9-10에서도) 전한 가르침을 전개하고 있으며, 그럼으로써 로마서 1:3-4과 1:16-17의 복음에 대한 두 정의들을 합친다. 즉, 하나님의 왕적 권세를 가지고 이스라엘과 모든 민족들, 또는 온 세상을 사탄의 나라로부터 구속하여 하나님 나라로 옮기도록 하나님의 아들로 세우심을 받은 메시아 예수는, 사탄의 죄와 사망의 통치를 멸하고 그의 속죄와 중보로 말미암아 우리의 칭의 (우리의 무죄 선언과 하나님과 올바른 관계로의 회복, 즉 하나님 나라로의 회복)를 가져오심으로써 그 사명을 이루신다. 그래서 하나님의 높여지신 아들이신 메시아 예수의 복음 (롬 1:3-4)과 우리의 칭의 또는 구원의 복음 (롬 1:16-17)은 한 덩어리인 것이다. 바울은 그의 복음에 대한 강해의 절정인 이곳 로마서 8:31-39에서 그 두 정의들을 통합하여 로마서를 여는 1:1-17에서의 복음에 대한 그의 소개와 함께 수미상관 구조를 이룬다.

그러므로 로마서 1:3-4과 15:7-11 간의 수미상관 구조처럼, 로마서 1:3-4 (에 더하여 16-17절)과 8:31-39 간의 이 수미상관 구조도 우리로 하여금 칭의를 하나님 나라의 범주와 사탄의 나라로부터의 구속이라는 용어로 이해하게 한다.[30]

지하고, 그 해결로서 속죄를 제안하는 '법정적 도식'이다 (참조. *2 Baruch*). 드 보어는 바울이 이 두 도식들로부터 요소들을 채택했음을 인정하면서도 (57) 바울의 묵시적 신학이 후자보다는 전자에 더 가깝다고 결론을 내린다 (63). 하지만 우리가 볼 때, 바울에 있어 두 도식들은 철저하게 통합되어 있는 것 같다.

30 참조. Stuhlmacher, "Christus Jesus ist hier," 355-57, 359-60. 쉬툴막허는 바울에 대한 새 관점의 대표자들 (특히, J. D. G. Dunn과 N. T. Wright)이 칭의와 기독론을 롬 4:25과 8:34에 비추어 생각하지 못했다고 비평하며, 바울은 묵시적 사상가로서 높여지신 주님의 메시아 사역을 유대인들과 이방인들이 그리스도를 믿는 믿음으로 들어가는 (다니엘 7장의) '시온 바실레이아' (Zion-$\beta\alpha\sigma\iota\lambda\epsilon\acute{\iota}\alpha$), 즉 온 세상을 다스리시는 하나님의 나라의 설립이라고 이해했음을 강조한다 (참조. 고전 15:24-28). 쉬툴막허는 다른 곳 (*Biblische Theologie*, 1:337)에서 하나님의 의를 '하나님의 구원하시는 창조주-행

위' 또는 '하나님의 창조주로서 행하시는 구원 행위'(*schöpferisches Heilshandeln*)로 정의하고, 이것을 다음과 같이 설명한다. "모든 피조물의 창조주와 심판자이신 하나님은 그리스도를 믿는 자들을 죄의 권세에서 구해내시며 그들을 그와의 교제 속으로 새롭게 받아주신다. 믿음으로만 그리고 율법을 지키지 않고도 유대인들과 이방인들은 한 분 하나님께 가까이 나아감을 얻는다. 하나님은 그들 (과 모든 피조물)을 그리스도 때문에 하나님 앞에서 현 시대와 영원히 살게 하신다." 그래서 쉬툴막허가 그럼에도 불구하고 그리스도가 그의 속죄와 통치와 중보를 통해 가져오시는 칭의와 그가 세우시는 하나님 나라 간의 관계를 좀 더 분명하게 설명하지 않은 것은 유감이다. 하지만 본서 제7장 각주 5와 각주 21을 보라.

Justification
and God's Kingdom

제4장

하나님의 의의 계시 (롬 1:17; 3:21)

Justification
and God's Kingdom

예루살렘교회의 기독론적으로 형성된 복음 (롬 1:3-4)은 그 자체만 놓고 볼 때 복음의 구원론적인 함의들을 분명하게 알려주지는 않는다. 하지만 우리는 바울이 그 복음을 다른 곳에서 하나님의 아들이신 그리스도 예수에 관해 말하고 있는 것에 비춰 검토함으로써 그 복음에서 그가 이해하고 있는 구원론적 함의들을 간파할 수 있다. 그렇다면 무엇보다도 먼저 그 복음을 바울의 서문, 즉 "하나님의 복음은 … 그의 아들에 관한 것이라"와 함께 읽고, 그것을 갈라디아서 4:4과 비교해보아야 한다.

[περὶ τοῦ υἱοῦ αὐτοῦ]
    τοῦ γενομένου ἐκ σπέρματος Δαυὶδ κατὰ σάρκα (롬 1:3)

ἐξαπέστειλεν ὁ θεὸς τὸν υἱὸν αὐτοῦ,
    γενόμενον ἐκ γυναικός (갈 4:4)

이렇게 두 본문들을 비교해 보면, 바울이 그의 서문 περὶ τοῦ υἱοῦ αὐτοῦ ('그의 아들에 관하여')로서 예루살렘교회의 신앙고백이 갈라디아서 4:4의 '보냄의 형식'에 존재하는 그 아들의 선재, 하나님의 초월성으로부터 그 아들의 기원함, 그의 성육신 등의 사상들을 담도록 함이 분명해진다.

　바울은 갈라디아서 4:4-5에 있는 것과 같은 사상들을 표현하려고 로마서 8:3-4에서 동일한 형식을 채용한다. 그러므로 로마서 1:3-4에 들어 있는 신앙고백의 두 행들 사이에서, 즉 선재하신 [하나님의] 아들이 다윗적 메시아로 성육신함을 천명하는 것 (3절)과 죽은 자들 가운데서 그의 부활로 말미암아 또는 그의 부활로부터 (ἐκ) '권세를 행사하는 하나님의 아들'로 세우심을 받음을 천명하는 것 (4절) 사이에서, 바울이 (이미 갈 4:4-5에서 했듯이) 로마서 8:3-4의 '보냄의 형식'과 (이미 갈 2:20에서 했듯이) 8:32의 '넘겨줌의 형식'을 통해 천명할 하나님의 아들의 죽음을 통한 구속 사역을 의식하고 있었다고 가정할 수 있을 것이다.[1] 만일 그렇다면, 바울은 로마서 1:3-4의 신앙고백을 인용하면서, 병행구절인 고린도전서 15:20-28에서 표현했고 나중에 골로새서 1:13-14에서 다시 표현할 사상들 (앞의 장에서 토론한 사상들)과 함께 로마서의 그 본문들과 갈라디아서의 그 본문들에 있는 이 사상들도 염두에 두었을 것이다: '하나님의 복음'은 하나님의 아들에 관한 것인데, 하나님께서 그를 다윗의 씨에서 (이스라엘의 메시아로) 태어나도록 보내셨고, 우리의 (또는 온 인류의) 죄를 속죄하는 대속의 죽음에 내주셨으며, 하나님 자신을 대신하여 자신의 왕적 권능을 행사하시도록 일으키사 자신의 우편에 올리셔서 그로 하여금 우리를 (또는 모든 민족들을) 사탄의 죄와 사망의 나라에서 구속하여 우리를 (또는 모

1　G. Bornkamm, *Paulus* (Stuttgart: Kohlhammer, 1969), 250-51: "이 사실로부터 우리는 그 존칭 [즉, 하나님의 아들]이 바로 바울의 칭의론 [갈 1:15f.; 3; 4; 롬 8] 안에 굳건한 위치를 차지하고, 그 자체 안에 그리스도의 부활과 함께 그의 죽음의 구원론적인 의미를 포함하고 있다는 것 [롬 5:10; 8:29]을 이해할 수 있다." (영역판 *Paul* [Minneapolis: Fortress, 1995], 249에는 약간 다르게 번역되어 있음. 『바울』, 이화여자대학교출판문화원 역간).

든 민족들을) 하나님의 의와 생명의 나라로 이전하시며, 최후의 심판에서 우리를 (또는 모든 믿는 자들을) 위하여 중보하시게 하셨다는 것이다.[2] 정확히 말해서, 바울은 그리스도의 구속 사역을 하나님의 주도권 (하나님이 자신의 아들을 '보내심'과 '내어주심') 이라는 틀로 이해하고 있기 때문에, 로마서 3:24-26과 4:25 (여기서는 신적 수동태 형식으로 표현됨. 5:8도 참조하라)에서도 하나님의 아들의 속죄의 죽음과 부활을 하나님이 그리스도를 속죄의 죽음에 '내어줌' 또는 '넘겨줌'과 우리의 의를 위해 그를 '일으키심'이라는 비슷한 언어로 전개한다.

복음은 자신의 아들 메시아 예수와 함께 또는 그를 통한 하나님의 구원하시는 행위에 대한 선포다. 그래서 바울이 로마서 1:17에서 "그것에는 [즉, 복음에는, 16절] 하나님의 의가 계시되었다"라고 말한 것은 쉽게 이해할 수 있다.[3] 하나님의 그와 같은 행위에 대한 선포 또는 서술될 때 하나님이 이스라엘과 맺은 언약에 대해 신실하심, 곧 그들을 돌보겠다는 자신의 약속을 지키심이 드러나기 때문이다. 복음이 선포하는 바, 즉 하나님이 죄 (즉, 사단의 시험에 빠져 사단의 통치에 순종함으로써 하나님과 맺은 언약이 요구하는 바를, 곧 하나님께 의지하고 순종할 것

---

2   여기서 '원자주의적' 해석에 익숙해진 사람들은 우리의 해석을 '의미를 집어넣는 해석' (즉 낯선 사상들을 롬 1:3-4과 같은 짧은 본문에 집어넣어 읽는 것)이라 폄하하고 못미더워할 것이다. 하지만 이와 같은 비평가들은 바울이 복음을 선포할 때 본문의 기독론적, 구원론적 함의들을 설명하지 않고 그냥 두 형식으로 된 형식만을 전달했었을까 한번 생각해보라고 권하는 바이다. 또한 그들은 바울이 로마서에서 하나님의 아들에 관한 복음을 소개하면서, 그가 일찍이 몇몇 편지들 (고전 15:20-28; 갈 2:20; 4:4-5; 살전 1:10; 또한 고전 1:9; 고후 1:18-20; 갈 1:16도 참조하라)에서 설명했고, 바로 이 로마서 (5:8-10; 8:3-4, 32; 15:12)에서 다시 귀중하게 여기며 설명하려는 하나님의 아들의 구원 사역의 여러 요소들을 전혀 생각하지 않으며 그렇게 할 수 있었을지 고려해보아야 한다.

3   라이트 (*Faithfulness of God*, 916)가 제대로 보았듯이, 롬 1:3-4은 '복음의 내용'을, 그리고 롬 1:16-17은 '복음의 효과'를 서술한다. 롬 1:3-4의 복음이 "모든 사람에게 구원을 주시는 하나님의 능력" (롬 1:16)이 됨에 대해서는 본서 제5장 각주 5와 6을 보라.

을 지키지 않음, 곧 언약에 신실하지 못함[4])으로 말미암아 하나님 자신으로부

---

4 구약성경과 유대교 그리고 바울에 있어서 '의'/'하나님의 의'는 근본적으로 관계적 또는 언약적 의미를 가지고 있다는 견해는 크레머 (H. Cremer, *Die paulinische Rechtfertigungslehre im Zusammenhange ihrer geschichtlichen Voraussetzungen*, 2nd ed. [Gütersloh: Berstelsmann, 1900])가 처음으로 제안한 이래 성경학자들 사이에서 널리 받아들여지고 있다. 그러나 이 견해에 대한 방대하고 비평적인 개관에 대해서는 L. Irons, *The Righteousness of God: A Lexical Examination of the Covenant-Faithfulness Interpretation*, WUNT 2:386 (Tübingen: Mohr Siebeck, 2015), 29-60을 보라. 아이언스 (L. Irons) 자신은 구약과 유대교에서는 의가 기본적으로 관계적인 개념이 아니라 (그리스 문학에서처럼) 일반적으로 윤리적 그리고 사법적 의미로 사용되는 표준을 지칭하는 개념 (norm concept)이며, 하나님의 의는 그의 언약적 신실하심이나 구원 행위가 아니라 그의 사법적 활동을 가리키는 것이라는 전통적인 입장을 재천명한다. 아이언스의 저서는 그간 관계적 의미만을 일방적으로 강조하는 최근의 일부 신약학자들 사이에서 등한시해왔던 하나님의 의의 사법적 또는 법정적 의미를 부각시키는 데 중요한 기여를 하고 있다. 하지만 아이언스 자신은 바울이 '하나님의 의' 개념을 분배적 정의의 의미로만 사용하고 있다고 주장함으로써 또 다른 극단으로 나아가고 있다. 성경의 의는 법정적 의미와 관계적 의미가 다 있으며, 관계적 의미에서 하나님의 의가 그의 구원하시는 행위를 낳는 하나님의 언약적 신실하심을 지칭한다는 견해에 대해서는 Bird, *Saving Righteousness*, 6-39에 있는 편리한 개관과 토론을 보라. 또한 하나님의 의를 언약적, 법정적, 그리고 종말론적 개념 등 통합적인 이해로 발전시키려고 노력한 Wright, *Faithfulness of God*, 795-804도 참조하라. 롬 1:16-17을, 여기서 제안한 것처럼, 1:3-4와 관련하여 이해한다면, 우리는 바울이 17절에서 '하나님의 의'를 언급하면서 언약적인 의미로 시작했지만, 그 다음에 복음을 믿는 신자들에게 하나님의 의의 효과를 표현하기 위해 '믿음에서 믿음으로'라는 어구와 합 2:4 인용을 첨가하면서, 분배적 의미로 넘어가서 신자들을 의롭게 하거나 그들에게 의인이라는 신분을 부여하는 것을 뜻하는 것을 깨달을 수 있다 (의인이란 신분은 무죄 선언이라는 법정적 의미와 하나님과 올바른 관계로의 회복이라는 관계적 의미 둘 다를 결합하는 개념이다) (본서 제5장을 보라). 이와 같이 17절에서 '하나님의 의' 개념은 그 범위가 의의 언약적 의미에서 그 의의 분배적 의미까지를 망라한다. 이것은 지극히 자연스럽다. 하나님의 의가 하나님 자신 내부에 있는 추상적인 속성으로 이해되는 것이 아니라 인간들과 하나님의 다른 피조물들을 향하고 그들에게 영향을 미치는 것이기 때문이다. 바울은 그 개념을 이런 방식으로 사용함으로써 하나님의 의가 믿음이 있는 죄인들을 의롭게 한다는 진리를 표현하고 있다. 롬 3:21-26과 10:3-4에 언급된 '하나님의 의' 역시 하나님의 언약적 신실하심/구원하시는 행위와 신자들에게 미치는 그것의 효과가 결합된 의미를 전달하는 것 같다 (참조. 고후 5:21). 빌 3:9의 '하나님께로부터 난 의'는 의의 효과에만 초점을 맞추고 있지만 말이다. 참조. Stuhlmacher, *Römer*, 31-32.

제4장

터 소외된 자신의 백성과 피조물들[5]을 사탄의 나라로부터 구속하시고 하나님 자신과의 올바른 관계에로 (즉, 하나님 나라로) 회복시키신다는 것은 하나님의 (언약에) 신실하심, 즉 하나님의 의를 드러낸다. 하나님의 의 또는 언약적 신실하심은 무엇보다도 먼저 하나님이 자신의 아들 그리스도를 그의 백성 또는 피조물들의 구속을 위한 속죄의 죽음을 위해 보내시고 내어주시고 (롬 3:21-26), 그를 죽은 자 가운데서 일으키신 (롬 4:24-25) 그의 행위 자체에 계시되었다. 하지만 그것은 복음, 즉 하나님의 행위들에 대한 소식 (전함 또는 서술)에도 계시된다 (롬 1:17).[6] 바울은 로마서 1:2에서 복음은 하나님이 "선지자들을 통하여 그의 아들에 관하여 성경에 미리 약속하신 것"의 성취를 나타낸다고 말함으로써 복음의 이러한 특성 (즉, 하나님의 언약적 신실하심 또는 '의'의 구현)을 이미 제시했었다. 이렇게 로마서 1:2과 1:17a이 둘 다 하

---

5   창 12:2-3; 17:1-8; 18:18-19; 22:18에 따르면, 하나님은 아브라함에게 그와 그의 후손에게 복을 주고, 아브라함과 그의 후손을 모든 민족들의 복의 원천이 되게 하겠다는 약속으로 언약을 맺으셨으며, 이 약속은 이삭 (창 26:2-5)과 야곱 (28:13-15)에게 갱신되었다. 참조. Wright, "Letter to the Romans," 399-400. 그러므로 하나님이 이스라엘과 맺은 언약에 신실하시다는 것은 온 세상에 대한 약속에 신실하시다는 뜻이기도 하다. 비록 하나님의 '형상'인 아담을 통해서 하시는 것이긴 하지만, 모든 민족들을 복 주시겠다는 하나님의 의도는 의심의 여지없이 모든 민족들과 모든 피조물들에 대한 자신의 헌신에, 즉, 비록 자신의 '형상'인 아담을 통해서일지라도, 그들을 다스리시고 돌보시겠다는 헌신에 기인한다. 그러므로 하나님이 그의 창조 행위에 암묵적으로 담은 이 헌신은 이스라엘과 맺은 그분의 언약에 대한 유비로 이해할 수 있다 (참조. W. J. Dumbrell, *Covenant and Creation: A Theology of Old Testament Covenants* [Nashville: Nelson, 1984], 33-39. 『언약과 창조』, 크리스챤서적 역간). 이스라엘을 언약관계에 들어오게 하려고 선택하심과 창조 행위의 병행성 (신 4:32-33; 사 43:1; 44:1-2)과, 하나님의 언약 백성이 의를 피조물 전체에 확장하는 하나님의 도구로 섬겨야 한다는 이해 (출 19:6; 사 42:6; 49:8; 53:11-12)에 대해서는 마이클 버드의 글 (Bird, *The Saving Righteousness of God*, 38-39)을 참조하라.

6   참조. J. A. Linebaugh, "Righteousness Revealed: The Death of Christ as the Definition of the Righteousness of God in Romans 3:21-26," in *Paul and the Apocalyptic Imagination*, 219-37.

나님의 의가 복음에 구현되어 있음을 천명하는데, 그럼으로써 로마서 1:1-4과 1:16-17에 있는 복음에 대한 두 정의들을 하나로 보아야 한다는 견해를 강화해준다.[7]

---

7 캠벨 역시 롬 1:16-17을 롬 1:3-4과 연결하여 해석한다. Campbell, *The Deliverance of God*, 688-704. 하지만 그는 시 98 (97 LXX):2-3이 롬 1:16-17에 반향되었다는 헤이즈 (R. B. Hays, *Echoes of Scripture in the Letters of Paul* [New Haven: Yale University Press, 1989], 36-37,『바울서신에 나타난 구약의 반향』, 여수룬 역간)의 관찰을 발전시키며, 또 시 98편이 제왕시라는 것과 그가 로마서에서 왕권 주제들이라고 여기고 있는 것들을 관철하면서, 롬 1:17에 언급된 '하나님의 의'의 '계시'를 '그의 왕적 대행자인 예수를 위해서 행하시는 신적인 왕이신 하나님의 결정적인 구원하시고 해방하시는 능력의 행위'를 지칭하는 것으로 해석한다. 캠벨은 계속해서 이 내용을 자세히 설명한다. "그리스도는 여기서 하나님에 의해 심판을 받으시는 것이 아니다. … 그는 다시 살림을 받으시고 계시다! 그래서 δικαιοσύνη θεοῦ는 1:17에서 '하나님의 해방' (the deliverance of God)을 의미하는 것이 틀림없다. … 이것은 하나님께서 그의 메시아적 대행자이신 그리스도를 위해 방금 전에 수행하신 의의 행위, 즉 대적하는 악의 세력들에 의해 압제받으시고 처형당하신 후 부활, 능력 주심, 그리고 하늘 보좌에 앉히심의 구체적인 내용이다. 하나님이 불의하게 처형당하신 그의 택함 받은 아들을 위해 이런 식으로 행동하신 것은 '의롭다'" (699). 이것은 롬 1:17과 그 본문 안에 있는 '하나님의 의'라는 어구에 대한 특이한 해석이다. 하지만 비록 캠벨이 나중에 "하나님께서 그리스도 안에서 이런 행위를 수행하시면서 신적인 왕이시라면 의당 그렇게 해야 하듯이 그의 포로된 피조물들을 그들의 굴레에서 해방하는 일을 하시고, 그러므로 하나님이 그의 성품에 맞고 그분의 역할이 요구하는 대로 행동하시면서 '옳은' 것을 행하고 계시다"고 진술한다고 해도 (702), 그는 하나님이 그리스도를 부활시키시고 보좌에 앉게 하신 것 (롬 1:3-4)이 왜 그의 피조물들을 그들의 굴레에서 해방을 가져왔는지, 또는 유대인과 이방인 등 모든 믿는 자들의 구원 (롬 1:16)을 가져왔는지 충분히 설명하지 않는다. 헤이즈의 롬 1:16-17 (특히 그 본문에 인용된 합 2:4) 해석에 근거하고 있는 롬 1:3-4과 1:16-17의 통일성에 대한 또 다른 설명에 대해서는 Kirk, *Unlocking Romans*, 44-49도 참조하라. 하지만 커크는 17절의 '하나님의 의'를 하나님의 언약적 신실하심의 의미로 취하고는 있지만 그가 그 본문에서 바울의 목적이 하나님을 변호 (신정론, '하나님의 칭의')하려는 것이라고 강조하는 것과 "하나님의 의가 죽기까지 신실하게 순종함으로써 그의 정의를 보여주신 분의 부활시키심에 나타났다" (47쪽)는 그의 설명 역시 우리에게는 상당히 낯설어 보인다 (하지만 그 후 커크가 163-64쪽에서 말하고 있는 내용도 살펴보라).

Justification
and God's Kingdom

제5장

칭의는 무죄 선언과 함께 하나님과
올바른 관계의 회복(즉 주권의 전이)을 의미한다

Justification
and God's Kingdom

복음을 믿는 사람 또는 믿음으로 복음을 받아들이는 사람은 누구
든지 복음 안에 계시된 하나님의 의 (즉, 하나님이 자신의 아들 예수 그리스
도를 우리의 죄를 속죄하기 위한 우리의 내포적 대신자 [*inclusive substitute*][1]로 보내
심과 십자가의 죽음에 넘겨주심, 그리고 그를 죽은 자들 가운데서 일으키셔서 만유의
주가 되게 하신 하나님의 구원 행위들, 즉 그가 그의 언약적 약속들을 신실하게 성취
하며 자신의 아들을 통해 행하신 구원 행위들)의 덕을 입는다. 그래서 그는 의
롭다함을 받는다 ('의롭다고 선언된다' 또는 '의로운 자로 여김을 받다', 즉 의로
운 사람이라는 신분을 받는다). 이렇게 하나님의 의는 우리 (죄인들)를 의롭
게 만든다. 도덕적 변화의 의미에서가 아니라 관계적 의미에서 말이
다. 분명한 것은 이러한 신분의 선언 또는 부여는 그의 죄 사함 또는
무죄 선언을 포함한다는 사실이다. 그러나 이 선언 또는 부여는 하나
님과 올바른 관계로의 회복도 포함한다. 이것은 성경적인 세계관과
인간론에 의하면 인간은 고립되어 독자적으로 존재하는 것이 아니라
그들의 창조주이신 하나님과의 관계 안에서 존재하기 때문이며, 그
리고 의로운 사람 또는 불의한 사람 (또는 죄인)이라는 개념 자체가 하

---

1   '내포적 대신' 개념에 대해서는 본서 제6장 각주 1을 보라.

나님과의 관계와 관련하여 결정되기 때문이다.[2] 의인으로 선언된 사람, 의인의 신분을 부여받은 사람은 그와 하나님 그리고 그와 이웃과의 관계를 떠나 그 사람 자신 안에 도덕적 자질을 가지고 있는 사람이 아니라, 하나님과 (그리고 결과적으로 그의 이웃과도) 올바른 관계에 서 있는 사람이다. 그러므로 칭의는 단지 무죄 선언만이 아니라 하나님과 올바른 관계로의 회복도 포함한다.[3]

---

2   하나님의 법정에서의 칭의는 인간의 법정에서의 그것과 다르다. 후자는 무죄 선언만을 의미하고 무죄 선언을 받은 사람과 그의 인간 재판장과의 개인적인 관계를 구축하는 것은 포함하지 않는다.

3   참조. Kertelge, 'Rechtfertigung', 127. 이 견해에 대해서는 Dunn, *Theology of Paul*, 385-89; Gathercole, "Doctrine of Justification," 224-25도 보라. 또한 M. J. Gorman, *Inhabiting the Cruciform God: Kenosis, Justification, and Theosis in Paul's Narrative Soteriology* (Grand Rapids: Eerdmans, 2009), 52-53도 참조하라. 하지만 고먼은 회복된 관계의 언약적 차원에 초점을 맞추면서 무죄 선언의 적절성을 주로 미래 최후의 심판과 연결함으로써 무죄 선언의 사법적 차원을 축소시키는 경향이 있다. 라이트 (N. T. Wright)의 반대 입장에 대한 비평에 대해서는 본서 11장을 보라. 칭의에서 하나님과 올바른 관계로의 회복은 그 자체 안에 도덕적 변화를 포함하는 것은 아니고, 신자들로 하여금 하나님의 왕권 또는 그리스도 예수의 주권에 순종하여 도덕적 변화의 삶을 *살아가도록 하는 틀 속에 넣는 것*이다. 그러므로 칭의가 무죄 선언과 하나님과 올바른 관계로의 회복을 모두 포함한다는 이해를 칭의가 단지 무죄 선언과 의인이라는 신분 부여만을 포함하는 것인지, 아니면 윤리적으로 의롭게 되는 것, 즉 도덕적인 변화나 중생도 포함하는지를 두고 벌인 해묵은 개신교와 로마 가톨릭의 논쟁의 틀로 오해해서는 안 된다. 무 (*Romans*, 86-87)는 전통적인 개신교적 방식으로 칭의가 단지 '의롭다는 선언' 또는 '무죄 선언'만을 의미하고 (도덕적인 변화의 의미에서) '의롭게 하다'의 의미가 아니라고 주장하면서도, "복음이 죄인에게 제공하는 칭의는 '무죄 선언'을 넘어 죄인을 하나님과의 관계에로 들임을 포함한다"라고 말하기도 한다. 하지만 무는 이 '하나님과의 관계'를 칭의를 받은 사람들에게 하나님에 대한 '믿음의 순종'을 요구하는 것으로 이해하지 않고 '과거는 물론이고 미래의 모든 죄가 청산되는 것'으로 이해한다. 무는 칭의에 대한 이러한 이해를 다음과 같은 방식으로도 표현한다. "바울은 … 최후의 판결을 현재로 이전한다. … 죄인이 그리스도를 믿는 순간, 그는 칭의를 받는다. 이것은 최후의 판결이 신약의 '출범된 종말론'의 특징적인 한 예로서 죄인의 현재적 경험으로 소급된다는 말이다." 하지만 이와 같은 표현들은 너무 일방적인 것 같다. (세례 때 받은) 칭의는 확실히 마지막 때 받을 칭의의 선취이지만 그리고 이런 의미로서 칭의는 신약의 출범된 종말론의 한 예이지만, '출범된 종말론'이라는 개념 자체가 '아직 완성에 이르지 않음 (not-yet)'이라는 함의를 띠는 것

하나님과 올바른 관계로의 회복은 피조물들이 그들의 창조주이신 하나님의 통치를 받는 존재의 관계로 들어가는 것을 의미한다. 그러므로 칭의는 진정 '주권의 전이'다.[4] 칭의는 사탄의 죄와 사망의 나라로부터 구속 또는 해방이며 하나님의 의와 생명의 나라, 즉 현재 하나님의 아들이 다스리시는 나라로의 전이다 (골 1:13-14). 그래서 누구든지 복음에 대한 믿음으로 말미암아 하나님의 의를 덕 입은 사람은 사탄의 나라의 순종적인 신민으로 살아왔던 것에 대한 하나님의 진노로부터 해방되며 (참조. 롬 1:18; 2:1-11; 5:8-10; 살전 1:10; 5:9-10), 하나님 나라의 모든 복을 '상속 받을' 하나님 나라의 신민이 된다 (참조. 고전 6:9-10; 15:50; 갈 5:21; 살전 2:12; 살후 1:5). 하나님의 아들 메시아 예수는 그의 부활과 높여지심 이후 하나님을 대행하여 그의 왕적 권세와 '주'라는 그의 이름을 가지고 통치하신다 (롬 1:3-4; 고전 15:20-28; 빌 2:6-11). 그러므로 하나님 나라로의 전이로서 칭의는 실제로 하나님의 아들의 나라로 (골 1:13-14), 또는 그리스도 예수의 주권의 영역으로 이전됨으로써, 즉 '주 안에' 있게 되는 것이다 (롬 14:14; 고전 7:22;

이다. (세례 때 받은) 칭의는 이제까지 범한 우리의 죄들에 대한 사함을 이미 가져오며, 우리를 하나님과의 올바른 관계에로 회복한다. 이 사실은 우리에 대한 하나님의 지속적인 신실하심, 우리를 끝까지 보존하심에 *확신을 줄뿐더러*, 우리에게 하나님께 신실하라고, 즉 그에게 '믿음의 순종'을 하라고 *요구하기도* 한다. 그래서 (세례 때 받은) 칭의는 마지막 때의 칭의에 대한 *선취*이면서 동시에 *예약/유보* (reservation)이다라고 이해할 수 있다. 참조. Käsemann, "'The Righteousness of God' in Paul," in *New Testament Questions of Today*, 170. 케제만은 이렇게 말한다. "[이미] [의]를 가지고 있다 그러나 [아직] [그것을] 확실히 가진 것은 아니다는 이 변증법이 여기 그리스도인 됨의 조건 자체로 표현되어 있다. 롬 4장과 갈 3:6에 전문적인 형식으로 사용된 *λογίζεσθαι εἰς δικαιοσύνην* ('의로 여겨졌다')은 확실히 의로움이 땅에서는 약속된 선물로서만 소유될 수 있는 것으로서 늘 공격을 받을 수 있으며, 언제나 실제 삶에서 실제화되어야 함을, 즉 약속과 기대의 문제임을 의미한다. 바울이 자신의 삶으로 빌 3:12의 의미를 예시한다: '내가 이미 얻었다 함도 아니요 온전히 이루었다 함도 아니라. 오직 내가 그리스도 예수에게 잡힌바 된 그것을 잡으려고 달려가노라.'"

4   본서 서론의 각주 6을 보라.

9:1-2; 15:58; 갈 5:10; 빌 2:19, 24; 3:1; 4:1-2; 살전 3:8; 4:1; 몬 16).

하나님과 이스라엘 또는 인류 간에 맺은 언약관계가 왕과 그의 신민들 언어로만이 아니라 아버지와 그의 자녀들의 언어로도 인지되는 까닭에, 하나님과의 올바른 관계, 즉 언약 관계로의 회복으로서 칭의는 하나님 나라로의 전이라는 용어로써만 아니라 하나님의 가족으로의 입양, 즉 하나님의 부성애의 돌봄을 받고 그분에 대한 자식의 의무를 수행하는 관계로의 입양이라고도 말할 수 있다. 그러므로 복음에 대한 믿음으로 말미암아 하나님의 의를 덕 입은 사람은 누구든지 하나님의 자녀가 된다. 그는 그리스도의 하나님의 아들 됨에 참여함으로써 그 아들의 형상과 같은 형상이 되고, 그와 함께 하나님의 영광을 '상속 받게' 될 것이다 (롬 8:14-17, 29-30; 또한 갈 4:4-7).[5]

그래서 하나님과의 올바른 관계를 그의 신민이 되는 것으로 이해하든지 아니면 그의 자녀가 되는 것으로 이해하든지 간에, 칭의 곧 하나님과 올바른 관계로의 회복은 우리의 구원이며, 죄와 사망으로부터, 하나님의 진노로부터, 우리의 피조물적인 유한함으로부터의 구속이다. 이러한 까닭에 하나님의 아들 예수 그리스도로 말미암는 하나님의 구원 행위를 선포하고, 이와 같이 하나님의 의, 즉 자신의 아들로 말미암아 자신의 백성과 피조물에 대한 언약적 헌신에서 나오는 자신의 의무들을 다 성취하신 하나님의 신실하심을 계시하는 복음은, 바울이 로마서 1:16에서 선언하고 있듯이, '모든 믿는 자에게 구원을 주시는 하나님의 능력'이다.[6]

---

5 칭의를 주로 아브라함과 하나님의 가족으로의 입양으로만 해석하고, 하나님 나라로의 전이의 의미를 등한시하는 N. T. 라이트에 대한 비평은 본서 제11장을 보라. 또한 나의 논문 "Paul and the Roman Empire," 301-5도 참조하라.

6 참조. Bornkamm, *Paulus*, 128-29, 249-51 (영역본, 116-17, 248-49). 쥬윗도 롬 1:3-4과 1:16-17에서 복음에 대한 두 정의들의 통일성을 본다. R. Jewett, *Romans*, Hermeneia (Minneapolis: Fortress, 2007), 107-8. 하지만 케제만의 사상에 근거한 쥬

우리는 지금까지 로마서 1:1-4, 16-18 (9절도 참조하라)에서 이런 방식으로 복음을 소개하는 것과 로마서 8:3-4, 31-39에서 하나님의 아들의 속죄와 중보 (간구)로 말미암아 최후의 심판 때 우리를 정죄에서 의롭다고 하시는 또는 건져주시는 그 아들이라는 용어로 복음에 대한 강해를 결론짓는 것 사이에 일종의 수미상관 구조가 존재한다는 것을 보았다.[7] 하나님의 의 또는 신실하심 주제 역시 로마서의 이 두 단락을 하나로 묶는다. 바울은 그의 복음에 대한 강해의 절정에서 승리에 차 자신의 아들로 말미암는 그의 구원 행위에 나타난, 우리를 향한 하나님의 사랑을 축하한다. 그 사랑이 구원의 완성, 즉 모든 마귀적인 세력들과 그들의 해악 (harm)을 이기고 승리할 때까지 우리를 신실히 보존할 것이기 때문이다 (8:31-39; 또한 28-30도 참조하라). 이것은 바울이 로마서의 서론 단락 (1:3-4, 16-17)에서 하나님의 아들이신 주 예수 그리스도의 복음 안에 나타났다고 말한 하나님의 의 (또는 언약적 신실하심)에 대한 강해이며 종말론적 적용처럼 보인다.[8]

윗의 설명은 약간은 다르다: "신앙고백 [1:3-4]에서 칭송된 하나님의 선재하신 아들은 세상의 주로 이해해야 한다. 이것은 '하나님의 의'의 계시에 관한 논제 [1:16-17]와 그리고 예상되는 민족들에 의한 인정받으심 [15:10-12]과 밀접한 관계를 가지고 있다. 케제만의 말을 빌려 표현하자면, '바울에게 퀴리오스는 세상을 자기 것으로 주장하시면서, 멸망해가고 있는 옛 세상 속으로 교회를 이용하여 새 창조를 가져오시는 하나님의 대행자이시다'" (E. K semann, *Commentary on Romans*, trans. G. W. Bromiley [Grand Rapids: Eerdmans, 1980], 14. 『로마서』, 한국신학연구소 역간). 케제만-쥬윗의 설명과 여기서 제시하는 나의 설명을 결합하는 것이 가능할 수 있다. 하지만 여전히 나는 두 사람의 설명은 나의 설명을 그들의 설명의 본질이나 근거로 채워 넣을 때에야 비로소 공허한 주장이 되지 않을 것이라고 믿는다.

7 롬 1:16과 8:34 두 본문들이 막 8:38 (과 병행구절)과 눅 12:8-9/마 10:32-33의 예수님의 인자 말씀을 반영한다는 견해 (본서 제10장 각주 5를 보라)는 여기에 수미상관 구조가 있다는 견해를 강화할 것이다 (참조. 빌 1:19-20. Kim, *Paul and the New Perspective*, 202-4를 보라).

8 바울은 갈 1:16 (ἀποκαλύψαι τὸν υἱὸν αὐτοῦ ἐν ἐμοί, ἵνα εὐαγγελίζωμαι αὐτὸν ἐν τοῖς ἔθνεσιν)에서 최초로 소개하는 하나님의 아들의 복음을 갈 2:20-21에서 부연 설명한다 (그가 자서전적 단락들인 갈 1:13-17과 2:18-21에서 공히 자신의 율법 지킴

과 하나님이 은혜로 자신의 아들을 주심을 대조하고 있는 것을 주목하라). 그러고는 은혜로 말미암아 믿음으로 얻는 칭의의 복음에 대한 그의 논증의 절정인 갈 4:4-5에서 우리의 구속을 위해 하나님이 자신의 아들을 보내셨다고 언급한다. 그러므로 우리는 갈 1:16의 하나님의 아들의 복음에 대한 서론적 소개와 갈 4:4-5의 결론적 설명 사이에 상응성을 볼 수 있는데, 그것은 롬 1:3-4 + 16-17과 8:31-39 간의 상응성과 유사하다.

제5장

Justification
and God's Kingdom

제6장

세례 때 믿음으로 말미암는
칭의와 주권의 전이 (롬 10:9-10)

Justification
and God's Kingdom

우리는 하나님의 의 (즉, 하나님께서 자신의 아들 메시아 예수를 세상에 보내시고, 그를 대속의 죽음에 넘겨주시고, 그를 일으키시어 우주적인 주권을 가진 자로 높이셔서, 자신의 왕적 권세로 사탄의 죄와 사망의 나라를 멸하고 우리를 구속하도록 함으로써 자신의 언약적 약속들을 신실하게 성취하심)으로 말미암아 칭의를 받는다. 이것은 우리가 그리스도 사건에 나타난 하나님의 은혜로 칭의를 받는다는 말이다. 우리는 믿음으로, 즉 그리스도 사건에 나타난 하나님의 구원 행위를 선포하는 복음을 믿음으로 의롭다함을 받는다. 하나님께서 자신의 아들 예수 메시아를 우리를 위해 또는 우리의 죄를 위해 죽음에 내어주셨고, 우리를 사탄의 나라에서 구속하기 위해서 그를 일으키시어 우리의 주님이 되게 하셨다고 선포하는 복음을 믿음으로 말미암아, 우리는 그리스도가 우리의 내포적 대신(*inclusive substitute*)으로 감당하신 속죄의 죽음의 덕을 입는다.[1] 복음에

---

1   속죄 제사에서 '내포적 대신'(*inklusive Stellvertretung*) 개념에 대해서는 H. Gese, "Die Sühne," in *Zur biblischen Theologie* (München: Chr. Kaiser Verlag, 1977), 85-106; 영역: "The Atonement," in *Essays on Biblical Theology*, trans. K. Crim (Minneapolis: Augsburg, 1981), 93-116; O. Hofius, "Sühne und Versöhnung," in *Paulusstudien*, WUNT 51 (Tübingen: Mohr Siebeck, 1989), 33-49 (특히, 41-48); Stuhlmacher, *Biblische Theologie*, 1:192-93을 보라. 레위기의 제사 제도에 따라 드리는 속죄제에서 제사를 드리는 죄인은 제물에 안수함으로써 그를 대신해서 제물로 바쳐지는 희생제물과 동일시되거나 거기에 포함되며, 그의 생명은 제사장이 희생제물의 피를 성소에 뿌림으

대한 믿음은 이것을 덕 입는 수단이다. 믿음은 선포된 복음을 받아들임으로써 (참조. 고전 15:1-5; 롬 10:14-17), 복음에 선포된 것, 즉 우리의 내포적 대신이신 그리스도의 속죄의 죽음과 부활을 우리를 위해 실제화시키기 (또는 효과 있게 하기) 때문이다. 그래서 믿음은 우리가 우리의 내포적 대신이신 그리스도의 속죄의 죽음과 부활 속에 포함되게, 또는 그의 죽음과 부활에서 그리스도와 연합되게 한다. 즉 우리가 그리스도 안에서 그리고 그리스도와 함께 옛 아담적 존재로서 죽고 새 아담적 존재로서 새 생명을 받도록 그리스도 안에서 그리고 그리스도와 함께 일으킴을 받게 한다 (롬 6:3-7).[2] 이런 까닭에 믿음은 우리의

로써 하나님께 드려진다. 그래서 속죄는 그 (내포적 대신인) 제물 안에서 그리고 그것을 통해 "죽음의 심판을 통과하여 하나님께 나아감이다" ("ein Zu-Gott-Kommen durch das Todesgericht hindurch," Gese, "Sühne," 104 [참조. 영역: "Atonement," 114]). 호피우스(Hofius, "Sühne, 42)는 속죄를 설명하는 게제 (H. Gese)의 이 요약된 어구를 반복적으로 인용하면서 다음과 같이 말한다. "그러므로 속죄는 [이와 같은] 죽음을 통[과]하여 '그의 (죄인의) 생명을 하나님께 드리는 것'이며, 이처럼 생명을 하나님께 바침으로써 마땅히 당해야 할 죽음에서 건짐을 받는 것'이다 [Gese, "Sühne," 91]." 그래서 '내포적 대신' 개념에서 (종종 '사법적 속죄 이론 [juridical theory]'이라고 불리는) 죄인에 대한 희생의 법정적 (즉, 형법적) 대신 [forensic/penal substitution] 사상)과 (종종 '신비주의적 속죄 이론' [mystical theory]이라고 불리는) 희생제물과 함께 또는 그것 안에 죄인이 연합 또는 참여함의 사상이 통합되고, 속죄의 긍정적인 결과 즉 하나님께 생명이 바쳐짐이 강조된다 (전통적인 형법적 대속 (속죄) 이론 [penal substitutionary theory]을 '배타적 대속 이론 [exclusive substitution theory]' 또는 '만족 이론 [satisfaction theory]'이라 칭하며 완강히 거절하는 Hofius, "Sühne," 34-39을 참조하라). 참조. D. P. Bailey, "Concepts of Stellvertretung in the Interpretation of Isa 53," in *Jesus and the Suffering Servant: Isaiah 53 and Christian Origins*, ed. W. H. Bellinger Jr. and W. R. Farmer (Harrisburg: Trinity Press International, 1998), 223-50. 베일리의 논문은 앞에서 언급한 튀빙겐의 구약학자와 신약학자들의 '내포적 대신' 개념에 대한 설명과 논의(236-50)를 담고, 그것을 그리스도의 속죄를 대표자적 (representative), 참여적 (participatory), 연합적 (incorporative) 사건으로서 이해하는 영국과 미국에서 유행하는 속죄이론들과 비교도 담고 있다 (242). 또한 라이트가 강조하는 바, 메시아를 이스라엘의 '내포적' 대표자 (incorporative representative)로서 이해하는 것도 참조하라 (Wright, *Faithfulness of God*, 825-35). 메시아 예수가 하나님의 백성인 우리를 위해 속죄 제물로 드려졌을 때, 우리는 그 안에 포함되어 또는 연합되어 드려졌다.

2 사실 롬 6:4에서 바울은 "우리가 그의 [그리스도의] 죽으심과 합하여 세례를 받음으

무죄 선언과 (사탄의) 죄와 사망의 통치에서 (하나님 또는 그의 아들의) 의와 생명의 통치로의 전이를 가져온다 (롬 6:8-23). 그러므로 우리는 하나님의 은혜에 의하여, 이렇게 우리는 우리의 믿음으로 말미암아 칭의를 받는다.

세례는 우리의 신자가 되는 과정이 종결에 이르러 우리가 정식으로 신자가 되는 순간이다. 그래서 세례 때 우리는 물에 잠기고 물에

로 그와 함께 장사되었다"고 말한 후에, "그리스도와 함께 일으킴을 받았다"고 말하지 않는다 (골 2:12-13; 3:1; 엡 2:5-6과 대조). 우리의 부활은 분명히 우리가 '우리 몸의 구속'을 얻게 될 때인 (롬 8:11, 23; 고전 15:42-57; 빌 3:20-21) 미래 종말론적 사건이기 때문이다 (롬 6:5; 살전 4:13-18; 등등). 그렇다 해도 우리가 세례 때 사탄의 죄와 사망의 통치에서 하나님과 자신의 아들 주 예수의 나라로 전이되었고, 성령을 받아서 그가 우리 안에 거하시고 (롬 8:14-15) 우리를 주 예수의 통치에 순종하도록 인도하고 계시는 한, 우리는 그리스도의 부활 생명에 이미 참여하고 있다. 성령의 인도를 받는 이 삶은 '성령으로 행하는' 삶이며 (롬 8:4-16), '생명의 새로움 안에서 행하는' 삶이다 (롬 6:4). 그래서 바울은 롬 6:4cd에서 "아버지의 영광으로 말미암아 그리스도를 죽은 자들 가운데서 일으켜지심과 같이 우리로 또한 생명의 새로움 가운데서 행하게 하려 함이라"는 표현으로써 우리가 그리스도의 부활 생명에 참여함을 암시한다. 분명한 것은 바울이 이러한 현실을 염두에 두고 세례 때 믿음으로 내포적 대신이신 그리스도의 속죄의 죽음과 부활 (참조. 고후 5:14-15, 21)을 실제화 함으로써 칭의를 받은 신자를 '그리스도 안에 있는 새로운 피조물' (고후 5:17)이라 칭하는 것 같다. 신자는 여전히 죄와 육신의 유혹에 노출되어 있지만, 새로운 아담적 존재가 된 그의 존재론적 현실을 가볍게 취급해서는 안 된다. 참조. P. Stuhlmacher, "Erwägungen zum ontologischen Charakter der καινὴ κτίσις bei Paulus," *EvTh* 27 (1967): 1-35. 세례 때 칭의를 받은 신자는 진정 '새로운 피조물'이며, 성령이 그 사람 안에 거하시는 '신령한 (성령의) 사람' 또는 '영적인 사람' (πνευματικός)이다 (참조. 고전 2:12-15). 최후의 심판에서 완성에 이르기 전, 칭의의 현재적 단계 동안에는 그가 '육신'의 권세에 떨어질 수도 있고 '육신의 사람' 또는 '육신적인 사람' (σαρκικός)이 될 수도 있지만 말이다 (참조. 고전 3:1-3). 주 예수 그리스도께서 재림하시는 종말에는 그 날이 이를 때까지 칭의의 상태에서 인내한 신자는 칭의의 완성을 얻을 것이며, 사탄의 죄와 사망의 세력들로부터 완전히 구속함을 받아, 그의 몸도 '육신'으로부터 완전히 구속함을 받고 (롬 8:23), 부활하신 그리스도의 몸처럼 '신령한 (영적인) 몸'이 될 것이다 (고전 15:44). 그는 그리스도의 부활 생명에 완전히 참여하고 (고전 15:53-56; 고후 5:4c), 부활하신 그리스도처럼 되고, 즉 하나님의 아들이신 예수 그리스도와 같은 형상이 되고 (롬 8:29) '하늘에 속한 사람의 형상을 입게 될' 될 것이다 (고전 15:49). 고전 5:5의 '영'에 대한 논의에 대해서는 본서 제8장 각주 10을 보라.

서 나오는 것을 통해 복음에 대한 우리의 믿음을 공적으로 고백하고 극화함으로써 믿음 안에서 일어난 일, 즉 우리가 우리의 내포적 대신이신 그리스도의 죽음과 부활에 내포되어 (그리스도 안에서 그리고 그리스도와 함께 우리의 죽고 다시 일어남) 사탄의 죄와 사망의 나라에서 그리스도의 의와 생명의 나라로 이전되었음을 밝힌다 (롬 6; 7:4-6). 바울이 로마서 10:9-10에서 언급하는 세례 때의 신앙고백에 따르면, 우리는 우리 입으로 '예수는 주시라'고 고백함으로써 우리 마음에 가지고 있는 믿음, 즉 하나님이 예수를 죽은 자 가운데서 일으키셔서 만유의 주가 되게 하셨다 (롬 1:3-4의 복음)는 믿음을 표현한다. 우리는 세례 때 우리에게 주신 성령의 도움을 받아 (고전 12:3; 롬 5:5; 8:2; 갈 3:2, 5, 14과 고전 6:11; 12:13을 비교하라) '예수가 주시라'고 고백하는 것이다. 그리스도의 죽음과 부활을 믿는 이 믿음으로 우리는 그리스도의 우리의 죄를 위한 대속의 덕을 입어 하나님의 심판에서 무죄 선언을 받게 되고, 그리하여 그의 이름 '주'를 부름으로써 (롬 10:13-14; 참조. 빌 2:9-11) 그의 주권의 영역으로, 즉 그의 나라 속으로 들어가게 된다. 그것은 우리가 그의 돌보심에 의지하고 그의 통치에 순종하는 관계, 다시 말해서, '주'라는 그의 이름에 '믿음의 순종'을 하는 관계 (롬 1:5; 15:18; 16:26; 참조. 롬 10:16; 살후 1:8; 고후 9:13)[3]이므로, 자신의 아들 주 예수로

---

3   참조. Dunn, *Romans* 9-16, 608. 바울의 '복음에 대한 순종' (ὑπήκουειν τῷ εὐαγγελίῳ, 롬 10:16; 살후 1:8)이라는 어법은 그가 복음을 하나님의 아들 메시아 예수의 구원하는 주권과 모든 민족들이 그 주권에 '믿음의 순종'을 해야 하는 의무로 이해했음을 반영한다 (롬 1:3-5; 10:9-10; 갈 5:7; 롬 2:8도 참조하라). 바울은 롬 10:16에서 모든 이스라엘 백성이 '복음에 *순종하지* 않았다는 비난을 사 53:1("주여, 그가 우리에게서 들은 것을 누가 *믿었나이까?*")를 인용하여 뒷받침하는 것은 '복음에 순종하는 것'이 '복음에 믿음의 순종을 하는 것'임을 분명히 밝힌다. 살후 1:8에서도 정죄 받을 자들을 '복음에 *순종하지* 않는 자들'이라 하며 그들을 복음을 '*믿는*' 데살로니가의 그리스도인들과 대조함으로써 (1:10b) 같은 뜻을 나타낸다. 더 나아가서, 살후 1:8에서 바울은 '복음'을 '우리 주 예수의'라는 전치사구로 수식함으로써 '복음을 순종함'은 복음을 믿고 복음 안에서 선포되는 주 예수를 순종함을 의미한다는 것을 분명히 한다. 바울은 고후 9:13

대표되는 우리의 창조주 하나님과의 *올바른* 관계인 것이다. 이렇게

에서 고린도교회에게 편지하기를, 예루살렘교회의 '성도들'이 "그리스도의 복음에 대한 너희의 고백의 순종과 그들과 모든 사람을 섬기는 너희의 후한 연보로 말미암아 하나님께 영광을 돌릴 것이다"(δοξάζοντες τὸν θεὸν ἐπὶ τῇ ὑποταγῇ τῆς ὁμολογίας ὑμῶν εἰς τὸ εὐαγγέλιον τοῦ Χριστοῦ καὶ ἁπλότητι τῆς κοινωνίας εἰς αὐτοὺς καὶ εἰς πάντας)고 한다. 롬 10:16과 살후 1:8에서처럼, 이곳에서도 바울은 근본적으로 '복음에 순종하는 것'을 염두에 두고 있다 (τὸ εὐαγγέλιον 앞에 있는 전치사 εἰς를 주의하라). 하지만 바울은 '순종'과 '복음' 사이에 '너희의 고백의' (ὁμολογίας ὑμῶν, 개역개정에 '진실히'라고 오역됨)를 삽입함으로써 '그리스도의 복음의/에 대한 너희 고백의 순종'이라는 매우 복잡한 어구를 만들었다 (전치사구 εἰς τὸ εὐαγγέλιον를 이런 식으로 취하는 것에 대해서는 M. E. Thrall, *The Second Epistle to the Corinthians*, ICC [Edinburgh: T & T Clark, 2000], 2:589-90을 참조하라). 이 어구에서 바울은 '그리스도의 복음에 대한 너희의 고백'으로 롬 10:9-10의 세례 형식 (하나님께서 그리스도를 죽은 자 가운데서 부활시키셨다는 복음을 '믿기'와 예수를 주로 '고백하기')을 압축적으로 표현하고, 그런 다음에 '너희 고백'을 ὑποταγή (순종)과 바로 연결함으로써 '예수가 주이시다'는 고백에 내포된 것 (롬 10:9; 빌 2:11), 즉 그의 주권에 '복종' 또는 '순종'을 암시하는 것으로 보인다 (참조. BDAG, ὁμολογία, 709, 고후 9:13에 대하여: "복음에 대한 너희 고백은 그 고백이 요구하는 것들에 대한 순종적 복종으로 표현된다"; NIV: "그리스도의 복음에 대한 너희의 고백과 동행하는 순종"). 롬 10:9-10의 세례 형식에서 우리가 칭의를 얻기 위해서는 롬 1:3-4의 복음을 믿어야 하고 그에 따라 '예수가 주이시다'라고 고백해야 한다는 말을 하고 있다고 지금 막 제안했다. 그래서 만일 고후 9:13이 롬 10:9-10과 그리고 그러하기에 롬 1:3-4과도 관련이 있다면, 고후 9:13의 '너희의 고백의 순종' (ὑποταγή τῆς ὁμολογίας ὑμῶν)은 '주' 예수의 이름에 대한 '믿음의 순종' (ὑπακοὴ πίστεως)과 동일한 것으로 이해할 수 있다. 이제 설명적 καί (참조. C. Wolff, *Der zweite Brief an die Korinther*, THNT [Berlin: Evangelischer Verlagsanstalt, 1989], 188)가 예루살렘교회를 위한 고린도교회의 '교제/나눔의 넉넉함 (후한 연보)' (ἁπλότης τῆς κοινωνίας)을 '그리스도의 복음에 대한 고백의 순종'과 연결하고 있는 것에 주목하라. 그리스도의 복음에 대한 고백의 순종은 후한 연보를 산출한다. 그러므로 바울은 고린도교회가 죽은 자들 가운데서 일으킴을 받아 만유의 주가 되신 그리스도 예수의 복음을 믿는 그들의 믿음에서 우러나와 고백하고 주 예수에게 순종함으로써 예루살렘교회를 위해 후한 연보를 할 것이라고 말하고 있는 것이다. 고후 9:13에 대한 우리의 해석이 정확하다면, 이 구절은 바울이 어떻게 '의의 열매'가 구체적인 상황에서 복음이 선포하는 주 예수에 대한 신자들의 '믿음의 순종'으로 말미암아 맺어지는 것으로 보았는지, 그리고 어떻게 하나님이 그들을 복주시어 그들이 하나님의 의로운 성품과 뜻 (ἡ δικαιοσύνη αὐτοῦ)에 맞추어 '선한 열매' (ἔργον ἀγαθόν) 또는 '의의 열매' (τὰ γενήματα τῆς δικαιοσύνης)를 더 맺도록 한다 (고후 9:8-10)고 보았는지에 대해 중요한 시사를 담고 있다 (이러한 가르침들에 대한 좀 더 자세한 설명을 위해서는 본서 제7장 각주 7-16을 보라).

우리의 칭의와 구원은 세례 때 실행되는 믿음으로 얻는다 (롬 10:10).

우리는 지금까지 로마서에서 바울이 어떻게 하나님의 아들 주 예수 그리스도가 하나님께서 주신 그의 왕권으로 온 우주를 다스리는 사탄의 세력들을 복종시키신다는 복음의 근본적인 묵시적 구조를 유지하면서도 복음을 하나님의 아들 주 예수 그리스도께서 인간들이나 민족들을 구원하신다는 도식으로 설명하는 데 집중하고 있는지 살펴보았다. 그래서 바울은 유대인들과 이방인들이 복음을 믿음으로 칭의를 받고 (롬 1:16-17) 하나님의 아들 주 메시아 예수의 통치 아래 더불어 살아가며, 그에게 '믿음의 순종'을 하는 데 초점을 맞춘다 (특히, 1:3-5; 10:8-17; 15:7-13, 18; 16:26). 바울은 갈라디아서에서 동일한 복음을 하나님의 아들 메시아 예수의 나라보다는 아브라함의 가족이라는 범주로 더 많이 제시하며, 칭의를 유대인들과 이방인들이 하나님의 아들 메시아 예수의 나라로의 전이보다도 그들이 함께 아브라함의 가족 (과 그래서 하나님의 가족)의 구성원이 된다는 말로써 더 많이 설명 한다 (갈 3:26; 4:4-7).[4]

---

4   이것은 갈라디아서에서는 로마서와 다르게 죄 (갈 1:4; 2:17; 3:22)와 예수 그리스도의 주권 (1:3-4, 19; 5:10; 6:14, 18) 불과 몇 곳밖에 언급되지 않은 이유가 될 수 있다. 비록 갈 1:3-4과 3:23-4:10이 바울이 사탄의 죄의 나라에서 주 예수 그리스도의 의의 나라로의 전이를 전제로 하고 있음을 제시하기는 하지만 말이다 (참조. 5:16-26; 6:2). 갈라디아서에서 바울이 칭의를 주로 아브라함의 (고로 하나님의) 가족의 범주로 해석하는 것은 유대주의자들이 문제를 그 범주로 제기했기 때문일 가능성이 크다. 라이트는 갈라디아서로부터 그의 연구의 방향을 잡은 까닭에 그의 수많은 저술들 (예컨대, Wright, "Letter to the Romans"; *Justification*; *Faithfulness of God*)에서 칭의를 거의 절대적으로 아브라함의 가족의 구성원이 되는 것으로 해석한다. 바울이 롬 1:3-5/16-17과 롬 15:7-12의 수미상관 구조에서 그리스도 사건에 계시된 하나님의 의 (또는 이스라엘에게 하신 약속에 대한 그의 신실하신 성취)를 칭의 또는 유대인들과 이방인들의 구속에 즉각 또는 직접 적용한 것, 1-3장에서 그리스도의 속죄의 죽음을 이방인들과 유대인들의 죄와 관련하여 제시한 것, 이어지는 롬 4장에서 하나님의 언약을 아브라함과 관련하여 설명한 것, 그리고 로마서의 나머지 부분들 (특히 9-11장)에서 그 언약을 여러 번 반영하고 있는 것에 비춰볼 때, 라이트가 칭의론을 이런 식으로 해석면서 그것을 로마서의 주된 주제에 속하는 것으로 제시하는 것은 정당하다.

하지만 라이트가 이렇게 해석하면서 바울이 로마서에서 그의 칭의론 제시에 있어 하나님과 자신의 아들의 나라라는 좀 더 근본적이고 포괄적인 틀에 역점을 두고 있다는 사실에는 충분히 주목하지 못한 것은 유감이다. 나는 그 틀을 바르게 이해해야, 우리가 하나님과 자신의 아들의 나라의 신민이 되는 것 (즉, 주권의 전이)과 아브라함과 하나님의 가족의 구성원이 되는 것 (즉, 입양 됨), 바울이 두 개의 그림 언어들을 통해 제시하려고 하는 칭의의 효과들을 라이트가 시도한 것보다 더 잘 통합할 수 있다고 믿는다. 라이트의 제한된 관점을 비평한 본서 제11장을 보라.

Justification
and God's Kingdom

제7장

칭의의 현재적 단계와 윤리적 명령형들

Justification
and God's Kingdom

그러므로 세례를 받은 사람은 이미 칭의를 받았다 (롬 5:1, 9, 17; 8:30; 9:30; 10:9-10; 고전 6:11). 하지만 칭의는 우리의 회심 또는 세례의 시점에 완성된 것이 아니다. 이와는 반대로, 바울이 우리가 주 예수 그리스도의 재림 때 하나님의 앞에서 흠 없이 서야 함을 반복해서 언급하는 것을 보면 (예컨대, 롬 2:5-16; 6:19-23; 14:10; 고전 1:8;4:1-5; 6:9-11; 고후 5:10; 갈 5:19-21; 빌 1:10; 2:14-16; 골 3:14-15; 살전 3:12-13; 5:23), 칭의가 종말에 최후의 심판에서 완성된다는 것은 의심의 여지가 없다. 그러니까 우리는 최후의 심판에서 칭의를 받을 것이다 (롬 2:12-13; 3:30; 5:19; 8:33; 특히 갈 5:4-5를 보라: "우리는 성령에 힘입어 믿음으로 의의 소망을 기다리고 있다." 이것은 갈 5:21에 언급된 "하나님 나라를 유업으로 받을 것임"과 동일하다. 또한 살전 1:10; 5:9-10도 참조하라). 이런 까닭에 세례 때 받는 칭의는 마지막 때 칭의의 선취 또는 예상/대망 ('첫 열매' 또는 '보증금', 롬 8:23; 고후 1:22 참조)에 불과하다. 그러므로 칭의 역시 신약 종말론의 일반적인 '이미와 아직 아님'의 구조 내에서 이해해야 한다.

이와 같이 세례 때의 칭의가 있고, 그 뒤 마지막 때의 칭의가 있다면, 칭의와 관련하여 구원의 현재적 단계를 어떻게 말해야 할까? 세례 때 칭의를 받는다는 것이 여러 번 강조되어 천명되어 있으려니와, 그때 쓰인 그리스어 동사 $\delta\iota\kappa\alpha\iota o\hat{v}\nu$ (BDAG: '유리한 판결을 내리다, 옳다고 선언하다')가 선언적인 함의를 가지고 있으므로 칭의는 세례 때 발생하고 그때 그곳에서 완성되는 것이라는 인상을 갖게 된다. 전통적인 구원의 서정 (*ordo salutis*) 개념은 (논리적으로든 시간적으로든) 칭의에 이어 '성화'가 온다는 관점으로 이러한 생각을 더욱 강화했다. 그러나 이것은 바울이 두 용어들을 사용하는 방식과 상충된다.

사실은 바울은 구원을 지칭하기 위해 '성화'를 '칭의'에 병행하는 그림 언어로 사용한다 (비교. 고전 6:11!; 또는 고전 1:30도 참조하라). 그래서 세례 때 발생한 '칭의'가 최후의 심판에서 완성에 이르게 되듯이, 세례 때 발생한 '성화' (우리는 이미 '거룩해졌다', 즉 '거룩한 자' 또는 '성도'가 되었다 [예컨대, 롬 1:7; 15:26; 고전 1:1-2; 6:11; 16:1; 고후 1:1; 9:1; 살전 4:7]) 역시 최후의 심판에서 완성에 이를 것이다 (살전 3:12-13; 5:23; 골 1:22).[1] 바울

---

1 참조. A. E. McGrath, *Iustitia Dei: A History of the Christian Doctrine of Justification,* 2nd ed. (Cambridge: Cambridge University Press, 1998), 377-78 (『하나님의 칭의론』, 기독교문서선교회 역간); 또한 H. Stettler, *Heiligung bei Paulus: Ein Beitrag aus biblisch-theologischer Sicht,* WUNT 2:368 (Tübingen: Mohr Siebeck, 2014), 특히 380-82, 515, 638-40. 바울은 우리의 구원을 지칭하기 위해 '입양'이란 그림 언어도 동일한 방식으로 사용한다. 우리는 세례 때 '아들 됨' 또는 '양자의 영'을 이미 받아, 이미 하나님의 자녀가 되어서 하나님을 '아바, 아버지'라고 부른다(롬 8:14-17; 갈 4:6-7). 그러면서도 우리는 "우리 곧 성령의 첫 열매를 받은 우리까지도 속으로 탄식하여 양자 될 것 곧 우리 몸의 속량을 기다린다" (롬 8:23). 칭의, 성화, 입양 등 이 세 용어들은 그리스도의 구원을 좀 더 풍부하게 설명하기 위해 채용된 병행되는 그림 언어들이다. 하지만 이 용어들은 다 우리가 하나님과 올바른 (언약) 관계로 회복되었다는 동일한 기본 의미를 지니고 있다. 바울은 인간의 근본적인 문제를 사람들이 사탄의 통치 아래 있으면서 하나님의 뜻이나 율법을 범함, 그래서 죄 사함을 받고 하나님과 올바르고 순종하는 관계로의 회복되어야 함, 즉 하나님 나라의 신민이 되어야 함의 도식으로 이해할 때에는 '칭의'라는 용어를 채용한다. 하지만 바울은 인간의 근본적인 문제를 이 세상에서 우상숭배와 음행으로 말미암은 오염으로 이해할 때는, 고린도 교인들 (고전 1:2, 30; 6:1-12; 또한 3:17; 6:19; 7:14, 34; 고후 1:12도 참조)과 데살로니가 교인들 (살전 2:10; 3:13; 4:3, 7; 5:23; 또한 살후 2:13도 참조)에게 하듯이, 그리스도 안에 있는 구원을 오염으로부터 깨끗이 씻음을 받음으로, 그리고 하나님의 소유가 되도록, 즉 하나님의 거룩한 백성의 구성원들이 되도록 하나님께 바쳐짐으로 제시하기 위하여 '성화'를 채용한다 (참조. 특히 고전 1:1-2; 6:9-11; 살전 4:1-8). '입양'은 하나님과 올바른 관계로의 회복을 가족 용어로 묘사하기 위해 채용되었다. 다시 말해

이 데살로니가 교회에게 그들의 성화에 관하여 어떻게 권면하는지에 대해서도 눈여겨보라. 바울은 먼저 하나님께서 그들을 '자기 나라 안으로' 부르셔서 '하나님께 합당히 살도록' 하신 그의 '부르심'에 대해 말한다 (살전 2:12; 또한 살후 1:11도 참조). 그러고는 이 가르침을 그들을 '성화로' '부르심'으로 해석해준다 (4:7. 그래서 그들은 거룩한 자들, 성화된 자들, 즉 '성도'들이 되었다; 1:4 참조). 그것은 그들로 하여금 그들의 거룩함을 위한 '하나님의 뜻'에 순종하여 '성화'의 삶을 살도록 하려는 것이었다 (4:3).[2] 이러한 까닭에 여기서 우리는 이미 성화된 데살로니가 신자들이 성화의 종말론적 완성을 향하여 나아가는 성화의 현재적 단계 또는 과정에 있다고 말할 수 있다 (참조. 살전 3:12-13; 5:23; 또한 롬 12:1도 참조). 그렇다면 칭의와 성화가 병행 개념들임을 보면서 우리는 마찬가지로 이미 칭의된 신자들이 칭의의 종말론적 완성을 향하여 나아가는 칭의의 현재적 단계 또는 과정에 있다고 말할 수 있다.[3]

서 '입양' 용어는 구원을 하나님의 부성애적 돌보심을 받으며 살고 마침내 그의 부요하심 또는 영광을 '상속 받는' 하나님의 가족의 구성원이 되는 것으로 묘사하기 위해 채용된 그림 언어다. 바울에게 칭의와 성화 간의 병행에 대한 좀 더 자세한 설명을 위해서는 나의 데살로니가전후서 주석 (WBC)의 살전 3:12-13의 '해석' 단락과 곧 발표될 나의 논문 "The Gospel that Paul Preached to the Thessalonians," in *Paul's Gospel for the Thessalonians* (출간 예정)을 보라.

2 '칭의'가 그러하듯이, '성화' 역시 주권의 전이, 즉 하나님의 거룩한 백성이 되기 위해 사탄에 의해 다스려지고 더럽혀진 이 세상에서 하나님 나라로 이전됨을 의미하며, 성화의 현재적 단계 역시 하나님의 통치 아래 사는 것, 즉 거룩함을 위해 왕이신 하나님의 뜻에 순종하며 사는 것이다. '칭의'의 현재적 단계가 하나님의 통치 아래 사는 것, 즉 의를 위해 왕이신 하나님의 뜻에 순종하며 사는 것인 것처럼 말이다.

3 참조. Stuhlmacher, "The Process of Justification," in *Revisiting Paul's Doctrine of Justification*, 55-69. 본서 제3장 각주 25에 인용된 쉬툴막허의 논문 58-59쪽도 보라. 이와 비슷하게 J. D. G. Dunn, "Jesus the Judge: Further Thoughts of Paul's Christology and Soteriology," in *The New Perspective on Paul*, rev. ed. (Grand Rapids: Eerdmans, 2008), 400-403 (처음에 *Convergence of Theology: A Festschrift Honoring Gerald O'Collins, SJ*, ed. D. Kendall and S. T. Davis [New York: Paulist, 2001], 34-54에 실렸음)도 참조하라.

그러므로 우리 구원의 현재적 단계를 칭의 다음에 이어지는 성화로 이해하기보다는 우리의 칭의나 성화의 현재적 단계로 이해할 필요가 있다. 구원의 현재적 단계를 칭의에 이어지는 성화로 이해하는 것은, 구원의 서정을 창안한 자들 그 후에 그것을 설파한 자들의 의도와 상반되게, *칭의를 의로운 삶과의 유기적 관계로부터 단절시키는 결과를 가져오고,*[4] 종종 그리스도인들이 이미 이루어진 그들의 칭의를 확신하며 살아가면서 의롭게 살기를 등한시하게 만들기까지 한다 (본서 서론을 보라).

칭의를 법정적인 용어인 무죄 선언으로만 이해할 경우, 우리의 구원의 현재적 단계를 우리의 칭의의 현재적 단계 또는 현재적 과정으로 생각하는 것이 쉽지 않다. 하지만 칭의를 하나님과 올바른 관계로의 회복, 즉 사탄의 나라에서 하나님 나라로의 전이라는 관계적 의미도 가지고 있는 것으로 이해할 경우, '*칭의의 현재적 단계*'는 *주 예수 그리스도께서 그의 영으로 우리를 다스리심으로써 우리를 하나님의 나라 안에서, 즉 하나님과의 회복된 올바른 관계 안에서 계속 살도록*

4　참조. 롬 6:19 ("이제는 너희 지체를 의에게 종으로 내주어 거룩함에 이르라 [for/unto, εἰς]")과 6:22 ("그러나 이제는 너희가 죄로부터 해방되고 하나님께 종이 되어 거룩함에 이르는 [for/unto, εἰς] 열매를 맺었으니 그 마지막은 영생이라"). 두 본문들에는 병행되는 거룩 용어 ('부정'/'부끄러움'/'성화')가 주로 칭의 용어 ('죄'/'불법'/'의')로 구성된 문장들 속에 삽입되었다. 롬 6:19과 6:22에 있는 두 문장 구성을 그 자체로 이해할 경우, '의'와 '성화'라는 두 개념들은 하나님께 순종하며 사는 의의 현재적 삶이 구원의 완성인 영생이 임하기 이전의 성화로 이끈다는 인상을 주려고 배열된 것 같다. 전통적인 구원의 서정 개념이 이 독특한 문형들에서 나온 것이었을까? 하지만 다음과 같은 세 가지 사실들이 명백한데도 이 빈약한 기초 위에 그러한 교리를 세우는 것은 지혜롭지 못할 것이다. (1) 바울이 여러 곳에서 칭의와 성화를 병행어로 사용한다는 압도적인 증거가 있다는 사실, (2) 바울이 칭의론을 설명하는 문맥에서 (이곳 롬 6:15-23이 유일함)나 칭의와 연관하여 설명하는 문맥에서나 그 어느 곳에서도 성화 개념을 거의 언급하지 않는다는 사실, 그리고 무엇보다도 중요한 것은 (3) 그가 세례 때 이미 얻은 우리의 칭의와 성화 모두 최후의 심판에서 완성에 이를 것이라고 가르친다는 사실 등.

(즉 의인이라는 우리의 신분을 유지하도록, 참조. 고전 1:7b-9; 빌 1:9-11; 살전 3:12-13) 붙잡아주시고, 우리는 주 예수 그리스도의 통치에 의지하고 순종함으로써 그분에 대한 우리의 믿음을 날로 새롭게 하고, 그렇게 함으로써 우리가 (세례 때 받은) 칭의를 실존적으로 실제화해가는 단계라는 사실이 쉽게 이해될 수 있다.[5] 우리는 이것을 다음과 같이 상술할 수 있다.*

우리는 하나님의 아들 예수 그리스도의 죽음과 부활의 복음으로 발하시는 하나님의 부르심 (즉, 하나님의 은혜)에 믿음으로 반응함으로써 칭의를 받았다. 다시 말해서 우리는 하나님과의 올바른 관계에,

---

5 참조. Dunn, *Theology of Paul*, 386: "칭의는 하나님의 한 번으로 완성되는 단회적인 행위가 아니다. 그것은 오히려 하나님에 의해 회복된 관계로 받아주시는 첫 행위다. 하지만 그 이후 그 관계는 하나님께서 종말에 하실 심판과 그때 내릴 무죄 선언을 바라보시면서 지속적으로 그의 칭의하시는 의를 행사하지 않으신다면 유지될 수 없다." 이렇게 말하면서도 던이 이것을 기독론적으로나 삼위일체론적으로 설명하지 않았다는 비평에 대해서는 본서 서론을 보라. 이와 대조적으로 쉬툴마허는 현재 우리의 칭의의 상태에 보존됨을 기독론적으로 (높임 받은 그리스도가 우리를 통치하시고 악한 세력들을 정복하고 계시며, 최후의 심판에서 중보하실 것임), 그리고 인간론적으로 (우리가 그리스도의 주권에 대한 믿음의 순종으로 '새 생명 가운데 행함' [롬 6:4]) 설명한다 (Stuhlmacher, "The Process of Justification," in *Revisiting Paul's Doctrine of Justification*, 62-63). 쉬툴마허는 계속해서 이렇게 말한다. "세례 때 받은 칭의는 최후의 심판에서 받게 될 [신자들의] 의의 소망의 근거다 (참조. 갈 5:5-6). 그러므로 세례는 그리스도인들에게 *의인*으로 *되어감*의 시작이며, 이 그러한 자로서의 신분은 재림(파루시아)까지 지속된다 (참조. 살전 4:13-18; 고전 15:51). 예수 그리스도의 교회는 땅 위에서 그들의 부활하신 주께서 하나님 나라를 세우기 위해 하늘에서 하시는 분투에 그들 자체의 방식으로 참여한다" (63, 강조는 쉬툴마허의 것). 이렇게 쉬툴마허는 우리의 칭의의 현재적 '과정'을 근본적으로 내가 여기서 설명하고 있는 것과 동일한 방식으로 설명한다. 하지만 그는 이것을 매우 간략히 설명할 뿐이다. 나는 여기서 쉬툴마허가 '[교회] 자체의 방식으로'라는 어구로 압축한 것을 전개하려고 노력하고 있다. 즉, 우리가 우리의 일상생활에서 사탄의 유혹에 넘어가는 대신에 우리를 의롭게 하는 믿음을 실제화하여 주 예수에게 순종함으로써 '의의 열매'를 맺는다는 해석으로서 말이다. 다시 말해서 그리스도의 통치와 우리의 믿음의 반응의 역동성을 쉬툴마허가 이어지는 페이지에서 (64-68에서) 설명하는 것보다도 더욱 구체적으로 설명함으로써 말이다.

즉 하나님 나라에 들어갔으며 (과거), 그래서 지금 우리는 (종말에 '하나님의 영광' [롬 5:2] 또는 궁극적인 '의'를 얻는다는 '소망' [갈 5:5]을 가지고, 참조. 빌 4:1; 살전 3:8; 고전 10:12) 그 관계/나라 안에 '서 있다', 즉 우리가 하나님의 아들 예수 그리스도의 나라 또는 주권 아래, 즉 '주 안에' 살고 있다 (현재). 하나님은 우리에게 그의 (그리고 그의 아들의) 영을 공급하셔서 우리로 하여금 자신의 뜻을 분별하고 그것에 순종하도록 우리를 인도하고 힘주게 하신다 (롬 8:9-17; 갈 4:6). 하나님은 이렇게 그의 은혜로 우리의 '구원'이 '무죄' 판결 (즉, 무죄 선언)과 하나님의 진노로부터 구원, 즉 궁극적인 '칭의' (롬 5:8-10; 8:18-39; 고전 1:8-9; 10:13; 갈 5:5; 빌 1:6; 2:12-16; 골 1:21-23; 살전 1:10; 3:12-13; 5:9-10, 23; 등등)로 완성에 이르게 될 최후의 심판 때까지 우리를 '칭의'의 상태에, 즉 하나님 자신과 회복된 올바른 관계에 또는 그의 나라에 신실히 보존하실 것이다. 이러한 종말론적 구원인 칭의를 적극적으로 표현하면, 우리는 '하나님의 [완성에 이를] 나라'와 그의 영광을 '상속하기에' '합당한 자가 될' ($\kappa\alpha\tau\alpha\xi\iota\omega\theta\tilde{\eta}\nu\alpha\iota$) 것이다 (살후 1:5-12 [반면에, 믿지 않는 행악자들에게는 $\dot{\epsilon}\kappa\delta\acute{\iota}\kappa\eta\sigma\iota\varsigma$와 $\ddot{o}\lambda\epsilon\theta\rho\sigma\varsigma$, '징벌'과 '멸망'이 내려질 것이다]; 고전 6:9-10; 15:50-57; 갈 5:21; 살전 2:12; 롬 5:2; 8:30; 골 1:9-14).[6] 하지만 우리 편에서도 할 역할이 있는데, 우리는 하나님과 올바른 관계 안에 '서 있도록' 힘써야 한다. '죄의 권세' (사탄을 지칭하는 환유임, 롬 6:11-19)에 다시 '떨어질' 현실적인 위험이 실재하기 때문이다 (고전 10:12; 빌 1:27-28; 4:1; 살전 3:3, 5, 8; 또한 롬 11:20, 22; 고전 6:9-11; 15:1-2, 58; 16:13; 갈 5:21; 빌 2:12-16; 살전 2:12; 등등).[7]

---

6   본서 제3장 각주 16을 보라.

7   참조. Dunn, "If Paul Could Believe Both," 132-35. 그래서 바울의 칭의론에는 E. P. 샌더스가 분석한 유대교의 '언약적 율법주의'와 유사한 구조가 있다 (Sanders, *Paul and Palestinian Judaism*). 말하자면, 신자들은 하나님의 은혜와 부르심으로 말미암

하나님과 올바른 관계에 '서 있다'는 것은 죄의 통치 또는 사탄의 통치 아래에 있던 옛 아담적 불순종의 존재로 되돌아가는 대신에 하나님을 지속적으로 신뢰하고 그의 왕적 통치에 순종하는 것을 의미한다 (롬 6:11-19). 칭의를 이런 식으로 이해하면 우리는 바울의 윤리적 명령형들 (imperatives)이 논리적으로 칭의 (서술형-indicative)에서 나온다는 것을 이해할 수 있다. 현재 하나님을 대신하여 우리를 통치하시는 '주' 예수 그리스도의 이름으로 자주 발해지는 명령들 말이다 (롬 14:7-9; 고전 1:10; 5:3-5; 7:10; 9:14; 엡 4:1, 17; 빌 4:2; 골 2:6; 3:17-18; 살전 3:12; 4:1-2; 살후 1:11-12; 3:6, 12). 우리는 이러한 권면들에 순종함으로써 '주를 섬기고', '주를 기쁘시게 하고', '주의 일을' 해야 한다-'주를 두려워하면서' (롬 12:11; 14:18; 고전 7:32-35; 15:58; 16:10; 고후 5:9, 11; 엡 5:10; 빌 2:12-13; 골 1:10; 3:20, 22-24; 또한 고후 8:21; 10:5-6도 참조하라). 이제 우리가 믿음으로 칭의를 받았으므로, 즉 하나님과 자신의 아들 주예수 그리스도의 나라로 회복되었으므로 (서술형), 우리는 '주'께 '믿음의 순종'을 해야 하며 (롬 1:5; 15:18; 16:26; 또한 10:16; 살후 1:8; 고후 9:13도 참조하라), 그의 뜻을 행해야 한다 (롬 12:2; 살전 4:3) (명령형). 우리는

아 칭의의 상태 또는 하나님과의 구원의 관계에 (이미) 들어갔으며 (entered, 진입), 지금은 예수 그리스도의 주권에 순종함으로써 그 안에 머물러 있어야 (stay, 서 있음) 한다. 참조. M. D. Hooker, "Paul and 'Covenantal Nomism'," in *Paul and Paulinism: Essays in Honor of C. K. Barrett*, ed. M. D. Hooker and S. G. Wilson (London: SPCK, 1982), 47-56. 던은 앞에 인용한 논문 전체에서 이러한 구조적 유사성을 강조한다 (127-37). 던의 입장은 이와 같은 비교를 거부하는 라이트와 상반된다. N. T. Wright, "New Perspectives on Paul," in *Justification in Perspective: Historical Developments and Contemporary Challenges*, ed. B. L. McCormack (Grand Rapids:Baker, 2006), 261. 하지만 사탄의 죄와 사망의 나라에서 구원하시는 부활하신 주 예수 그리스도의 현재적 구속 사역과 신자들이 칭의의 현재적 상태에 '머물게' 하시는 그의 성령의 인도하심과 힘주심에 대한 바울의 가르침들은 그리스도 예수의 속죄의 죽음과 최후의 심판 때에 중보하심에 대한 가르침과 함께 바울의 칭의론이 유대교의 '언약적 율법주의'에 근본적인 변화들을 가져온 것임을 보여준다. 본서 제8장 각주 1과 12를 보라.

우리 몸의 지체들을 더 이상 "불의의 도구 [또는 무기, ὅπλα]로 죄에게 내주지 말고, 오직 의의 도구 [또는 무기, ὅπλα]로 하나님께 드려야" 한다 (롬 6:13; 12:1-2). 우리는 사탄의 죄의 나라에서 해방되어 하나님의 의의 나라로 옮김을 받았으므로 더 이상 죄나 사탄이 우리 몸의 지체들을 그의 죄의 나라를 위해 (그리고 하나님 나라를 대항하여) 악을 저지르는 도구나 무기로 이용하지 못하도록 하고 우리 몸의 지체들을 '의의 열매'를 맺는 도구로 (빌 1:11; 롬 6:12-22; 7:4-6; 8:1-17; 12:1-2; 고후 9:8-10; 골 1:10; 살전 4:3, 7) 또는 의의 나라를 위한 (그리고 사탄의 나라를 대항하는) 무기로 하나님 또는 자신의 아들에게 드려야 한다 (또한 롬 13:12; 고후 6:7도 참조하라).[8]

---

8 바울을 연구하는 모든 사람은 바울의 명령형들이 칭의의 서술형에서 유래한다는 것을 알고 있다 (바울이 로마서 1-11장의 칭의의 복음을 강해한 후 12-15장의 권면 단락을 여는 롬 12:1의 그 유명한 '그러므로'만 봐도 알 수 있다). 하지만 칭의를 의인이라는 선언으로만 이해하면, 명령형들은 이가 빠진 꼴이 된다: "너는 의인이라 선언되었다, 그러므로 의롭게 살아라." 그 선언을 하나님과 그의 아들 예수 그리스도의 나라로의 회복으로도 이해하는 경우에만 그 명령형들이 적절한 구속력을 가질 수 있다: "그러므로 하나님의 통치와 예수 그리스도의 주권에 순종하며 의롭게 살라." 그러한 까닭에 바울 신학에 있어 20세기 후반기에 대중적인 인기를 누렸던 구원의 서술형 (칭의)과 윤리의 명령형 (의로운 삶) 간의 관계를 설명하는 방법인, "네가 이미 받은 (의인이라는) 신분대로 되어라"(Become what thou already art)는 인간론적으로 지향된 슬로건은, 하나님과 그의 아들 주 예수 그리스도의 나라의 근본적인 뒷받침이 없이 이해할 경우, (불가능하거나 자가당착이 아니라면) 부적절한 슬로건이다 (본서 제8장 각주 4를 보라). 케제만은 "네게 주어진 주님 곁에 그리고 그의 주권 안에 머물라" (Bleibe bei dem dir gegebenen Herrn und in seiner Herrschaft)라고 대안을 제시했다. Käsemann, "Gottesgerechtigkeit bei Paulus," in *Exegetische Versuche und Besinnungen* (Göttingen: Vandenhoeck & Ruprecht, 1967), 2:187-88. 케제만은 여기에 "이것이 그리스도인이 참으로 그의 신분답게 되는 방법이라"는 말을 덧붙인다 (188) (그의 논문의 영문판 ["The Righteousness of God' in Paul," in *New Testament Questions of Today*, 176]은 "네게 주어진 주님으로 말미암아 그리고 *그의 주권으로 말미암아* [*by his lordship*] 거하라"는 문장으로 번역함으로써 약간 다른 뉘앙스를 전달한다. 두 번째 전치사구인 'in seiner Herrschaft'를 '그의 주권 안에' 또는 '그의 주권 아래'로 번역할 필요가 있는 것으로 보인다. 자주 사용되는 '주 안에서'라는 형식과 비교하라).

주께서 우리에게 요구하는 것은 *일반적으로* '의의 열매' (καρπὸ ς δικαιοσύνης, 빌 1:11; γενήματα τῆς δικαιοσύνης, 고후 9:10)를 맺는 것이다. 이것은 성령의 인도하심과 힘주심에 의해서만 맺게 되는 (갈 5:16-26; 롬 7:4-6; 8:1-17; 살전 4:7-9;[9] 참조. 또한 빌 2:12-13; 4:13; 1 Thess 3:12-13)[10] 진정한 의미의 '성령의 열매'다 (καρπὸς τοῦ πνεύματος, 갈 5:22-23). 그 열매는 하나님의 왕적 통치에 순종함으로 맺어진다. 하나님의 아들 '주' 예수 그리스도가 신자들의 일상생활에서 그의 율법, 즉 '그리스도의 법' (고전 9:21;[11] 갈 6:2)에 순종하라고 명령하심으로써 하나님을 대신하여 행사하시는 통치 말이다. 그리스도의 법은 그리스도 예수가 친히 그를 보내신 하나님의 뜻에 순종하여 죄인들을 위하여 자신을 제물로 주심으로 지키셨음을 보여주신 하나님 사랑과 이웃 사랑이라는 이중 사랑의 계명에 집중된 율법이다 (막 12:30-31/마 22:37-39/눅 10:27; 롬 12:1-2; 13:9-10; 15:1-3; 고전 8:1-3; 9:21; 10:31-33; 갈

---

9 바울이 살전 4:9에서 θεοδίδακτος로서 사 54:13; 렘 31:33-34; 겔 36-37장의 예언들의 성취로 우리 안에 거하시는 그의 성령으로 말미암아 자기 백성을 친히 가르치시는 하나님의 가르치심 (살전 4:8)에 대해 말하고 있다는 견해에 대해서는 나의 데살로니가전후서 주석 (WBC)을 보라.

10 바울의 윤리학에서 하나님의 역할과 인간의 역할 간의 관계 또는 '인간의 행위 안에서 작용하는 하나님의 은혜'의 성격에 대해서는 J. M. G. Barclay, "'By the Grace of God I Am What I Am': Grace and Agency in Philo and Paul," in *Divine and Human Agency in Paul and His Cultural Environment*, ed. J. M. G. Barclay and S. J. Gathercole (London: T & T Clark, 2008), 148-57도 참조하라.

11 ἔννομος Χριστοῦ [그리스도의 법 안에] 있다는 것"은 "μὴ ὢν ἄνομος θεοῦ [하나님에 대해 법 없는 자가 아니다]"라는 것이다. 그러므로 나는 이 어구가 그리스도의 법을 지키는 것이 사실상 하나님의 법을 지키는 것을 뜻한다고 본다 (참조. 롬 8:4, 7. 예: W. Schrage, *Der erste Brief an die Korinther* (1 Kor 6,12-11,16), EKK [Neukirchen: Neukirchener, 1995], 344-45; A. C. Thiselton, *The First Epistle to the Corinthians*, NIGTC [Grand Rapids; Eerdmans, 2000], 704). 고전 9:21b의 이러한 구성은 그리스도가 하나님을 대행하여 그분의 통치를 집행하신다는 바울의 의식을 반영하는 것 같다 (바로 아래의 각주 12를 보라).

5:14; 6:2).[12] 가치 판단과 도덕적 선택을 하는 매 순간, 우리는 주 예수

---

12 '그리스도의 법' 개념에 대해서는 H. Schürmann, "'Das Gesetz des Christus' (Gal.6,2): Jesu Verhalten und Wort als letztg ltige sittliche Norm nach Paulus," in *Neues Testament und Kirche*, R. Schnackenburg FS, ed. J. Gnilka (Freiburg: Herder, 1974), 282–300; Dunn, Theology, 653–58을 참조하라. 바울은 이중 사랑의 계명에 초점을 맞춘 예수의 가르침과 모범을 '그리스도의 법'으로 명명하면서, 예수께서 자신의 가르침을 '쉽고 가벼워' '수고하고 무거운 짐을 진' 사람들에게 '쉼'을 주는 '나의 멍에 [ζυγός]'로 지칭한 것을 염두에 두었을 것이다. 이 언급은 예수의 '환희의 외침' (*Jubelruf*)에 바로 뒤이어 나온다 (마 11:28–30). 거기서 예수는 자신이 성부 하나님과 상호 '앎'의 배타적 친근 관계에 있는 하나님의 아들이며, 그에게 하나님의 전권 (*Vollmacht*)이 주어져서, 그가 성부 하나님을 계시할 수 있다고 주장한다 (마 11:25–27). 이 말씀의 진정성에 대해서는 J. Jeremias, *Neutestamentliche Theologie. Erster Teil: Die Verku?ndigung Jesu* [Gütersloh: Gerd Mohn, 1971], 63–65 [『신약신학』, 크리스챤다이제스트 역간]; R. Riesner, *Jesus als Lehrer*, WUNT 2:7 [Tübingen: Mohr Siebeck, 1981], 335–37; W. Grimm, *Jesus und das Danielbuch, Band 1: Jesu Einspruch gegen das Offenbarungssystem Daniels* (Mat 11, 25–27; Lk 17, 20–21 [Frankfurt: Peter Lang, 1984], 7–9를 보라). 누가복음 판 '*Jubelruf*' (눅 10:21–22)는 그 다음에 한 율법사에게 이중 사랑의 계명의 중심성에 대해 (10:25–28), 특히 이웃 사랑 계명의 중심성에 대해 교훈하신 예수의 가르침 (10:29–37. 선한 사마리아인 비유)으로 이어진다. 이제 롬 8:2–4에서 바울이 '그리스도 예수 안에 있는 생명의 성령의 법'이 '죄와 사망의 법에서 너를 해방한 것'이라고, '하나님께서 죄로 말미암아 자기 아들을 죄 있는 육신의 모양으로 보내어 육신에 죄를 정하사 육신을 따르지 않고 그 영을 따라 행하는 우리에게 율법의 요구가 이루어지게 하심'의 결과로서, 즉 '율법이 육신으로 말미암아 연약하여 할 수 없는 [참조. 롬 7장] 그것을 하나님이 행하심'으로 그렇게 한 것이라고 말하고 있다는 사실을 깊이 생각해보라. 여기서 우리는 이 로마서 본문과 마 11:25–30 사이에 다음과 같은 병행점들을 관찰할 수 있다.

육신적인 인간들이 지키려고 헛되이 수고하는 '죄와 사망의 법' (롬 7장)
    – '수고하고 무거운 짐을 진 모든 사람들'
'죄와 사망의 법에서 너를 해방한' '그리스도 예수 안에 있는 생명의 성령의 법'
    – '나의 멍에는 쉽고 나의 짐은 가볍다' 그리고 '너희는 쉼을 얻으리라'
"하나님은 자기 아들을 보내어…"
    – "[왜냐하면] 내 아버지께서 모든 것을 내게 주셨으니…"

또한 '그리스도의 법'을 하나님의 전권을 행사하도록 그를 보내신 '하나님의 법'이라고 표현한 고전 9:21도 참조하라 (본서 바로 위에 있는 각주 11을 보라). 롬 8:2–4과 마 11:25–30을 이렇게 비교해 보면, 로마서의 본문이 마태복음 본문을 반영하고 있고, 바울이 '그리스도의 법'이라고 명명한 것이 예수의 '멍에' 개념에 근거하고 있을 가능성이 농후한 것으로 나타난다. (참조. 유대인의 עול תורה '토라의 멍에' 개념).

(이처럼 바울의 '그리스도의 법' 개념과 예수의 '멍에' 개념과의 비교는 2017년 10월 17일 이메일을 통해 받은 쉬툴막허 교수의 시사를 여기서 발전시킨 것이다).

신자들이 일상생활에서 '그리스도의 법'을 준수함으로써 주 예수 그리스도의 통치에 순종하는 것의 한 구체적 예로 고전 8-10장에서 바울이 자신의 사도적 자세를 어떻게 결정하고 우상에게 바친 음식을 먹는 문제를 어떻게 다루고 있는지를 보라. 여기서 우리는 우상에게 바친 음식을 먹는 문제와 관련하여 그의 충고에서 두드러지는 네 요점들을 관찰할 수 있다. (1) 바울은 8:1-2과 10:31-33 (8:1/10:32-33, 8:2/10:31의 교차대구 구조)에서 하나님 사랑과 이웃 사랑의 요구로 이루어진 수미상관 구조로 전체 단락의 틀을 구성한다. (2) 그는 전체 단락을 "내가 그리스도를 본받는 것 같이 너희는 나를 본받으라" (11:1)는 명령으로 마무리한다. (3) 바울은 긴 단락의 중간인 9장에서 그가 예수의 모범을 본받아 다른 사람들을 위해 친히 실천한 자기희생적인 사도적 섬김을 예로 들면서 자신의 가르침을 제시한다. 바로 이 맥락에서 그는 자신이 "[모세의] 율법 아래 있지 않다"고 선언한다 (9:20). 그는 암시적으로 모세의 율법에 있는 정결 규정들을 아디아포라 (*adiaphora*, 지켜도 되고 안 지켜도 되는 것들)로 다룸으로써 이 사실을 입증한다. 그러고 나서 그는 자신이 "그리스도의 법 안에 있다"고 주장한다. 그런 방식으로 그는 실제로 하나님을 향한 법적 의무를 성취했다고 제시한다 (9:21). (4) 우상에게 바친 음식을 먹는 문제와 관련한 바울의 구체적인 가르침은 세 가지로 요약할 수 있다. (a) 전심으로 하나님을 사랑하라는 계명은 지식을 자랑하는 그리스도인들에게 이교도의 신전 식사에 참여할 때 연루되는 우상숭배의 위험을 피하라고 요구한다 (10:1-22, 특히 14, 22절; 8:2/10:31). (b) 그리스도인들에게는 시장에서 구입했거나 비 그리스도인 이웃집 식탁에 제공된 고기를 먹을 자유가 있다 (10:25-27). 하지만 (c) 그들은 그 음식이 우상숭배로 오염되지는 않았는지 걱정하고 그런 고기를 먹는 것을 반대하는 사람들 앞에 걸림돌을 놓지 않기 위해서, '약한' 형제들을 위하여 그런 고기를 먹을 자유나 권리를 희생해야 한다 (8:7-13; 10:23-24, 28-30; 8:1/10:32-33). 이제 이 세 요지가 예수의 가르침들에 어떻게 상응하는지를 주목해 보라. 요지 (a)와 (c)는 우리의 모든 존재로 하나님을 사랑하고 이웃을 우리 자신처럼 사랑하라는 예수님의 명령과 상응하며 (막 12:28-34par), 요지 (b)는 예수가 유대인의 음식과 정결법들을 무시하고 (막 7:15/마 11:15; 롬 14:14, 20) 죄인들과 식탁교제하신 것과 상응한다. 이렇게 분석해보면, 바울이 '그리스도의 법'을 하나님 사랑과 이웃 사랑이라는 예수의 이중 사랑의 계명과 그 법을 구현하거나 표현하는 그 밖에 그의 다른 가르침들 (예를 들어, 고전 10:32 [그리고 8:9, 13]과 10:33 [그리고 9:19]에 각각 반영된 막 9:42-48/마 18:6-8/눅 17:1-2 그리고 막 10:45/마 20:28, 또한 막 7:15/마 11:15과 고전 10:26/시 24:1도 비교해보라), 그리고 그러한 가르침들을 친히 준수하셨음을 삶과 죽음으로 보여주신 예수의 모범 (참조, 고전 8:11)으로 생각하고 있음이 드러난다. 그래서 우리는 고전 8-10장에서 우상에게 바쳐진 음식을 먹는 문제와 관련한 고린도 교회의 질문을 받고, 바울이 '그리스도의 법'에 따라 자신의 사도적 자세를 결정하는 자신의 모범을 보여주면서 (고전 9장, 고전 9:19-22에 예수님의 대속물과 관련된 말씀 [막 10:45/막 20:28]이 반영되었음을 주목하라) 그들의 쟁점에 그 법을 구체적으로 적용함으로써 해결하는 좋은 예를 볼 수 있다. 더 자

그리스도에 순종할 것인지 아니면 사탄에게 순종할 것인지 갈림길에 선다. 그 순간 우리는 우리가 *세례를 받을 때 우리의 칭의를 이루어 준 믿음을 실제화하여* '주 예수 그리스도를 고백해야' 한다 (롬 10:9-10).[13] 우리는 우리 자신을 신뢰하거나 실제로 이 세상의 통치자 (참조. 롬 12:1-2; 고후 4:4)인 사탄 (참조. 창 3장; 롬 5:12-21; 6:12-23; 7:4-6)에게 순종하고 있는 우리의 육신의 욕망들을 좇는 대신에 (롬 13:14; 갈 5:16: '육신을 좇아 행함', 롬 8:4-13; 갈 5:16-21), 주 예수 그리스도를 신뢰하고 그의 뜻에 순종해야 한다. 사탄이 우리의 육신을 유혹하여 우리 자신의 이익을 추구하도록 하는 것과 반대로, 주 예수가 우리에게 하나님을 사랑하고 이웃을 사랑하라고 명령하시므로, 주 예수 그리스도에게 순

세한 설명에 위해서는 S. Kim, "Imitatio Christi (1 Corinthians 11:1): How Paul Imitates Jesus Christ in Dealing with Idol Food (1 Corinthians 8-10)," *BBR* 13 (2003): 193-226 을 보라 ("'그리스도를 본받음'에 관하여 (1)." 『목회와 신학』 176 (2004): 190-203; "'그리스도를 본받음'에 관하여 (2)." 『목회와 신학』 177(2004): 196-211 참조). 또한 S. Kim, "Paul's Common Paraenesis (1 Thess. 4-5; Phil. 2-4; and Rom. 12-13): The Correspondence between Romans 1:18-32 and 12:1-2, and the Unity of Romans 12-13," *TynBul* 62 (2011): 109-39도 참조하라. 신자들은 모든 도덕적 문제들과 관련하여 '그리스도의 법'에 비춰 그러한 질문들을 숙고함으로써 주의 뜻을 분별하고 (사탄이나 우상이 아니라) 하나님을 섬기고 (자신보다도) 이웃을 섬기는 길을 따라야 한다 (롬 12:1-13:14; 살전 4:1-12). 이것이 우리의 일상의 실존에서 주 예수 그리스도에게 '믿음의 순종'을 하는 것이다. 성령은 도덕적인 이슈들을 분명하게 해주실 뿐만 아니라 우리에게 주 예수의 가르침을 상기시킴으로써 (요 14:26; 15:26) 우리로 하여금 (사탄의 유혹과) 주의 뜻을 분별하도록 도우시며, 우리의 믿음을 강화하심으로써 (사탄의 뜻이 아니라) 주의 뜻에 순종할 수 있도록 힘주신다. 그럼으로써 우리는 주 예수 그리스도의 통치에 순종함으로써 또는 '그리스도의 법'을 지킴으로써 ('육신의 일들'을 행하는 대신에) '의의 열매' 또는 '성령의 열매'를 맺는다. 이것은 우리가 '성령에 따라 행함'으로써 맺는 열매다 (갈 5:13-26; 롬 8:1-17).

13 참조. Käsemann, "'The Righteousness of God' in Paul," in *New Testament Questions of Today*, 176. 주권의 전이를 경험한 세례 받은 신자는 "종말론적으로 여전히 그리스도의 나라와 사탄의 나라 사이에 존재하는 선택의 가능성을 받아들인다. 그리고 유혹의 시험은 설교에서 울려 퍼지는 촉구처럼 그리스도인이라면 반드시 이러한 선택을 새롭게 해야 할 요구이다. 그래서 그리스도인의 삶은 세례로의 되풀이되는 회귀로 보는 것이 올바를지도 모른다." 본서 제7장 각주 3에 있는 고후 9:13 해석을 참조하라.

종하는 믿음의 결단은 종종 희생과 고난 ('제자도의 대가')을 동반하기
도 한다.[14] 하지만 이것이야말로 우리가 세례 때 칭의를 받게 한 믿음
을 실제로 발휘하는 행위, 즉 자신을 추구하는 옛 아담적 존재 ('육신')
로서 우리의 내포적 대신이신 그리스도 안에서 그리고 그리스도와
함께 죄에 대해 죽고 '새 생명 안에서 살고 행하도록' 만드는 것이다
(롬 6:3-7).

도덕적 선택의 갈림길에서 우리의 '옛 [아담적] 사람' (롬 6:6) 또
는 우리의 '죄의 몸/죽을 몸' (롬 6:6, 12), 즉 우리의 '육신'은 자연적으
로 사탄의 유혹을 받고 주 예수 그리스도의 희생의 길에 저항하는 경
향을 가지고 있다. 그러므로 우리는 '자신을 죄에 대하여 죽고 그리
스도 안에서 하나님께 대하여 산 자로 여기고' (롬 6:11), '몸의 행실
을 죽이'거나 (롬 8:13; 참조. 갈 5:24) '[그리스도의] 죽음을 본받고' (빌
3:10), 예수를 주로 고백함으로써, 즉 그를 신뢰하고 순종함으로써,
칭의를 받은 우리의 믿음을 실제가 되게 해야 한다. 그러나 이런 것
은 우리가 성령에 의해 인도함 (깨우처 주심과 힘주심)을 받을 때에만 할
수 있다 (고전 12:3; 롬 8:13). 이렇게 '성령의 인도를 받으며' 또는 '성령
을 따라 행하는' 삶은 '성령의 열매를 맺으며'(갈 5:22-23) '율법의 의
로운 요구'를 이룬다 (롬 8:1-16). 다시 말해서, 하나님을 위해 (롬 7:4;
고후 9:11-13) '의의 열매'를 맺고 (빌 1:11; 고후 9:10), '착한 일 (선)'을 행
한다 (ἔργον ἀγαθόν, 고후 9:8; 또한 εὐδοκίας ἀγαθωσύνης를 성취한다" 살
후 1:11).[15] 그래서 '의의 열매'든 '착한 일'이든 이것은 '믿음의 역사

---

14 이것은 "우리가 그리스도 안에서 영광을 받기 위하여 그 [그리스도]와 함께 고난을
받는" 것 (롬 8:17), 또는 "예수의 생명이 우리 몸에 나타나도록 하기 위해 우리 몸에
예수의 죽음을 짊어지는 것"이다 (고후 4:10-11).

15 바울은 이와 같은 삶을 우리의 "겉 [또는 옛] 사람은 낡아지고 우리의 속 [또는 새]
사람은 날로 새로워지는" 과정으로 (고후 4:16; 참조. 롬 6:6; 7:22; 엡 3:16), 또는 "[우
리의] 옛 사람을 벗어버리고" "하나님의 형상을 따라 참된 의와 거룩함으로 지음 받

[ἔργον]' (살전 1:3; 살후 1:11), 즉 '사랑으로 역사하는 믿음'(πίστις δι᾿ ἀγάπης ἐνεργουμένη, 갈 5:6)의 역사다. 그래서 우리의 칭의가 세례 때 삼위일체적 하나님의 은혜와 (하나님의 아들 주 예수 그리스도에 대한) 우리의 믿음으로 말미암아 이루어졌듯이, 현재 그것의 보존 (붙들어 주심) 역시 삼위일체적 하나님의 은혜와 (하나님의 아들 주 예수 그리스도에 대한) 우리의 믿음으로 말미암는 것이다.

그리고서 주께서는 우리에게 그의 나라와 그의 '몸'인 교회를 위해 우리 각 사람에게 할당된 *특별하고 구체적인* 역할을 수행하라고 요구하기도 하신다. 바울은 하나님께서 세상에서 신자들에게 다양한 위치와 역할을 '나눠 주신다'(ἐμέρισεν)는 말로 신자들의 '소명'(καλεῖν)에 대해 언급하며 (고전 7:17, 20; 참조. 롬 12:3-8), 그들을 교회에서 다양한 기능을 하도록 '세우셨다/지명하셨다'(ἔθετο)고도 말하고 (고전 12:28 [참조. 12:5-6, 27-30; 롬 12:3-8; 엡 4:7-12]), 또는 하나님께서 사도마다 각자의 독특한 '사역'(διακονία, 고전 3:5; 12:5)을 '주신다'(ἔδωκεν)고도 말한다. 바울은 우리 개개인에게 할당된 구체적인 역할

은 새 사람을 옷 입는 것"으로 (엡 4:22-24; 골 3:9-10; 참조. 롬 13:14; 갈 3:27), 또는 우리의 존재가 하나님의 아들 '그리스도 예수의 형상을 닮는 것' (롬 8:29; 12:2; 고후 3:18)으로도 묘사한다. 이 과정은 그리스도 안에 있는 하나님의 은혜로 종말에 완성될 것이다 (고전 15:42-49; 빌 3:20-21). 참조. S. Kim, *The Origin of Paul's Gospel*, 2nd ed., WUNT 2:4 (Tübingen: Mohr Siebeck, 1984 [『바울 복음의 기원』, 두란노 역간]; Eugene, OR: Wipf & Stock, 2007), 319-26. 하지만 현재 우리는, 바울이 그러했듯이, 그리스도의 형상에 좀 더 근사한 형상이 되기 위해 성령의 도움을 입어 (참조. 고후 3:18) 그리스도를 본받으려 애써 노력해야 한다 (롬 15:1-3, 7; 고전 4:16-17; 11:1; 고후 8:9; 빌 2:5-8; 3:10, 17; 살전 1:6). 그래서 지금도 신실한 '믿음의 순종'의 삶을 통해 '의/성령의 열매'를 많이 맺음으로써 '예수 같은 사람'의 빛을 발하는 '거룩한' 그리스도인들, '성자'들이 있다. 전통적으로는 이러한 과정을 '성화'라고 부른다. 이 과정은 사실은 '칭의'의 현재적 단계 또는 칭의의 실제화이며, 이것은 최후의 심판에서 완성되는 칭의의 미래 최종적인 단계로 이어진다 (본서 제7장 각주 1-3에서 다룬 내용을 보라). 참조. D. B. Garlington, *Faith, Obedience and Perseverance: Aspects of Paul's Letter to the Romans*, WUNT 79 (Tübingen: Mohr Siebeck, 1994), 155-57.

(우리의 '소명')을 수행하도록 우리 각 사람에게 성령께서 '은혜의 선물' ($\chi \acute{\alpha} \rho \iota \sigma \mu \alpha$)을 주신다고 가르치기도 한다 (고전 12:4-11; 롬 12:6; 엡 4:7-12). 그래서 '의의 열매'를 맺는 (일반적인) 과업의 성취뿐만 아니라 각각의 신자가 하나님 나라 '그리스도의 몸'인 교회를 위해 할당받은 이 구체적인 사역의 성취함[16]도 현재 주 안에 '서 있는' 우리에게 요구되는 것이다. 그리고 성령의 도움을 받아 (즉 그의 은혜로 또는 그의 '은혜의 선물'로) 이런 과업들을 성취하는 것은 최후의 심판에서 각 사람의 칭의의 완성에 필수적인 것이다. (그래서 행위대로 심판인 것이다! 참조. 롬 2:6-8; 14:10-12; 고후 5:10).[17]

바울은 자신에 대해서, 그가 수행하도록 '부름을 받고' '은혜를 받은' 특별한 역할, 또는 그에게 '할당된' 특별한 과업이 사도로서 이방인들에게 복음을 전하는 것이라고 확신한다 (갈 1:15-16; 2:7, 9; 롬 1:1, 5; 11:13; 12:3; 15:15-16; 고전 1:1; 3:10; 9:16; 15:10; 등등: 특히 자신의 사도직을 지칭하기 위해 누차 사용한 '내게 주신 은혜'라는 형식을 주목하라). 아볼로에게 할당된 과업이 바울의 개척적인 사역 위에 세우는 일이었던 반면에 (고전 3:5-10), 바울의 과업은 개척적인 임무 ('씨를 뿌리는 것' 또는 '기초를 놓는 것')를 수행하는 것이다. 그래서 바울로 하여금 칭의를 받게 한, 즉 하나님과 올바른 관계로 회복되거나 그리스도의 나라에 들어가게 한 하나님의 구원하시는 은혜와 (믿음과 구원에의) 소명[18]은 일반적으로 '의의 열매'를 맺는 것뿐만 아니라 구체적으로 이방인들을 위한 사도

---

16 이것이 사랑 (사랑의 명령)과 성령의 은사(들)로써 서로 섬김으로 '그리스도의 몸'을 세워가는 것이다.

17 본서 제8장을 보라.

18 이 구절을 단순하게 다음과 같이 표현할 수 있을 것이다. "그래서 바울을 의롭다고 하신, 즉 그를 하나님과의 올바른 관계로 회복시킨, 또는 그를 그리스도의 나라로 들어가게 하신 하나님의 구원의 은혜와 (믿음에의) 소명"이라고 말이다.

가 되라는 하나님의 은혜와 소명이다.[19] 바울은 성령의 능력으로 (참조. 롬 15:18-19), 즉 하나님의 '은혜' (고전 15:10abd), 또는 그리스도의 '역사/힘주심' ($\dot{\epsilon}\nu\acute{\epsilon}\rho\gamma\epsilon\iota\alpha$) (골 1:29)으로 말미암아, 그리고 바울 자신의 위대한 자기 절제와 희생적인 섬김으로써 (고전 15:10c; 참조. 고전 9:19-27; 빌 3:4-14; 골 1:29; 살전 2:1-12), 하나님과의 올바른 관계 (즉, 칭의의 상태)에 '서 있는' 것이다 (바울의 이러한 자기 절제와 희생적 섬김은 그가 세례 때 칭의를 받도록 한 믿음을 실제화하여 육신이 아니라 성령을 따라 삶으로써 하는 것이다). 그리고 바울은 '의의 열매'를 맺는 일반적 과업과 이방인들을 위한 사도직의 특수 과업을 성취함으로써 그의 행위들이 심사될 최후의 심판에서 그의 칭의 또는 구원의 완성을 얻을 것이다 (참조. 고전 3:10-17; 4:1-5; 9:19-27; 빌 3:4-14; 살전 4:19-20).[20]

하나님의 아들 주 예수 그리스도는, 우리에게 이와 같이 자신에게 '믿음의 순종'을 하고, 그럼으로써 '의의 열매'를 맺으며 각 사람에게 할당된 '소명' 또는 '과업'을 성취하라고 명령하시고, 자신 (과 성부 하나님)의 성령을 통하여 이런 일들을 할 수 있도록 우리에게 힘주심으로써 (롬 8:9-17; 갈 4:6), 우리를 다스리시며, 사탄의 죄와 사망의 나라

---

19 바울이 하나님의 '은혜'와 '소명'을 우리의 구원과 우리의 과업에 대한 이중적 지칭들로 쓰는 것에 대해서는 A. Satake, "Apostolat und Gnade bei Paulus," *NTS* 15 (1968/69): 96-103; Kim, *Origin of Paul's Gospel*, 288-96을 보라. 또한 Käsemann, "The Righteousness of God' in Paul," in *New Testament Questions of Today*, 170도 참조하라: "바울은 섬겨야 하는 의무나 섬길 수 있는 역량을 다 전달하지 않는 하나님의 은사는 모른다"; 174: "여기서 주어지는 은사는 어느 때든지 그 은사를 주시는 분과 결코 분리될 수가 없다. … 정말로 그것은 그분의 은사들로서 그가 우리를 자신의 주권에 복종하게 하시며 우리를 책임 있는 존재들로 만드시는 수단이다." 또한 A. Schlatter, "Die Dienstpflicht des Christen in der apostolischen Gemeinde," in *Der Dienst des Christen*, ed. W. Neuer (Giessen: Brunnen, 1991), 124도 참조하라: "[신약성경에는] 하나님의 은혜를 받은 사람을 그 은혜의 도구로 만들지 않는 은혜는 없다" (H. Stettler, *Heiligung bei Paulus*, 381에서 인용함).

20 본서 제8장 각주 4-8에서 다루는 내용을 보라.

를 멸하고 하나님의 의와 생명의 나라를 지금 이곳에 실현하라고 하나님께로부터 받은 자신의 과업을 수행하신다 (고전 15:20-28).[21] 이것

---

21 이와 같이, 주 예수 그리스도는 자신의 통치에 복종하는 신자들의 신실한 '믿음의 순종'을 통해 하나님 나라의 '의와 화평과 기쁨' (롬 14:17)을 교회와 세상에 편만하게 하심으로써, 온갖 악과 고난을 야기하는 사탄의 통치를 멸망시키고, '어그러지고 거스르는' (빌 2:15) 세상을 바로잡으신다. 그러므로 이것은 실제로 '새 창조' 사역이다. 이 사역은 개개인들을 의인이라 칭하고 하나님께 화해시키는 것으로 시작하여 (고후 5:17-21; 갈 6:15), 주 예수 그리스도의 재림 때 온 우주의 구속으로 완성에 이를 것이다 (롬 8:18-25). 이방인들의 사도인 바울이 어떻게 모든 민족들에게 칭의의 복음을 선포함으로써 하나님 나라가 땅위에 세워지도록 일하는지에 대해서는 Stuhlmacher, "God's Righteousness and God's Kingdom," in *Revisiting Paul's Doctrine of Justification*, 33-53 (특히 44-52)을 참조하라 (비교. 본서 제7장 각주 5). 확실히 바울은 주 예수 그리스도의 이 현재적 '칭의' 사역의 사회적 효과를 하나님의 새 백성의 의로운 공동체를 창조하고 지탱하는 것이라고 강조한다. 유대인과 이방인, 남자와 여자, 자유인과 종, 약한 자와 강한 자 등으로 나뉜 것을 극복하고 (갈 3:28; 고전 7:1-24; 롬 14-15; 고전 8-10; 엡 2장) 사랑과 화평이 넘치는 하나님의 새로운 백성이라는 의로운 공동체 말이다 (본서 제9장을 보라). 그래서 우리는 여기에 교회 또는 하나님의 백성을 주 예수 그리스도가 그의 구속 사역에서 사용하는 그의 일꾼들이라는, 또는 심지어 사탄의 나라를 멸망시키고 하나님 나라를 세우는 그의 사역에서 사용하는 그의 군대라는 암시적인 이해가 있다고 말할 수 있을 것이다 (참조. 살전 5:8; 엡 6:10-20. 또한 롬 6:12-14에 있는 ὅπλα '무기' 개념을 보라 [본서 제3장 각주 5와 제7장 각주 8을 보라]). 하지만 앞에서 (본서 제2장 각주 9) 제시했듯이, 바울은 사도행전의 누가나 요한계시록의 요한처럼 이 사상을 명시적으로 전개하지 않는다. 그 대신 그는 주 예수 그리스도의 현재적 구속 사역을 그리스도 중심적 관점보다는 주로 인간 중심적 관점에서 설명한다. 그래서 바울은 주 예수 그리스도가 하나님에게서 받은 주권이나 통치권을 어떻게 집행하시며 하나님 나라의 완성을 위해서 사탄의 나라를 멸하여 가시는지를 설명하는 것보다는 인간이 어떻게 주 예수 그리스도의 구원을 덕 입고 그에게 신실하게 순종하는지에 초점을 맞춘다. 그렇게 바울은 그의 복음을 주로 칭의론이란 용어로 제시한다. 우리는 바울이 묘사하는 그의 주권의 유익들에 무엇들이 암시되어있는가, 또 그가 주 예수 그리스도의 사도로서 또는 그의 전권 '대사'로서 (참조. 고후 5:20; 몬 8-9; 엡 5:20) '주'의 이름으로 우리에게 발하는 권면들, 즉 신실한 '믿음의 순종'을 하라는 권면들에는 무엇들이 암시되어 있는가를 분변함으로써, 그의 영으로 말미암아 신자들과 세상 위에 실제로 행사하시는 주 예수 그리스도의 통치에 대한 그림을 단지 간접적으로만 그려 볼 수 있다. 우리가 여기서 했듯이 말이다. 바울의 칭의론이 기독론적 틀 안에 제시되어 있으므로 바울의 칭의론을 온전히 이해하려면 반드시 이 작업을 수행해야 한다고 나는 여기서 주장하는 바이다. 특히 바울의 가르침들에 암시되어 있는 그의 반(反)제국적 메시지를 드러내는 데 열정을 가진 사람들은 이 작업을 하려고 노력해야 한다. 이런 사람들은 단지 한편 바울 당시 로

은 하나님의 아들 주 예수 그리스도께서 우리의 칭의를 지탱해주시는, 즉 우리로 하여금 사탄의 나라에 굴러 떨어지지 않고 자신의 통치 아래 있는 의의 길을 계속 걷도록 지켜주시는 과정이기도 하다.

마 제국의 황제숭배와 악한 통치를 지적하고, 다른 한편 바울의 여러 편지들에 '그리스도'/'메시아 (왕)', '하나님의 아들', 그리고 '주'와 같은 칭호들과 '복음', '구원', '재림 (강림)' 등과 같은 핵심 용어들의 등장을 지적하는 것으로만 그치지 말고, 사탄의 나라를 멸하고 땅위에 하나님 나라를 세우는 것과 같은 일반적인 관심사를 넘어, 실제로 바울이 그의 편지들의 수신자들에게 하나님의 아들 주 그리스도 예수에 대해서 하라고 가르치는 것들, 그리고 그들의 땅의 통치자 카이사르와 그밖에 여러 통치자들에 대해서 하라고 가르치는 것들에 과연 구체적인 반제국적 또는 반로마적 의도가 있다는 것을 증명해야 한다. N. T. 라이트가 바울의 칭의론과 윤리적 가르침을 복음의 반제국적 설교자로서의 바울을 제시하려는 그의 시도와 연결시키지 않는다는 비평에 대해서는 Kim, "Paul and the Roman Empire," 304-5, 307을 참조하라 (또한 본서 제11장 각주 2도 보라). 또한 이 문제와 관련하여 바울을 히브리서 저자와 대조하라. 히브리서 저자는 하나님의 아들이신 예수의 대제사장적 사역 또는 중보 사역을 기독론적 관점에서 제시하면서 그것을 광범위하게 묘사하는 반면에 (히 1:1-3:6; 4:14-5:10; 6:19-10:25), 바울은 그것을 한 번만 (롬 8:32-34) 분명히 언급하거나, 그렇지 않다면 그저 두세 번 암시할 뿐이다 (롬 4:25; 5:9-10; 또한 살전 1:10도 참조하라).

Justification
and God's Kingdom

제8장

하나님의 은혜로 말미암는 칭의와
우리의 행위대로의 심판

Justification
and God's Kingdom

    그러므로 우리의 칭의는 삼위일체적 하나님의 은혜로 말미암는다: 성부 하나님이 자신의 아들 예수 그리스도를 보내셔서 속죄의 죽음에 내어주시고 그를 부활시키셔서 자신을 대행하여 만유 위에 그의 통치를 집행하게 하심으로써 우리를 사탄의 죄와 사망의 나라로부터의 구속을 이루셨고 이루어 가신다; 하나님의 아들 예수그리스도가 자신 (과 성부)의 성령을 통해 우리로 하여금 의의 길을 가도록 지키심으로써 성부 하나님을 대신하여 그의 구원의 현재적 통치를 집행하신다; 그리고 하나님과 그의 아들의 성령이 그의 조명과 능력 주심으로 (즉 우리를 깨우쳐주시고 힘주심으로) 세례 때 우리가 복음을 믿고 예수를 주라고 고백하게 하여 하나님의 아들 예수 그리스도 안에 이루어진 하나님의 구원을 덕 입어 무죄 선언 받고 하나님의 아들의 나라로 이전되게 하고, 계속해서 주 예수 그리스도의 통치에 '믿음의 순종'을 하여 '의의 열매'를 맺으며 우리 각 개인에게 할당된 하나님과 자신의 아들의 나라를 위한 구체적인 과업도 성취할 수 있게 (즉 우리 '소명의 열매'를 맺을 수 있게) 한다. 주 예수 그리스도의 재림 때 있을 최후의 심판에서 칭의의 완성 역시 자신의 아들 예수 그리스도를 우리의 죄를 위한 속죄의 죽음에 내어주신 성부 하나님과 우리를 위하여 중보하실 자신의 아들 예수 그리스도의 은혜로 말미암는다 (롬 8:32-34;

또한 4:25; 5:8-10; 살전 1:10도 참조하라). 그래서 우리의 칭의는 처음부터 끝까지 '은혜로만'(*sola gratia*), 즉 오직 은혜다.

하지만 바울은 주 예수 그리스도의 재림 때에 우리가 다 최후의 심판에서 '몸으로 행한' 행위대로 심판을 받을 것이라고도 가르친다 (고후 5:10; 롬 2:5-16; 14:10-12; 참조. 롬 6:19-23; 고전 3:10-17; 4:1-5; 6:9-11; 9:16-27; 갈 5:19-21; 6:7-8; 빌 2:12-17; 골 1:21-23; 살전 3:12-13; 5:23). 오직 은혜로만 얻는 우리의 칭의 또는 구원과 우리의 행위대로 받는 심판 이라는 바울의 이 두 가르침들을 어떻게 동시에 견지할 수 있을까? 실제로 바울의 칭의론 해석의 성패는 이 질문을 어느 정도로 일관되게 설명할 수 있는가에 의해 결정된다. 그리고 물론 이 질문은 신자 들에게 지대한 실존론적 그리고 목회적 함의도 가지고 있다. 그런 까닭에 해석자들과 신학자들은 이 질문을 가지고 여전히 씨름한다.[1]

---

1 이 주제에 대하여 현대 학자들과 최근의 학자들의 학문적인 연구를 잘 개관한 C. Stettler, *Endgericht bei* Paulus, 5-44를 참조하라. 일부 대표적인 접근법들을 간결하게 요약한 J. M. G. Barclay("Believers and the 'Last Judgment' in Paul: Rethinking Grace and Recompense," in *Eschatologie-Eschatology: The Sixth Durham-Tübingen Research Symposium: Eschatology in Old Testament, Ancient Judaism and Early Christianity*, ed. H. J. Eckstein, C. Landmesser, and H. Lichtenberger, WUNT 272 [Tübingen: Mohr Siebeck, 2011], 195-208); Stanley and Gundry, eds., *Four Views on the Role of Works at the Last Judgment*도 참조하라. J. D. G. 던은 바울의 칭의론을 유대교의 언약적 율법주의와 비교하면서 이 질문을 거듭 다뤘다. Dunn, "The New Perspective on Paul: Whence, What and Whither?" in *New Perspective on Paul*, 80-89; "If Paul Could Believe Both," 124-37; "Jesus the Judge," in *New Perspective on Paul*, 395-411을 보라. 던은 유 대교가 옛 언약의 백성들에게 가르치듯이 바울도 그리스도인들이 하나님의 계명들 을 지켜야 하고 최후의 심판이 우리의 행위대로 이루어지리라고 강조하는 것을 관찰 하면서, 그리고 '의의 열매'를 맺는 그리스도인들과 율법 준수로 말미암아 선한 행위 를 하는 유대인들을 인간론적으로 비교하면서, 둘 사이의 유사성, 즉 유대교의 언약 적 율법주의와 언약적 율법주의의 새로운 형태로서의 바울의 칭의론 간의 유사성을 강조한다. 그리고 던은 이렇게 묻는다: 비록 바울의 칭의론에 성령 교리가 들어 있기 는 하지만, 기독교인의 행위가 유대교인의 행위보다 반드시 우월한 것이 아닌 경우, 이 둘 사이에 무슨 본질적인 차이가 있는가? (Dunn, "The New Perspective on Paul: Whence, What and Whither?," in *New Perspective on Paul*, 86-87). 던의 이와 같은 주

장은 바울의 유대교적 구원론에서 그리스도 예수의 복음으로의 회심을 사실상 하나의 망상으로 만들거나, 바울이 유대교를 단지 기독교가 아니었기 때문에 거부했다는 샌더스의 비평 (Sanders, *Paul and Palestinian Judaism*, 549-52)을 확인하는 것이다. 어떤 사람들은 초월하며 내재하는 신을 믿는 종교인 기독교를, 사람들에게 스스로의 힘으로 지식을 획득하고/또는 선행을 행함으로 구원을 받으라고 가르치며 신의 내재만을 가르치는 범신론적 종교나 신의 초월만을 강조하는 이신론적 종교와의 비교에 같은 논법을 적용하고, 인간을 구원하시고 인간을 도와 더 사랑하고 더 의로운 사람이 되도록 하는 삼위일체 하나님에 관한 기독교의 전체 가르침이 단지 망상에 불과하다고 주장할 수도 있을 것이다. 그렇다 치더라도 우리는 *바울*의 가르침을 논의하고 있는 중이므로, 기독교의 사도로 전향한 이 바리새인 출신의 율법교사가 왜 유대인들이 지키는 율법이 '육신에 의해 연약해졌다'고 주장하며, 삼위일체적 하나님의 은혜가 우리에게 힘주셔서 '율법이 할 수 없는 것'을 행하게 하셨고, 즉 '율법의 의로운 요구'를 성취하게 하셨다고 주장하는지 이해하려 진지하게 노력해야 한다 (롬 8:3-4; 참조. Kim, *Paul and the New Perspective*, 155-63). 던이 유대교의 언약적 율법주의와 바울의 칭의론 사이의 유사성을, 그의 기독론을 전혀 언급하지 않은 채 줄곧 묘사하는 것은 우리로 하여금 그렇다면 그리스도가 살고 죽으실 필요가 무엇이었는지 의아해하게 한다 (참조. 갈 2:21). 던 자신도 이것이 '[그의] 새 관점을 비평함에 있어 제기된 가장 심각한 쟁점'임을 인지하고 있다 ("The New Perspective on Paul: Whence, What and Whither?," in *New Perspective on Paul*, 89-90). 던은 우리가 그리스도의 죽음과 부활에 참여함과 성령의 도움으로 우리가 그리스도의 형상으로 변화되는 것에 대한 바울의 가르침들을 들어 이 질문에 대답하려 한다 ("The New Perspective," 92-96). 던은 이렇게 진술한다. "'칭의'는 (구원의) 과정의 시작과 끝에만 초점을 맞추고 있다. 그 과정에서 핵심적인 요소는 '그리스도처럼 되는 것', 즉 그리스도의 형상에 같아지는 것이다. … 최후의 심판은 그러한 변화의 정도를 재보는 것이 될 것이다" ("The New Perspective," 93). 그런 다음에 그는 우리가 바울 신학에서 칭의론과 그리스도 안에 내포되고 그리스도와 같은 형상됨의 교리를 함께 붙들어야 할 필요가 있다고 주장한다 ("The New Perspective," 95). 하지만 그는 후자를 그가 '법적적 비유 언어'로 이해하는 전자와는 별개의 병행적 구원 설명 범주로 취급함으로써("The New Perspective," 92), 우리가 앞에서 했듯이, 또는 옛 개신교 교의학자들이 성화를 칭의와 통합시키려 했듯이, 후자를 칭의의 현재적 과정에 통합시키려는 어떠한 노력도 하지 않는다. 그래서 그가 어떻게 변화의 정도를 최후의 *심판*과 연결시킬 수 있는지 이해하기가 어렵다. 특히 바울이 그렇게 하지 않았는데 말이다: 참조. 고전 15:42-49; 빌 3:20-21. 심지어 롬 8:29-39에서도 바울은 하나님이 우리를 자신의 아들의 형상으로 변화시킬 것이고 우리로 하여금 종말에 그의 영광을 얻게 하실 것이라는 사실만을 강조할 따름이지, 최후의 심판에서 우리가 그리스도의 형상으로 변화된 정도를 판단한다 (심판한다)는 생각은 전혀 나타내지 않는다. 더욱이 던이 신자들의 변화의 현재적 과정을 주 예수가 성령을 통해 현재 행사하시는 구원의 통치와 연결시키지 않을뿐더러, 우리가 어떻게 그리스도의 죽음과 부활에의 참여를 현재 실제화하는 하지만 바울에게는 우리의 선한 행위, '의의 열매', 필자가 여기서 부르는 '우리의 소명의 열매'까지 우리 자신의 인간적 자원을 가지고 우리 스스로 만들어 내는 열매가 아니라, '성령의 열매' 또는 성령의 은혜의 선물 (은사, *χάρισμα*)의 열매다. 그것은 우리가 성령을 통하여 전달되는 그리스도 안에 있는 하나님의 붙들어주시는 은혜를 우리가 *믿음으로 말미암아* 덕 입음으로써 맺게 되는 선행들이어서,[2] '믿음의

지를 설명하지 않는 까닭에, 바울의 변화 교리에 관한 던의 이해에서 그리스도는 하나의 모델 (*Vorbild*) 이상의 기능을 하지 않는 듯이 보인다. 그렇다면, 이처럼 변화 교리에 호소하는 것은 바울의 칭의론에 대한 던의 해석에서 사실상 기독론을 등한시했다는 비평에 적절한 대답으로 인정될 수 없다. 그렇지만 이것은 던이 칭의 범주를 구원의 전 과정의 출발점과 마치는 지점만을 위해 채용된 것으로 보며, 그런 다음에 구원의 현재 단계 또는 현재의 과정을 주로 (전혀 별개라는) 변화 범주를 사용하여 설명하는데, 과연 그가 바울의 구원론 전체를 적절히 설명하는지 묻지 않을 수 없다. 우리가 볼 때, 칭의와 심판에 대한 던의 해석에 이렇게 다양한 문제들이 제기되는 까닭은 그가 새 관점의 관심사들에 집착하고 바울의 칭의론을 인간론적 또는 인간 중심적 관점으로만 해석하고, 우리가 여기서 해석하는 것처럼, 기독론적 또는 삼위일체적 관점으로 해석하지 않은 데 있는 것 같다. 바울의 칭의와 심판 교리가 유대교의 언약적 율법주의와 본질적으로 다른 것은 둘 사이에 거시적으로 볼 때 구조적 유사성이 있음에도 불구하고, 종종 제안되듯이 단순히 성령에 대한 바울의 새로운 교리에 있는 것이 아니라, 좀 더 정확히 말해서 바울이 칭의의 현재적 과정 (즉, 하나님과 올바른 언약 관계 속에 '머무름'의 과정)을 예수 그리스도께서 그의 영을 통하여 행사하시는 구원의 통치와 관련하여 설명하는 데 있다. 다시 말해서, 바울이 그리스도인들이 생산하는 선행 ('의의 열매')을 그들이 유대인들처럼 율법의 계명들을 준수함으로써가 아니라 삼위일체적 하나님의 구원의 은혜를 믿음으로 덕 입어 생산하는 것으로 이해한다는 점이다. 보다 더 포괄적으로 말하자면, 바울의 칭의와 심판 교리와 유대교의 언약적 율법주의 사이의 본질적인 차이는 그가 칭의의 전 과정 (세례 때 그것이 하나님과 올바른 언약 관계에 '진입함'으로 시작됨, 그 관계 속에 '머무름'의 과정인 그것의 현재적 단계, 그리고 최후의 심판에서 칭의의 완성)을 삼위일체적 하나님의 구원 사역으로 제시하는 데 있다고 말할 수 있다. 이것은 바울의 칭의의 복음이 유대교의 언약적 율법주의와 궁극적으로 다른 점이 그의 *신학*, 즉 그의 삼위일체적 신인식에 닻을 내리고 있다는 것을 뜻한다. 이 신인식은 바울이 다메섹 도상에서 회심/소명 때 하나님께서 자신의 아들 예수 그리스도를 계시하심에서 (갈 1:12-17), 그리고 그의 성령 체험에서 얻은 것이다 (참조. Kim, *Paul and the New Perspective*, 115-23, 157-63). 또한 본서 제7장 각주 7과 아래 본서 제8장의 각주 12를 보라.

2 바울은 이 사실을 고전 15:10 ("그러나 내가 나 된 것은 하나님의 은혜로 된 것이니

행위 [들]'(살전 1:3; 살후 1:11), 즉 '사랑으로 역사하는 *믿음*'(갈 5:6)의 행위들이다.[3] 바울에게 선행이 이런 의미를 지닌 것이라는 것을 분명히 이해할 때, 우리는 그가 '은혜로만'(*sola gratia*, 오직 은혜)와 '믿음으로만'(*sola fide*, 오직 믿음)의 원리를 세례 때 받는 칭의에 대해서만 아니라 칭의의 현재적 과정에 대해서도 천명하면서, 그의 두 가르침들 간의 모순을 인정하지 않고 오히려 그들의 일관성 또는 통일성을 주장하리라고 추정할 수 있다.[4]

내게 주신 그의 은혜가 헛되지 아니하여 내가 모든 사도보다 더 많이 수고하였으나 내가 한 것이 아니요 오직 나와 함께하신 하나님의 은혜로라")과 골 1:29 ("이를 위하여 나도 내 속에서 능력으로 역사하시는[ἐνεργουμένην] [그리스도]의 역사/힘주심 [ἐνέργεια]으로 분투하며 수고하노라"), 그리고 빌 2:12-13에서 매우 간결하고 효과 있게 표현한다 (본서 제8장 각주 4를 보라). 또한 빌 4:13; 고전 3:10; 살전 3:12; 살후 1:11도 참조하라. 만일 우리가 롬 14:23c ("믿음으로 하지 않는 모든 것이 죄니라")를 문맥과 상관없이 취하면, 우리는 이 본문을 우리의 모든 선한 행위가 주 예수 그리스도를 믿는 믿음에서 나온다는 바울의 가르침을 부정적인 방법으로 표현하는 가장 효과적인 일반적 금언으로 이해할 수 있다. 즉 '은혜로만'의 원리를 표현하는 고전 15:10의 형식과 멋지게 어울리는 '믿음으로만'의 원리를 표현하는 금언이라고 말이다. H. Ridderbos, *Paul: An Outline of His Theology* (Grand Rapids: Eerdmans, 1974), 291 (『바울 신학』, 솔로몬 역간)을 인용한 Moo, *Romans*, 863을 참조하라: "그리스도인에게는 그리스도 안에 있는 하나님 앞에서 자신의 기독교적인 확신과 자신의 자유에 근거하여 정당화할 수 있다고 생각하지 않는 어떤 결정과 행위도 선한 것이 될 수 없다."

3 본서 제7장을 보라.

4 이 장 (과 본서 여러 곳)에서 반복해서 사용된 '삼위일체 하나님의 붙들어주시는 [sustaining] 은혜를 믿음으로 덕 입다'라는 형식은 본서 바로 앞장 (제7장)에서 주 예수가 그의 영을 통하여 행사하시는 구원의 통치와 이에 대한 우리의 '믿음의 순종'과 관련하여 기독론적 관점과 인간론적 관점 양쪽 모두 (즉, 기독론과 인간론의 결합된 관점)에서 제시한 설명에 비추어 이해해야 한다. '삼위일체 하나님의 붙들어주시는 은혜'는 성부 하나님을 대신하여 현재 하나님의 아들 주 예수 그리스도가 행하는 구원의 또는 구속의 통치를 가리키는 약어다. 이 통치는 우리가 도덕적인 선택을 하는 매 순간마다 우리에게 사탄의 뜻에 대항하여 주 예수의 뜻이 무엇인지를 알려주고 우리로 하여금 사탄의 유혹을 대적하고 주 예수의 뜻에 순종할 수 있게 힘주시는 그리스도 (와 성부 하나님)의 영을 통하여 나타난다. 그리고 그 은혜를 '믿음으로 덕 입는다'는 것은 삼위일체적 하나님의 구원의 통치에 믿음과 순종으로 반응하는 것을 가리킨다. 즉, 주님을 신뢰하고 (주님의 뜻이 우리의 의와 구

원을 위한 것이라고 믿고) 우리의 '육신'이 사탄의 시험을 따르도록 우리를 강요함에
도 불구하고 사탄의 유혹을 뿌리치고 주 예수의 뜻을 따름으로써 (순종함으로써) 삼
위일체 하나님의 구원의 통치에 우리가 반응하는 것을 가리킨다. 이렇게 이 형식으로
써 나는 바울이 빌 2:12-13에서 직접 만든 표현을 나타내려 하였다: 삼위일체 하나님
께서는 우리 안에서 역사하시되 (ἐνεργῶν) 우리로 하여금 하나님의 기쁜 뜻을 이루
어 드리려는 마음/의지도 갖게 하시며 (τὸ θέλειν), 그 의지를 실제로 이룰 수 있도록
우리에게 힘을 주신다 (τὸ ἐνεργεῖν) (즉, 우리에게 하나님을 신뢰하고 그의 뜻에 순
종하는 믿음을 주시고, 사탄의 길에 빠지는 유혹을 받기 쉬운 우리의 계산적인 이성
을 극복하게 하심으로써. 참조: 롬 4:18-21; 고후 5:7. 또한 빌 2:13과 살후 1:11의 병
행성을 보라). 그리하여 하나님은 우리로 하여금 우리의 구원을 '이루어내게 하신다'
(κατεργάζεσθαι), 즉, 우리로 하여금 '믿음의 순종'으로 하나님의 이와 같은 구원의
통치에 반응하게 하셔서 '의의 열매'를 맺게 하시고, 그리스도의 날 최후의 심판에서
칭의의 완성을 얻을 수 있도록 우리 안에서 '역사하신다' (ἐνεργῶν) (빌 2:14-16) (비
록 여기서 '구원' [σωτηρίαν]이 주로 빌립보교회의 공동체적 건강과 행복을 가리킨
다고 하더라도, 이 권면은 신자들의 개인적, 종말론적 구원을 '이룸' (working out)에
적용될 수 있다 [참조. 고후 5:9-11]).

　바울의 은혜에 의한, 그리고 믿음으로 말미암은 칭의론과 우리의 행위대로의 심판
교리에 나의 기독론적, 인간론적 접근은 은혜의 인간론에만 기초하고 있는 바클레이
의 접근과도 비교해 보아야 한다 (Barclay, "Believers and the 'Last Judgment'," 200-
208). 그의 이 접근은 선물을 주는 행위는 선물을 받는 자가 주는 자에게 적합한 반응
을 해야 하는 의무를 지운다는, 고대 지중해 세계에 일반적인 것으로 생각되는 이해
에 근거한다. 바클레이의 접근은 바울의 여러 본문들에 새로운 빛을 비춰준다는 것은
의심의 여지가 없다. 하지만 바울이 윤리적 명령들을 주 예수에 대한 '믿음의 순종'의
도식으로 이해하는 것과 하나님의 심판이 우리의 행위 (즉, '믿음의 순종')대로 이루
어진다고 하는 그의 교리를 과연 기독론이나 하나님 나라의 틀에 호소하지 않고 그
저 고대의 은혜-선물의 인간론으로만 설명할 수 있는지에 대해 근본적인 질문이 제
기된다 (본서 서론 각주 5에 인용된 바클레이의 요약 진술을 참조하라). 고대 그리스
인들과 로마인들은 그들의 신들이 그들에게 감사, 존경, 예배, 제사 등뿐만이 아니라
그들이 받은 혜택에 대한 반응으로 그들의 일상생활에서 신들의 뜻에 순종도 하기를
기대한다고 믿었을까? 그들은 그들의 신들이 그들이 드린 순종의 정도와 그 적절함
에 의거하여 그들을 심판할 것이라고 믿기도 했을까? 고대 유대인들은 이러한 믿음
을 가지고 있었다는 것은 분명하다. 하지만 유대인들의 믿음이 은혜-선물의 인간론
에만 근거했을까? 유대인들이 하나님의 은혜-선물을 더 근본적이고 언약적인 하나
님의 왕적 통치의 틀 안에서 이해했던 까닭에 그들이 이러한 믿음을 가지고 있었던
것은 아닐까? 바울의 윤리적 명령들을 신자들이 하나님의 은혜-선물에 대해 적절한
반응을 해야 한다는 의무로서만 이해하는 바클레이의 단지 인간 중심적 해석이 불충
분하다고 생각되는 또 다른 이유는 그것이 신자들을 최후의 심판 때까지 흠이 없게
'지키'거나 붙들어 주시기 위해 삼위일체적 하나님이 그들 안에서 적극적으로 '역사
하심'에 관한 바울의 가르침을 고려하지 않는다는 것이다 (예컨대, 빌 2:12-16; 살전

2:13; 3:12-13; 4:8-9; 5:23-24; 고전 1:8-9; 10:13; 고후 1:21-22; 5:5; 9:8-13; 빌 1:6, 9-11, 19-20; 2:1-4; 살후 1:11-12; 2:16-17; 엡 4:4-20). 사실, 바클레이는 바울의 이 본문들 중에 몇 개를 직접 언급한다. 하지만 이 본문들 안에 암시되어 있는 삼위일체 하나님의 *현재적 구원 통치*는 진지하게 고려하지 않았다. 이미 주어진 그리스도 사건 (과 성령 주심)이라는 (정적으로 이해되는) 하나님의 선물만 생각할 것이 아니라, 신자들로 하여금 주께 합당한 '믿음의 순종'을 함으로써 '의의 열매'를 맺는, 또는 하나님의 뜻이나 소명을 이루어야 하는 의무를 주실 뿐 아니라, 그 의무를 이행할 수 있는 능력도 주시는 *하나님의 은혜의 현재적 구원 활동이나 능력*도 생각해야 한다는 말이다 (방금 전 위에서 인용한 본문들 이외에, 롬 8:13, 26-27; 15:18-19; 고전 3:10; 15:10de; 빌 4:13; 골 1:29 도 참조). 예를 들면, 바클레이는 바울의 '성령에 따라 행함' 개념을 여러 번 언급하면서도(롬 8:4-27; 갈 5:16-25), 주어진 성령의 은혜에 대한 의무로서 신자들의 '행함'에 관심을 집중하며, 그러한 문구에 전제된 성령의 능동적 활동, 즉 현재 그들을 인도하시고 힘주시는 활동에는 거의 주의를 기울이지 않는다. 사실, '그리스도인의 도덕적인 삶은 전적으로 내주하시는 성령이 만들어내는 것'이라고 천명하는 B. Byrne ("Living Out the Righteousness of God: The Contribution of Rom 6.1-6.13 to an Understanding of Paul's Ethical Presuppositions," *CBQ* 43 [1981]: 577 n. 59 [557-81])과는 대조적으로, 바클레이는 그의 책 (*Paul and the Gift*, 503 n.17)에서 자신의 접근 방법을 이렇게 설명한다: "바울의 은혜 신학은 인간의 순종의 필요성을 강조하는 것과 일관된 것인데, 그 순종이 은혜의 *효능* (즉, 신자들의 행동 안에서 하나님이 행동하심)으로 일어나는 것이 아니라, 은혜의 *부조화* (즉, 정상적인 인간 상태와는 전적으로 어울리지 않는, 신적으로 창조된 삶이 만들어내는 인간의 의)로 일어나는 것이기 때문에 일관성이 있는 것이다. [이렇게] 해석하면 (신적 행위자의 역할에 자리를 양보해주기 위해) 인간 행위자의 역할을 경시할 필요가 없다. 행위를 하는 그 행위자 자체가 새롭게 만들어졌으며, 외적인 실체에서 유래했기 때문이다" (강조는 그의 것). 그럼에도 불구하고 바클레이는 그의 논문 ("Believers and the 'Last Judgment'," 208)을 마무리하는 문단에서 기묘하게도 다음과 같은 말을 첨가한다: "하지만 하나님은 이 생에서 벌써 [신자들] 안에서 역사하시어 그들이 그 '합당함'을 이루도록 [즉, 그리스도 사건의 신적 은혜에 합당한 반응]을 하도록 그들을 압박하신다 - 그 일은 하나님의 것이듯이 동시에 신자들의 것이기도 하다 (Phil 2:15-16 sic!)." 그러나 이 생각은 바클레이가 이 논문이 담고 있는 그의 하나님의 은혜에 관한 인간 중심적 연구 속에서 전개하지도 않았고 통합하지도 않았던 것이다. 그가 그것들을 하기를 꺼리는 것은 기독교 윤리를 신적 단독설로 제시하고 신자들은 능동적이고 책임 있는 행위자보다는 단순한 수동적인 자로 제시하는 것을 두려워하기 때문인 것 같다 (참조. 그의 책, *Paul and the Gift*, 518).

그러므로 나는 은혜의 인간론에 대한 바클레이의 새로운 통찰들이 나의 기독론적이며 인간론적인 접근의 기초가 된 성령을 통한 하나님과 그의 아들 주 예수 그리스도의 은혜로운 구원의 통치라는 근본적인 기독교적 틀 속으로 통합될 수 없는지 또는 통합되어서는 안 되는지 궁금하다. 나는 '삼위일체 하나님의 붙들어주시는 은혜

고린도전서 3:10-17에서 실제로 바울은 은혜에 의한, 그리고 믿음으로 얻는 칭의와 행위대로의 심판에 관한 그의 가르침들을 어떻게 조화시키고 있는지 알 수 있는 약간의 단서를 제공한다. 이 본문에서

를 우리가 믿음으로 덕 입는다'는 형식이 우리의 도덕적인 행위에 있어서 신적 행위자 역할 ('붙들어주시는 은혜')과 인간적 행위자 역할 ('믿음으로 우리가 활용') 양쪽 모두를 잘 조화되고 균형 잡히게 천명하는 것이라고 생각한다. 바울에게는, 하나님께서 우리의 행위대로 최후의 심판을 하시리라는 것을 염두에 두고 우리가 '두렵고 떨림으로' 우리의 구원을 '이루어내야' 한다는 것, 그러나 우리는 하나님이 우리 '안에서' '역사 하시고 계시기'에 비로소 그것을 '이루어낼 수 있다'는 것이 분명하다 (빌 2:12-16). 신자들은 그리스도 사건으로 말미암아 죄와 육신의 권세에서 해방되었기 때문에 *만 아니라* (8:3), 그들이 그리스도 사건과 성령 주심으로 말미암아 칭의를 받고 새 생명을 받은 사람들로서 (8:1-3, 9-11; 7:6, 즉 바클레이의 용어를 빌려 말하자면, 그러한 하나님의 은혜-선물을 받은 자들로서) 성부 하나님과 그의 아들 주 예수 그리스도의 성령에 의해 *인도함*을 받고 *힘주심*을 받기 때문에도 (8:4b-30; 특히 8:13, 26-27을 주목하라), 아담적 인간 또는 이스라엘이 죄와 육신의 종노릇하는 상태에 있어서 할 수 없었던 것 (롬 7:5, 7-25), 즉 '율법의 의로운 요구를 성취할 수 있다'는 것 (8:4; 7:4)이 바로 롬 7:1-8:30에 있는 바울의 논증의 주요 요지가 아닌가? 불행하게도, 바클레이는 단지 이전에 세례 때 이미 받은 은혜에만 초점을 맞춤으로써 삼위일체 하나님의 이러한 현재적 붙들어주심의 은혜를 등한시한다. 바클레이가 이런 식으로 접근하는 까닭은 그가 하나님의 은혜를 단지 인간론적으로만 생각하고 하나님과 자신의 아들 주 예수 그리스도의 나라의 틀 안에서는 생각하지 않는다는 데 있다. 그래서 그는 (비록 드물게 그리고 자세한 설명 없이) "'새 생명'은 신자들 자신이 아니라 하나님에 의해서 세워지고 유지되고 지배를 된다"고 주장하면서도, 심지어 롬 8:13을 언급하면서도, 신자들이 '율법의 의로운 요구를 성취할' 수 있는 능력을 '자아, 또는 더 좋게 말하자면, 부활하신 그리스도로부터 유래하는 *새* 자아의 변화에 달려 있는 것'으로만 이해하고, 바울의 윤리적 권면들을 "그리스도에 의해 그리고 그분 안에서 이미 창조된 것을 표현하라"는 명령으로만 해석한다 (*Paul and the Gift*, 502-3; 강조는 그의 것; 그는 503와 506쪽에서 πνεύματι, '성령으로'를 생략한 채 롬 8:13을 인용하고 있는 점에 유의하라). 이것은 해묵은 관념론적 형식인 "네가 이미 받은 (의인의) 신분대로 되어라" (Become what you already are)와 같은 뜻으로 들린다 (이 형식의 부적절함에 대해서는 본서 제7장 각주 8을 보라). 신자들은 그들의 구원의 완성이 이르기 전 현재의 중간기 동안에는 그들의 육신이 사탄의 유혹에 여전히 노출되어 있기에, 주 예수 그리스도가 그들 안에 이미 창조한 것을 현재 자신의 영으로 적극적으로 붙들어주시는 그분의 구원의 통치를 덕 입음으로써만, '주 예수 그리스도에 의해 그리고 그분 안에서 이미 창조된 것을 표현할' 수 있는 것이다. 그러므로 바울의 윤리적 권면을 그 권면의 기독론적 기초도 함께 강조하지 않고 단지 인간론적으로만 해석하는 것은 불가능하다.

바울은 고린도에서 그의 개척자적인 사도의 사역을 *하나님이 그에게 주신 은혜*로 말미암아 '하나님의 건물' 또는 '하나님의 성전' (즉, 고린도 교회, 3:9, 16-17)의 터를 놓은 것으로, 그리고 아볼로와 다른 사역자들의 사역을 그가 놓은 터 '위에 건물을 짓기'로 언급하면서, 각 사람은 '하나님의 건물'에서 자신에게 할당된 부분을 '금이나 은이나, 값진 보석'으로 짓고 있는지, 아니면 '나무나 짚이나 풀'로 짓고 있는지 살펴야 한다고 말한다. 주의 날에 심판의 불이 각 사람이 행한 일이 어떠한 것인지를 시험 (이렇게 그들의 행위대로 심판!)할 것이기 때문이다. 자기가 감당한 부분이 심판의 불길에 타 버리지 않고 남아 있는 사람은 '상'을 받을 것이다. 이 상은, 종종 생각하듯이 구원 위에 덧붙여지는 여분의 복이 아니라 (비교. 고전 9:15-18), '하나님의 건물'에 있어서 자기가 '금이나 은이나 보석'으로 지은 부분이 심판의 불길에 의해 영광스럽게 드러나는 것이다. 다시 말해서, 바울이 여기서 말하는 상은 우리가 삼위일체 하나님의 은혜를 믿음으로 최대한 덕 입어 아주 신실하게 (고전 4:2 참조) 그리고 희생적으로 지은 교회들이 최후의 심판 때 흠 없는 교회들로 드러나서 우리의 '자랑의 면류관'이 되는 것이다 (참조. 고전 9:14-23; 빌 2:14-17; 4:1; 살전 2:19-20 [비교. 2:1-10]). 반면에 자기가 감당한 일이 최후의 심판의 불길에 타 버린 사람은 상실을 경험할 것이다. 이것은 종종 생각하듯이, 구원 위에 덧붙여지는 여분의 복인 '상'을 받지 못하는 것이 아니라, 우리가 '하나님의 건물' 지음에 있어 우리가 맡은 부분을 '나무나 짚이나 풀'로, 즉 하나님의 지혜에 반하는 육신적인 세상적 지혜로 오염된 가르침들로 지으면 (참조. 고전 1:18-25; 3:18-20) 그 부분을 심판의 불길에 잃어버린다는 말이다. 완성에 이른 하나님 나라에서는 어떤 육신적인 것도 남아 있을 수 없기 때문이다. 그래서 이런 경우 우리는 '헛되이 뛰었고 헛되이 수고한' (빌 2:16b) 것으로 판명날 것이다.[5] 하지만 후자에 속하는 사람도, '불을 통과한 것 같이 겨우', 즉 '간신히' 또는 '가까스로' (참조. 암 4:11; 슥 3:2) 받을 것이긴 하지만, 구원은 받을 것이다 .

하지만 여기에 더하여 세 번째 종류의 사람이 있다. '하나님의 성전'을 '세우지' 않고 '파괴하며', 그래서 자신도 하나님에 의해 파괴를 당할 사람이다 (고전 3:17). 이 세 번째 종류의 사람은 분명히 사탄의 종으로서 주 예수 그리스도의 교회를 공격하는 사람이거나 자신은 하나님 나라 또는 주 예수 그리스도 안에 '있다고 생각하지만' 우상숭배와 부도덕으로 교회나 하나님의 백성을 하나님에 대한 순전한 예배와 주님께 신실한 순종에서 벗어나 다른 길을 가도록 인도하는 사람이다. 아론이 출애굽 기간 동안 자신은 여전히 야웨를 예배하고 있다고 생각하면서 이스라엘 백성을 하나님에게서 멀어지게 했던 것처럼 말이다 (고전 10:1-12; 출 32:1-6; 고전 10:7에 인용된 출 32:6을 주목하라). 최후의 심판 때 파괴를 당할 사람은 또한 그리스도의 몸인 교회 안에서 분파를 조장함으로써 (고전 1:10-13) 교회를 찢어놓는 사람이다 (참조. 고전 1:13a). 그러니까 이런 사람들은 교회 안에서 배교나 분열을 조

---

5   고전 3:14-15에서 '상'과 '손실'에 대한 이러한 해석의 자세한 내용과 이 단락에서 지적한 다른 요지들을 위해서는 나의 논문 "The Thessalonian Church as Paul's 'Hope or Joy or Crown of Boasting' (1 Thess 2:19-20): Judgment according to Works and Reward for Good Deeds, or Structure of Paul's Doctrine of Justification," in S. Kim, *Paul's Gospel for the Thessalonians* (출간 예정)의 10-11 단락을 보라. 그곳에 관련된 문헌들과의 토론들이 포함되어 있다. 특히, K. L. Yinger, *Paul, Judaism, and Judgment according to Deeds*, SNTSMS 105 (Cambridge: Cambridge University Press, 1999), 그리고 S. H. Travis, *Christ and the Judgment of God: The Limits of Divine Retribution in New Testament Thought*, 2nd rev. ed. (Milton Keynes: Paternoster, 2008). 참조. S. Schapdick, *Eschatisches Heil mit eschatischer Anerkennung: Exegetische Untersuchungen zu Funktion und Sachgehalt der paulinischen Verk ndigung vom eigenen Endgeschick im Rahmen seiner Korrespondenz an die Thessalonicher, Korinther und Philipper*, BBB 164 (Göttingen: V&R unipress; Bonn University Press, 2011).

장하는 교회의 원수이거나 배교자다 (참조. 고후 11:4, 13-15; 갈 1:8; 5:7-12; 빌 3:18-19). 이와 같은 사람들은 은혜의 삼위일체 하나님을 대항하는 것으로 돌아섰기에, 하나님의 구원의 은혜를 덕 입을 수 없고, 그래서 그들에게 내리는 하나님의 심판은 그들의 파멸일 수밖에 없다(또는 그들이 스스로 선택한 멸망의 길에 '넘겨질' 수밖에 없다. 참조. 롬 1:24, 26, 28).

하지만 '하나님의 건물'에서 자신의 부분을 '나무나 짚이나 풀'로 짓는 사람은, (여전히 '하나님의 건물'에서 자신의 부분을 '짓고 있는' 한에서) 하나님의 속죄의 은혜를 믿음으로 덕 입었고 주 예수의 성령을 통해 그분의 인도하심과 힘주심을 여전히 덕 입고 있는 것이다 – 비록 그에게 요구된 대로 신실하게 하지는 않더라도 (참조 고전 4:2). 이런 사람은 계속해서 주 안에 있으면서도 종종 사탄의 유혹에 빠져 '육신대로 행하여', 그가 세우는 '하나님의 건물'의 부분은 '성령의 열매'의 흔적들만 아니라 '육체의 행위'의 흔적들도 띠게 될 것이다 (참조. 갈 5:19-23). 이러한 흔적들의 혼합을 가리켜 바울은 약하고 값싼 건축 재료들인 '나무나 짚이나 풀' 등의 그림 언어들을 사용하는 것이다. 앞에서 말했듯이, 최후의 심판에서 육신의 흔적들을 띠는 부분은 심판의 불로 태워 버려 정화될 것이지만, 그가 세례 때 삼위일체적 하나님의 은혜를 믿음으로 덕 입었고 그 안에 서 있으며 (비록 그에게 요구된 대로 흠이 없이는 아닐지라도) 성령의 열매를 맺고 있으므로 (참조. 고전 1:8; 살전 3:13; 5:23; 빌 1:10-11; 2:14-16; 골 1:21-23])[6], 하나님의 아들 주 예수 그리스도는 그 사람을 위하여 중보하시어 그도

---

6   참조. Barclay, "Believers and the 'Last Judgment'," 208: "바울은 '그리스도 안에' 계속 머물러 있던 사람들에게는, 성령이 그러한 삶을 사는 사람들의 삶에서 열매를 맺을 것이므로, 어느 정도 합당함이 있을 것으로 추측한다: 그리스도 안에 있으면서 성령 안에서 살기를 *전혀* 하지 않는 사람은 있을 수 없다" (강조는 그의 것).

완성된 칭의를 얻도록 할 것이다.[7]

　고린도전서 3:10-17에서 바울은 사도들의 사역을 의중에 두고 행위대로의 심판을 설명한다. 하지만 그 원리는 모든 신자들에게 적용될 수 있다 (17절에 이미 이것이 제시되었다). 우리 신자들이 일반적으로 맺는 '의의 열매'와 우리가 개개인에게 할당받은 사역을 수행함으로써 맺는 열매 ('우리의 소명의 열매')는 둘 다 우리가 삼위일체적 하나님의 은혜 또는 은혜-은사를 믿음으로 덕 입음으로써 맺게 되는 것이며, 하나님 나라, 또는 땅에 있는 하나님 백성의 거룩하고 의로운 공동체인 교회를 건설하기 위해서 (고전 12-14장: 또한 롬 12:3-8; 엡 4:7-16도 참조하라), 그리고 세상에서 진리, 사랑, 의/정의, 화평, 자유와 같은 하나님 나라의 가치들을 실현하기 위해서 (참조. 롬 14:17; 고전 13:4-7; 갈 5:22-23; 빌 4:8-9; 롬 12-13) 하는 우리의 기여들로 이해할 수 있기 때문이다. 바울은 고린도전서 3:10에서 "내게 주신

---

7 만일 하나님 나라 또는 교회에서 자신의 부분을 '나무나 짚이나 풀'로 짓는 사람을, 우리가 여기서 제안하는 것처럼, '성령의 열매'와 '육신의 행위'를 혼합하여 하나님의 나라나 교회를 짓는 것으로 이해한다면, 그 사람을 주 예수 그리스도에게 순종하여 '성령의 열매'를 맺음으로 하나님의 거룩한 성전이나 교회를 지으면서 동시에 사탄에게 순종하여 '육신의 행위'로 그 나라와 교회를 '파괴하는' 사람이라고 말할 수 있다고 생각해야 하지 않을까? 그렇다면 이런 질문이 제기된다. 즉, 그 사람의 파괴적인 '육신의 행위'가 어느 범위까지 용서를 받을 수 있어서 그 사람이 마침내 '불을 통과한 것 같은' 구원을 받을 것이고, 어느 정도까지는 용서를 받을 수 없어 그 사람은 하나님의 성전이나 교회의 '파괴자'로 정죄를 받고 '파멸될' 것인가? 몇몇 그리스도인들에게 이것은 심각한 질문이다. 하지만 바울이 고전 4:1-5에서 말하고 있는 것을 염두에 둔다면, 우리는 이와 같은 질문이 재림 때 "어둠에 감추인 것들을 드러내고 마음의 뜻을 나타내시는" (고전 4:5) 주님의 주권에 속한 결정의 문제라는 것을 지적하면서, 바울은 우리에게 이에 대해 어리석은 짐작이나 추측적인 인간적 판단을 하면서 시간을 낭비하지 말라고, 또는 우리가 하나님의 집을 세우기 위해 하는 행위의 질(質)에 대해 자기 확신에 빠지지 말고, 그 행위를 지속적으로 점검하고 개선하도록 노력하라고 권하리라고 추측할 수 있다. 바울은 개척자 사도로서 하나님의 집에 "능수능란한 건축가처럼 터를 놓았으며" (고전 3:10a), "[자신에 대해] 자책할 것을 아무것도 인식하지 못한다" (고전 4:4a)고 주장할 수 있었음에도, 그렇게 했듯이 말이다 (고전 9:15-27; 빌 3:12-21). 참조. C. Stettler, *Endgericht bei Paulus*, 228.

하나님의 은혜를 따라 내가 지혜로운 건축자와 같이 터를 닦았다"
고 주장하며, 다른 곳에서도 그의 사도적 소명을 성취하기 위해 (예
컨대, 고전 9장; 고후 4-5장; 10-13장; 빌 3장; 살전 2장; 또한 롬 15:14-33), 또
는 고린도전서 3:12의 그림 언어들을 채용하여 말하자면, 하나님의
건물에서 그의 할당된 몫을 '금이나 은이나 보석'으로 건축하기 위
해 얼마나 수고를 많이 했는지 언급한다. 하지만 바울도 그가 맺은
'의의 열매'와 '그의 소명의 열매'가 최후의 심판에서 하나님의 아
들 주 예수의 중보가 필요 없을 정도로 완벽하다거나 완벽할 것이
라고 (또는 순전한 '금이나 은이나 보석'이라고) 주장하지 않는다 (참조. 고전
4:1-5). 그랬다면, 그는 로마서 8:31-34의 내용처럼 글을 쓰지 않았
을 것이다. 또는 고린도전서 9:27b에서 두려워하는 것처럼 두려워
하지 않았을 것이다. 이처럼 모든 신자들은 최후의 심판에서 그리
스도의 중보가 필요할 것이다. 그러므로 우리는 바울이 고린도전서
3:10-17에서 세 종류의 사람들을 구별하는 의도가 하나님의 은혜
를 믿음으로 최대한 덕 입음으로써 자신이 이룩한 선한 행위에 근
거하여 자신의 최종적인 칭의를 확신할 수 있는 사람들이 있고 그
들의 불충분한 행위 때문에 주 예수의 중보를 통해서 '간신히' 구원
을 받을 사람들이 있을 것이라고 제안하려는 것으로 이해해서는 안
된다.[8] 우리는 그 의도는 그게 아니고 사도들과 신자들에게, 바울

---

8   참조: Wright, "New Perspectives on Paul," 254: "[바울은] 자신이 현재 도덕적 수고와
육체적인 수고로 행하는 것들이 마지막 날에 자신의 가산점으로 계산되리라고 분명
히 생각하고 있었는데, 그것은 바로 그 수고들이 살아계신 그리스도의 영이 자기 안
에서 역사해 오셨다는 효과적인 표지들이기 때문이다." 이 진술은, 그 자체만으로 놓
고 볼 때, 라이트가 우리가 여기서 지적하고 있는 것과 비슷한 요지를 제시하는 듯이
보인다. 하지만 라이트 (254)는 이 의견 앞에 살전 2:19-20과 빌 2:16-17에 대한 다
음과 같은 논평을 서문으로 단다: "데살로니가 서신들과 빌립보서에서 [바울은] 다
가오는 심판 날을 내다보면서 하나님의 긍정적인 판결이 그리스도의 공로와 죽음
에 근거해서가 아니고 … 그의 사도적 사역에 근거하여 내려질 것이라고 이해한다."

자신이 그러듯이 (고전 9:24-27; 빌 3:12-21), 그들 가운데 역사하시는 하나님의 은혜를 믿음으로 충분히 덕 입어 그들의 제자도와 소명을 더욱 신실하게 또는 '두렵고 떨림으로' 수행해 가라고 권하고자 하는 것으로 이해해야 한다.

고린도전서 9:15-27에서 바울은 심지어 그의 최선을 다한 자기절제와 자기희생적인 사역을 말한 후에,[9] 그가 이렇게 한 것은 구원의 복음을 다른 사람들에게 선포한 후에 자신이 '부자격자로 판정을 받지' 않고, 그들과 함께 '[복음의 구원]에 동참하는 자 [συγκοινωνός]가 되기 위함'이라고 말한다 (23, 27절). 그는 고린도전서 6:9-11과 갈라디아서 5:19-21에서 세례 때 이미 성령을 받았고 '성화되고 칭의를 받은' *신자*들에게 그들이 계속 악을 행하거나 '육신의 행위들'을 만들어낸다면, '하나님 나라를 상속받지' 못한다고 경고한다. 이것은 바울이 그들의 세례, 성령 경험, 성만찬에의 참여 등에 근거하여 주 안에 '서 있다'고 생각하는 고린도교회의 신자들에게 발한 것과 동일

그런 다음에 라이트 (260)는 너무나 단순화되고 (그리고 문제 많은) 언어로써 이렇게 천명 한다: 미래적 판결에 대한 기대로서의 현재적 칭의 (예수가 그리스도이다)는 복음을 믿는 믿음에 근거하는 반면에, 최후의 심판 때에 있을 미래의 칭의는 행위에 근거한다 (그의 *Faithfulness of God*, 1028; 그의 "Justification: Yesterday, Today and Forever," *Pauline Perspectives*, 434-45도 참조하라). 그래서 라이트가, 좀 더 충분한 설명을 하도록 좀 더 많은 지면을 허락하면, 우리가 이 논문에서 하려는 것과 동일한 방법으로, 칭의에 있어 은혜와 행위를 통합하려고 할 것인지 확신이 가지 않는다 (그의 *Justification*, 182-93; *Faithfulness of God*, 1085-95).

9 그래서 바울은 이렇게 말한다: "내가 모든 사도들보다 더 많이 수고하였으나 내가 한 것이 아니요 오직 나와 함께 하신 하나님의 은혜로라" (고전 15:10; 참조. 골 1:29). 그의 사역은 자신의 자원을 가지고 스스로 행한 것이 아니라 그가 믿음으로 덕 입은 하나님의 은혜의 결과였다. 은혜-선물을 '소명의 원리'로 만드는 것은 불가피하게 믿음으로 말미암는 의를 행위를 통한 의로 둔갑시키는 결과를 야기할 수밖에 없지 않을지 불안해하는 케제만의 염려와 반대다 (Käsemann, "'The Righteousness of God' in Paul," in *New Testament Questions of Today*, 171). 케제만은 본서 제7장 각주 19에서 우리가 그 책 170, 174에서 인용한 그의 멋진 관찰에도 불구하고 이런 염려를 표명한다.

한 엄중한 경고다 (고전 10:1-12. 또한 롬 11:17-22를 참조하라). 바울이 목회자로서 이와 같은 경고를 발하는 것은 그가 '이미와 아직 아님'의 현재 중간기에, 심지어 이미 '성화되고 칭의를 받았'으며 그래서 '주 안에' 서 있는 사람들조차 사탄의 유혹을 받아 하나님 나라와 예수의 주권에서 사탄의 나라로 떨어져 (참조. 살전 3:1-8; 또한 고전 15:2; 고후 6:1; 갈 3:1-4; 4:11; 5:4; 골 1:21-23) 그들의 몸을 사단의 죄의 통치에 바쳐 사망을 품삯으로 받거나 (롬 6:12-23), '육신의 행위들'을 하여 최후의 심판에서 구원의 '부자격자로 판정을 받을 수 있다'는 현실을 너무나 잘 알기 때문이다 (갈 5:19-21; 6:8; 롬 8:13).[10]

---

10 고전 5:1-5에서 바울은, 고린도교회 안에서 죄를 범한 당사자가 비록 형식적으로든지 이름만으로든지 '주 안에 있는' 사람들의 모임인 교회의 구성원이라고 할지라도, 가증스러운 근친상간의 죄를 범함으로써 자신이 하나님과 자신의 아들 예수 그리스도의 나라보다는 사실상 사탄의 나라에 (즉, 사탄의 종으로) 살고 있음을 스스로 보여주는 것이라고 분명하게 판단하고 나서, 고린도교회에게 주 예수 그리스도의 총회로 함께 모여 주 예수의 능력으로 그 사람을 공식적으로 사탄에게 내어주라고, 즉 주 예수 그리스도의 총회에서 쫓아내라고 충고한다. 그 사람을 이처럼 출교함으로써 그 사람이 거룩함과 의로 성장해야 하는 교회에 심각한 해를 끼치지 못하게 하려는 것이 바울의 의도임이 분명하다 (참조. 고전 5:6-8). 이 특이하고 난해한 본문에서 몇 가지 흥미로운 질문들이 제기된다. 하지만 우리의 현재 토론의 맥락에서 볼 때, 바울이 천명한 이 예전적인 절차의 긍정적 목적이 아주 흥미롭다. 즉, "이는 [그의] 육신은 멸하고 [그의] 영은 주 예수의 날에 구원을 받게 하려 함이라" (5:5). 바울은 그 사람이 사탄의 나라에 있으면서 그의 죄악된 생활의 결과로 육체적, 관계적, 사회적, 경제적, 감정적 등 다양한 문제들로 인해 고통을 겪을 것이며, 이런 것들이 그의 '육신' (즉, 자신을 의존하고/주장하고/ 기쁘게 하는 자로서의 자아)을 닳아 없앨 것이라고 기대하고, 그러한 고통들은 그로 하여금 다시 회개하고 주 예수를 믿는 믿음으로 돌아가게 할 것이며, 그리하여 지금 그의 '육신'의 지배 아래 잠자고 있는 그의 '영', 즉 하나님의 영이 그 사람 안에 창조한 그의 진정한 자아가 최후의 심판에서 구원을 받게 될 것으로 소망하는 것 같다. 죄를 범한 당사자는 세례 때 성령을 받았으며 하나님과 영이신 (고후 3:18; 롬 8:16; 고전 2:6-16) 주 예수 그리스도와 교제하는 '영적 사람' (πνευματικός, 참조. 고전 3:1-3)이 되었다. 하지만 그는 자신을 '육신'의 지배를 받도록 용인하여 '육신적 사람' (σαρκικός, 참조. 고전 3:1-3)이 되고, 그런 존재로서 사탄의 종이 되었다 (본서 제6장 각주 2를 보라). 바울은 그 사람이 고난과 회개를 통해 그리스도 안에서 '새로운 피조물'로서, '영적 사람'으로서 그의 참된 자아로 되돌아가 최후의 심판에서 구원을 받기를 소망한다. Schrage (*1. Korinther*, 1:373-78)는

하지만 바울은 고린도교회가 타락할 수 있음을 엄중히 경고하면서 (고전 10:12) "하나님은 미쁘시다 (신실하시다)"는, 그리고 하나님께서 사탄의 나라에 완전히 떨어지지 않도록 그들을 지키실 것이라는 확신의 말을 즉시 첨가한다 (고전 10:13). 이렇게 하여 바울은 그가 고린도교회의 신자들에게 보내는 편지의 첫 말문을 열었던 확신 주기를 다시 새롭게 한다. 그들은 우상숭배와 부도덕과 공동체 내의 다툼 그리고 심지어 복음을 왜곡하는 일에 연루되어 하나님 나라 또는 그리스도 예수의 주권에서 벗어나 바울이 그들이 구원에서 떨어지지 않을까 극도로 근심하게 만들었다. 그런 그들에게 보낸 편지의 서두에 바울은 이렇게 쓴다: "너희를 불러 그의 아들 우리 주 예수 그리스도의 나라에 들어가게 하신 하나님께서 너희를 끝까지 붙드사 우리 주 예수 그리스도의 날에 죄 없는 자로 확인되게 하시리라" (고전 1:7b-9, 나의 번역; 또한 고후 1:21-22; 5:5; 빌 1:6; 살전 3:12-13; 5:23-24; 살후 3:2도 보라). 이와 같이 바울은 이러한 확신의 말로써 고린도의 죄를 범하고 있는 그의 양떼와 그들의 목사인 자신 둘 다를, 그들이 궁극적 구원을 받으리라고 위로한다. 바울은 로마서 8:13-39에서, 성령의 '첫 열매' ($\dot{\alpha}\pi\alpha\rho\chi\dot{\eta}$, 23절; 비교. $\dot{\alpha}\rho\rho\alpha\beta\dot{\omega}\nu$, '보증금', 고후 1:22)를 이미 받았더라도 현

이와 비슷하게 5절의 '영'을 고후 5:17의 '새 창조' 또는 고후 4:16의 "'내적인'[즉, 새] 사람"이라는 의미로, 즉 '하나님의 영의 부분'인 '선물로서 하나님이 주신 나(I)'로 취한다. 본문에 대한 자세한 논의를 위해서 Thiselton, *1 Corinthians*, 392-400도 참조하라. 시슬튼은 본서에서 제시한 나의 해석의 몇몇 요점들에 부분적으로 동의하는 사람들을 비롯하여 본문의 다양한 많은 해석들을 인용한다. 만일 우리 해석이 옳다면, 우리의 본문은 바울이 신자들이 세례 때 획득하는 구원의 첫 열매의 실재 ('새 창조', 고후 5:17; 갈 6:15)에 대해서 확고한 믿음을 가지고 있었음을 상당히 시사한다. 본문은 그렇게 깊은 나락에 떨어진 사람이라도 그의 죄악된 삶을 회개하고 최후의 심판에서 궁극적인 구원을 받기를 바라는 바울의 목회적 관심을 드러내면서, 바울이 때로는 최후의 심판에서 심판이 행위대로 이루어진다고 말하면서 칭의의 현재적 과정에서 신실하게 인내하기 (faithful perseverance)를 반복적으로 경고할 때, 그가 어떤 정신으로 그리고 어떤 목적을 위하여 그렇게 하는지에 대해서도 많은 시사를 준다.

재 이 세상의 고난에 참여할 수밖에 없는 신자들에게 구원의 완성에 대한 최대한의 확신을 주기 위해, 자신의 아들 예수 그리스도의 죽음과 부활을 통한 그의 구원 사역에 나타난 하나님의 사랑 (31-39절)은 물론이고 심지어 우리를 위한 하나님의 예정하심과 영원한 구원의 계획 (28-30절)에, 그리고 최후의 심판에서 우리를 위한 주 예수 그리스도의 중보 (34절)에 호소한다.

이와 같이 바울 서신들에는, 최후의 심판이 우리의 행위대로 이루어지리라는 것과 우리가 그때 칭의 또는 구원의 완성에 부자격자로 심판 받을 가능성이 있음을 언급하면서 주 예수에 대한 제자도 또는 하나님 나라의 시민의 의무를 신실히 실천하여야 한다는 경고와, 자신의 속죄의 죽음과 부활/높여지심으로 사탄의 죄와 사망의 나라를 이기신 그리스도의 승리 (또한 롬 5:15-21에 '더욱'이라는 반복되는 어구도 참조)와 최후의 심판에서 그리스도의 중보, 그리고 가장 근본적인 하나님의 사랑과 신실하심을 언급하며 우리의 구원의 완성에 대해 확신을 주는 말이 나란히 놓여 있다. 이 세 가지 근거로 인해 바울은 말썽부리는 고린도교회 신자들의 구원에 대해서까지 확신한다. 그 구원이 '불을 통과한 것 같거나' '간신히 얻게 되는' 구원이라고 해도 말이다. 그래서 바울은 고린도전서 1:7b-9과 같은 확신의 말을 할 수 있었다. 하나님은 이미 자신의 아들 예수 그리스도의 죽음과 부활 안에서 그리고 그것을 통하여 사탄을 결정적으로 무찌르셨고, 그의 아들 우리 주 예수는 하나님의 영의 승리케 하시는 능력으로 사탄의 세력들을 소탕하는 작전을 수행하고 계시며 (즉, 우리가 이 세상에서 악을 증가하라는 사탄의 유혹에 대항하여 의의 열매를 맺도록 인도하시고 힘주시며), 장차 최후의 심판에서 우리를 위해 중보하심으로 말미암아 우리의 칭의를 완성에 이르게 하실 것이고, 그럼으로써 우리 (와 온 세상)를 사탄의 죄와 사망의 통치로부터 완전히 구속하실 것이다 (고전 15:20-28; 롬 8:18-

39). 그래서 바울은 우리의 행위들이 심사되는 최후의 심판에서 우리 모두가 마침내 칭의를 받을 것이라고 확신한다.[11] – 자신의 아들 예수 그리스도 안에서 그리고 자신의 영을 통해 주신 하나님의 은혜(즉, 하나님의 구원의 통치)를 명백히 대항한 자들과, 자신은 여전히 주 예수 안에 있다고 '생각하면서', 즉 명목상으로만 예수를 주라고 고백하면서 실제로는 그리스도를 믿는 믿음을 가지고 있지 않으며 그의 통치에 순종하지도 않고 그 대신에 사탄의 통치에 순종하면서 '육신의 행위들'을 계속하는 자들만을 제외하고. 마지막에 언급한 상황이 발생할 가능성이 신자들 사이에 매우 현실로 존재하는 까닭에, 바울은 그의 확신과 확언에도 불구하고 우리의 행위대로 이루어질 최후의 심판에 대해, 그리고 그때 우리가 구원의 완성에 부자격자로 판명될 가능성에 대해 경고하면서, 우리에게 주 예수에 대한 제자도를 신실히 실천하라고 거듭 요청한다.

바울의 이 모든 가르침은 우리가 주 예수를 신뢰하여 그에게 순종

11　교회가 복음에 대해 신실한, 그리스도-닮은 증언을 다 마칠 때 벌어질 최후의 심판과 주 예수 그리스도의 나라의 완성 또는 궁극적인 승리에 대한 환상에 대해서는 계 11:1-14을 참조하라. 이때에, 온 세상의 10분의 1에 해당하는 7000명만 제외하고, 모든 사람들이 하나님께 돌아오고 구원을 받는다는 긍정적인 내용의 환상이다 (왕상 19:18과 대조). 이때 제외되는 7000명은 일찍이 제시된 땅의 4분의 1이나 3분의 1이 죽임을 당하는 하나님의 심판에 대한 경고의 환상들 (계 6:8; 8:7)에도 불구하고, 끝까지 회개하지 않고 자기들의 불신앙을 고집하다 죽임을 당할 자들이다. 최후의 심판 때 소수만 죽임을 당하고 절대 다수가 구원을 받는다는 이 긍정적인 환상은 복음의 당연한 결과다. 자신의 죽음과 부활을 통해 사탄의 세력들을 결정적으로 꺾으신 주 예수 그리스도는 재림 때 그 세력들을 완전히 멸하시고 자신의 나라를 완성시킬 것인데, 그때 그분이 '온' 인류를 사탄의 죄와 죽음의 통치로부터 완전히 구속하리라는 것은 너무나 확실한 것이다 (승리한 세상의 구원자이신 주 예수 그리스도가 하나님의 피조물인 인류의 다수를 패퇴한 사단의 죽음의 권세 아래 버려두어 사실상 사단이 승리한 것이 되게 하리라고 상상할 수는 없는 것 아닌가?!). 그때 구원에서 제외되는 사람들은 온 세상의 10분의 1에 해당하는 소수이지만, 그래도 여전히 많은 수이다 (7 ['완전수']　1000 ['많은 수']).

하는 한, 즉 그의 영을 통해 행하시는 그의 은혜로운 통치를 믿음으로 덕 입어 (비록 불완전하기는 하지만) '의의 열매'를 맺으려고 의식적으로 노력하고 (롬 10:20-22; 11:17-24; 고전 15:2; 골 1:21-23), 사탄의 나라에 다시 '떨어지지 않으려 주의하면서' (고전 10:12), 또는 '육신의 행위들'을 만들어 내지 않으려고 노력하면서 (롬 6:12-23; 갈 5:19-21), 칭의 상태에 또는 주 안에 '서 있는' 한, 하나님의 보존해주심을 확신할 수 있다는 것이다. 우리는 이 확신과 이 경고를, 그들 사이에 있는 논리적 긴장에도 불구하고, *함께* 견지해야 한다는 것이 분명하다. 둘 중 하나에 초점을 맞추고 다른 하나를 등한시하거나 약화시킴으로써 둘을 조화시키려 해서는 안 된다. 사실 이 확신과 이 경고 사이의 논리적인 긴장을 *안고* 그들을 함께 견지하는 것이 건강한 믿음이다. 그럴 때 우리는 우리로 하여금 신실한 제자도를 등한시하게 하는 과도한 자기 확신이나 우리를 사실상 불신앙자로 만드는 과도한 불안을 피하게 된다.[12]

---

[12] 그래서 바울의 확신과 경고는 신자들의 건강한 믿음을 증진하려는 궁극적인 목적인의 수준에서 통합될 수 있다. 참조. I. H. Marshall, *Kept by the Power of God: A Study of Perseverance and Falling Away* (Minneapolis: Bethany Fellowship, 1974; 원래는 London: Epworth Press, 1969에서 출간); J. M. Gundry-Volf, *Paul and Perseverance: Staying In and Falling Away*, WUNT 2:37 (Tübingen: Mohr Siebeck, 1990); 또한 Dunn, "Jesus the Judge," in *New Perspective on Paul*, 406-10; idem, "If Paul Could Believe Both," 122-37. 던은 두 논문들 중 첫 번째 논문 ("Jesus the Judge")에서 바울의 두 단계의 구원론 (신자들을 위한 '그리스도의 죽음과 부활의 결정적 효과'와 우리의 행위대로의 심판을 통한 마지막 때의 구원)과 유대교의 두 단계의 구원론 (이스라엘을 택하신 '하나님의 선택의 결정적 효과'와 율법에 대한 순종에 따른 마지막 때의 구원)을 비교한다. 그러고 나서 던은 고후 5:10 (참조. 롬 2:6-13)을 염두에 두면서 "예수는 변호사만이 아니고 (롬 8:34) 심판자이기도 하다 (고후 5:10)"고 천명하고, "분명한 것은 복음이 최후의 심판은 사람이 무엇을 행했나, 선을 행했나 또는 악을 행했나에 관계하여 이루어질 것이라는 바울의 [유대교적인] 신념을 바꾸지 않았다"고 주장한다 (408). 그 다음에 던은, 신자들에게 믿음 안에서 인내하지 않으면 타락할 가능성이 있음을 경고하는 바울의 본문들을 검토하고, 이 본문들을 신자들에게 하나님께서 그들을 위해 자신의 구원 사역을 완성시키리라는 바울의 확신을 표현하는 본문들과

이 장에서 논의한 것을 한 마디로 이렇게 요약하고 마무리할 수 있다: 바울은 그리스도인 신자들에게 보낸 여러 편지들에서 종말에 우

함께 견지해야 한다고 주장하면서 (409), 바울의 두 단계의 구원론과 이스라엘의 두 단계의 구원론 사이에 또 하나의 병행점을 찾는다: 즉 '하나님의 선택에 의존하는 비슷한 정도의 확신'과 행위대로 최후의 심판의 결과에 대한 '비슷한 유보의 기색 (note of reserve)' (410)이다. 던은 "바울에게 있어 물론 그리스도의 죽음과 부활의 효과에 있어서, 그리고 성령의 선물에 있어서, 이 둘 사이의 결정적인 차이들이 존재했다"는 것을 인정한다 (410). 하지만, 유감스럽게도, 던은 이러한 차이들을 우리가 본서에서 시도하고 있는 것 같이 설명하지 않는다. 던은 바울의 칭의론과 최후의 심판을 인간론 중심적 관점에서만 해석하면서 부활하신 주 그리스도 예수가 자신의 영을 통해 우리를 사탄의 죄와 사망의 나라에서 구속해 가심, 또는 우리가 칭의의 *현재적 과정* 동안 성령/의의 열매를 맺을 수 있도록 힘주심에 대해서도, 그분이 최후의 심판 때 하나님의 심판의 보좌 앞에서 우리를 위해 해주실 중보에 대해서도 전혀 주목하지 않는다 (본서 제8장 각주 1을 보라). 그 결과 우리는 바울의 확신이 그의 유보보다 훨씬 더 크다고 이해하는 반면, 던은 이 둘을 비슷한 것으로 이해하는 것 같다; 또 우리는 바울의 확신이 이스라엘의 그것보다 훨씬 더 크다고 이해하는 반면에, 던은 이 둘을 '비슷한' 것으로 본다. 이와 같은 던의 견해들은 바울의 구원론이 '그 나름대로 유대교의 언약적 율법주의와 같은 신인협력설'이라는 그의 근본적인 입장의 일부이다. 이것은 유대교의 구원론의 강한 신인협력적 특성을 강조하는 C. F. D. Moule, R. H. Gundry, D. A. Hagner, T. Laato, T. Eskola, P. Enns, S. Gathercole 및 그밖에 여러 학자들에 반대하며 던이 제시하는 입장이다 (Dunn, "The New Perspective: Whence, What and Whither?," in *New Perspective on Paul*, 77-79, 79쪽에서 인용함). 바울이 신자들의 궁극적 칭의에 있어 그들의 '믿음의 순종'이 근본적으로 필요하다고 가르치는 한, 우리로서는 이것을 지칭하기 위해 '신인협력설'이라는 용어를 피할 수는 없을 것 같다. 설령 '믿음의 순종'이 그저 삼위일체 하나님의 선행적이고 능동적인 은혜에 대한 반응이나 그것을 덕 입는 행위라고 하더라도, 인간을 한갓 로봇으로 전락시키지 않는다면 우리로서는 그 용어 (신인협력설)를 피할 수 없다. 하지만 바울이 심지어 '믿음의 순종' 자체가 현재 신자들의 삶에서 일하시는 삼위일체 하나님의 구원의 은혜가 힘주심으로 이루어진다는 것을 고전 15:10; 빌 2:12-13; 골 1:29와 같은 아주 놀라운 문형들로써 강조하고, 신자들의 칭의의 완성에 관한 그의 확신의 근거를 궁극적으로 최후의 심판 때 하나님의 아들 그리스도 예수가 그들을 위해 하실 중보에 두고 있기 때문에, 바울의 구원론을 유대교의 신인협력설보다 비교할 수 없을 정도로 훨씬 큰 정도로 하나님의 은혜에 의해 지배를 받고 있는 '신인협력설'의 한 형태를 제시하는 것으로 보는 것이 이치에 맞는 것 같다. 그것은 바울이 그리스도 안에서 하나님의 의의 계시를 인식하기 전에 가지고 있었던 유대교의 그것과 애써 구별하거나 대조하려 했던 '신인협력설'의 한 형태다. 고전 15:10; 빌 2:12-13; 골 1:29에서 바울이 놀랍게 복잡한 문장들을 만드는 것 자체가 바울의 그런 노력을 우리에게 전달하는 것 같다.

리 모두가 우리 몸에서 행한 행위들대로 하나님에 의해 심판을 받을 것이라고 말한다. 그래서 우리는 모두, 하나님의 은혜에 의해, 그리고 믿음으로 이미 칭의를 받은 사람들로서, 즉 세례 때 하나님의 나라와 자신의 아들 예수 그리스도의 나라로 이전되어, 그러므로 현재 칭의의 상태에, 즉 하나님의 아들 예수 그리스도의 주권의 영역 안에 ('주 안에') 서 있는 사람들로서, 최후의 심판에서 우리의 행위들대로 심판을 받을 것이다. 최후의 심판 때, 우리가 하나님 나라를 세우기 위해 우리의 칭의의 현재 단계에서 그리스도의 영으로 전달된, 하나님의 아들 주 예수 안에 있는 하나님의 붙들어주시는 은혜를 믿음으로 덕 입어 얼마나 많은 '의의 열매'와 '소명의 열매' (선한 행위)를 맺었는지, 그리고 사탄의 유혹에 희생되어 사탄의 죄의 통치에 다시 떨어져 우리가 얼마나 많은 '육신의 행위들' (악한 행위들)을 행했는지가 하나님 앞에 환히 드러날 것이다 (참조. 고전 4:5 고후 5:10). 전자는 하나님의 인정을 받고 그의 칭찬을 받을 것이다 (참조. 고전 4:5; 빌 2:16; 4:1; 살전 2:19-20). 그러나 후자는 심판의 불에 의해 태워질 것이다. 그리고 모든 사람들은 가끔씩 주 안에 굳게 서서 믿음으로 하나님의 붙들어주시는 은혜를 덕 입기에 실패했어도 주 예수의 중보로 말미암아 칭의의 완성을 얻게 될 것이다. 주 예수 안에 실제로 서 있지 않고 사탄의 나라에 다시 떨어져 사실상 사탄의 종들로서 하나님 나라를 대적한 사람들은 예외지만 말이다.[13] 칭의의 현재 단계 동안에 신자들이

---

13 그렇다면 불신자들은 어떻게 되는가? 바울은 아마 이렇게 대답할 것이다: 옳다. 불신자들 역시 그들의 행위들대로 심판을 받을 것이다; 그렇지만 그들은 그들의 불신앙 때문에 이미 구원의 부자격자가 될 것이다 (살후 1:8-10; 2:10-12). 불신자들은 그리스도 예수의 복음을 믿지 않았고 성령을 받지 않아서, 칭의를 받은 적이 없었다. 하나님의 나라에 첫발도 들여놓지 않은 것이다! 그래서 아무튼 그들은 '육신'으로서 칭의를 위한 어떠한 선한 행위도 할 수 없다 (롬 7장). 하지만 일부 선행을 행하는 선한 불신자들도 더러 있지 않은가? 또 일부 해석자들은 롬 2:12-16, 26-29에서 바울이 그런 사람들을 염두에 두고 있다고 하지 않는가? 이것은 우리에게 적절한 질문이다. 그러

하나님의 붙들어주시는 은혜에서 사탄의 나라로 다시 떨어질 이러한 가능성이 항상 있기에, 바울은 신자들에게 행위들대로의 심판을 되풀이하여 경고하면서 주께 순종하여 선한 행위들을 하게 하는 흔들림 없는 믿음으로 주 안에 견고히 서 있으라고 거듭 권한다.

그래서 우리의 행위들대로의 심판은 우리의 세례와 최후의 심판 사이의 중간기에 삼위일체 하나님의 붙들어주시는 은혜를 믿음으로 덕 입으면서, 그의 구원의 통치에 '믿음의 순종'을 하면서, 우리가 칭의의 상태에서 신실하게 서 있었는지 또는 인내하였는지 검사하는 것이다. 그리고 종말 때의 칭의는 세례 때 받은 칭의의 확인이며, 칭의의 현재 과정의 완성이다. 그러한 까닭에 바울의 행위들대로의 심판론은 우리 그리스도인들이 우리 자신의 선한 행위들('공로')을 통해 우리의 칭의를 얻는다는 것을 의미하지 않는다. 그게 아니고, 바울은 처음부터 끝까지 '은혜로만'(sola gratia)와 '믿음으로만'(sola fide)의 칭의론에 굳게 서서, 행위들대로의 심판론을 강조하는 것은 우리가 세례 때 우리를 칭의하셨고 현재 칭의의 상태에서 우리를 붙들어주시는 삼위일체 하나님의 은혜를 저버리고 사탄의 죄와 사망의 나라에 다시 떨어지는 일이 없도록 경고하기 위함이다. 다시 말해서, 바울은 우리를 칭의의 상태에서 붙들어주시는 삼위일체 하나님의 은혜를 믿음으로 덕 입어 '의의 열매'를 맺음으로써 우리가 칭의의 상태에서 인내하라고 권하려고 그 심판론을 강조하는 것이다. 그러므로 바울의 행위들대로의 심판론은 그의 은혜에 의한, 그리고 믿음을 통한 칭의론과 상충되지 않는다. 사실, 둘은 하나를 이룬다.[14]

나 바울은 이 문제를 만족할 정도로 명쾌하게 다루지 않는다. 그래서 우리로서는 좀 더 광범위하고 좀 더 조직신학적 맥락에서 이 문제를 고려함으로써 이에 대한 어떤 신학적인 판단을 내려야 할 것이다. 이 책에서는 이 문제를 다룰 수가 없다.

14 쉬테틀러 (C. Stettler, *Endgericht bei Paulus*, 276, 287) 역시 바울의 은혜에 의한 칭의

바울은 우리의 행위대로의 최후의 심판에 관한 경고로써 우리에게 '두렵고 떨림으로' '믿음의 순종'의 삶을 살라고 권한다 (빌 2:12-13; 롬 11:20c; 또한 고전 9:15-27; 빌 3:12-17도 참조하라). 하지만 그것이 최후의 심판에 대한 바울의 마지막 말은 아니다. 그의 마지막 말은 하나님의 심판의 보좌 앞에서 주 예수 그리스도의 중보를 통한 우리의 칭의의 완성의 복음이다 (롬 8:31-39). 이 말로써 바울은 정죄와 사망으로 아담적 인류에게 입힌 사탄의 죄의 권세를 이긴 그리스도 안에 있는 칭의와 생명에 관한 하나님의 ('더욱 큰') 은혜의 궁극적인 승리를 선포한다 (롬 5:15-21).

론과 행위들대로의 심판론 사이에 모순이 없다고 주장한다. 하지만, 신약학자들이 대개 그러하듯이, 쉬테틀러도 이 문제를 인간론 중심적인 관점에서만 접근하고, 신자들 안에서 행해지는 능동적인 기독론적 또는 삼위일체적 '활동'과 그들을 칭의의 상태 안에 붙들어 주심 (빌 2:13; 골 1:29)에는 거의 주의를 기울이지 않으므로, 우리 보기에 그의 설명은 불충분한 것 같다. 참조. 본서 제8장 각주 4.

Justification
and God's Kingdom

제9장

"유대인도 없고 헬라인도 없고, 종도 없고
자유인도 없으며, 남자도 없고 여자도 없다" (갈 3:28)

Justification
and God's Kingdom

인간이 하나님 앞에 섬에 있어, 바울의 오직 은혜에 의한, 오직 믿음을 통한 칭의의 복음은 인종, 성별, 사회적 신분, 지적 성취의 수준, 율법 준수의 수준, 도덕적 업적에 따른 모든 형태의 차별을 폐한다. 거룩하고 의로운 하나님 앞에서 모든 사람들은 그들이 육신적으로 무엇을 가지고 태어났는가 또는 무엇을 이루었는가와 상관없이 한갓 죄인들에 불과하다 (빌 3:3-7; 고전 1:26-31). 그리고 그들은 다 그리스도 안에 있는 그의 은혜에 의해 불경건한 죄인들로서 의롭다함을 받는다 (롬 4:5; 5:6-11). 그러므로 바울은 이 복음이 "모든 믿는 자에게 구원을 주시는 하나님의 능력이 됨이라. 먼저는 유대인에게요 그리고 헬라인에게로다"라고 선언하며 (롬 1:16), 자신이 이방인들의 사도로서 "헬라인이나 야만인이나 지혜 있는 자나 어리석은 자에게" 복음을 전할 의무가 있다고 고백한다 (롬 1:14). 바울은 유대주의자들에 대항하여 "율법의 행위들이 아니라 예수 그리스도를 믿는 믿음으로 말미암는 칭의"의 복음 (갈 2:16)을 천명하고, 그 복음의 결과로 그리스도를 믿는 이방인 신자들이 유대인 신자들과 함께 율법의 행위들 없이 아브라함과 하나님의 가족에 연합된다고 주장하는 과정에서, 이렇게 선언한다. "유대인도 없고 헬라인도 없다, 종도 없고 자유인도 없다, 남자도 없고 여자도 없다. 왜냐하면 너희 모두는 그리스도 예수 안에서 하나이기 때문이다"(갈 3:28. 참조. 롬 3:22, 28-30; 10:12; 고전 12:13; 골 3:11).

바울에 대한 새 관점 지지자들은 바울의 칭의론의 이 측면에 초점을 맞춘다. 그들은 바울이 예루살렘과 안디옥에서의 논쟁들 (주후 48-49; 갈 2:1-16)의 결과로서 믿음이 있는 이방인들을 (모세의) 율법을 지킴으로 유대인의 정체성을 취하지 않고도 믿음이 있는 유대인들과 함께 아브라함의 가족, 즉 하나님의 백성 안으로 받아들이는 선교학적이고 교회론적인 관심을 가지고 이 교리를 만들었다고 생각한다.[1] 그러나, 사실이 그렇다면, 바울이 갈라디아서 3:28에서 왜 "유대인도 없고 헬라인도 없다"라는 말을 하는 것으로 그치지 않고 계속해서 "종도 없고 자유인도 없다, 남자도 없고 여자도 없다"라는 어구들을 첨가했을까? 갈라디아 사람들에게 보내는 편지 전체에서 이 사람들 간의 구분을 전혀 생각하지 않고 오로지 유대인과 이방인 간의 구분만 생각했다면 말이다. 왜 바울은 로마서 1:14에서 모든 이방인들에게 복음을 전할 의무가 있다고만 말하지 않고 그들을 '헬라인과 야만인'과 '지혜 있는 자와 어리석은 자'라고 구체적으로 표현했을까?

나는 여러 곳들에서 바울이 그의 은혜에 의한, 그리고 믿음을 통한 칭의론을 그의 이방인들을 위한 사도직에로의 소명 의식과 함께, 십자가에서 죽은 예수가 메시아, 하나님의 아들이요 (갈 1:11-17) 높여지신 주이시다 (고전 9:1)는 다메섹 도상에서 계시된 복음으로부터 발전시켰다고 생각하는 것이 더 설득력 있는 것이라고 주장해왔다. 바울이 그때 얻은 그리스도 예수의 죽음이 우리의 죄를 위한 종말론적 속죄였다는 이해와 '하나님의 교회'를 그가 박해한 것에 대한 하나님의 죄 사함의 체험 (갈 1:13)은 그를 이방인의 사도로 부르신 하나님

1　본서 서론을 보라.

의 은혜의 소명 체험과 더불어 그로 하여금 칭의론을 근본적으로 죄인들이 하나님의 법정에서 은혜에 의하여, 그리고 믿음으로 말미암아 무죄 선언을 얻는 구원론으로 인식하게 하였다.[2] 바울은 동시대 많은 동료 유대인들보다 유대교 안에서 더 정진하였고 유대교를 위해서 더욱 열심이었던 '바리새인 율법학자'로서 (갈 1:13-14),[3] 그리고 사실 '율법의 의로 흠이 없던' 사람으로서 (빌 3:5-6), 바로 이 '유대교에 대한 열심'과 실제로 '율법에 대한 열심' (참고. 롬 10:2) 때문에 '하나님의 교회'를 핍박하게 되었다. 그러므로 복음의 다메섹 계시는 바울로 하여금 율법의 문제를 단순히 하나님의 거룩한 백성으로서 유대인의 정체성 표지와 이방인들로부터 유대인들을 보호하는 보호 장벽으로서의 율법의 기능에 대해서만 아니라, 좀 더 근본적으로 육신과 연합 상태에서 율법이 가진 본질적 연약함에 대해서 (참조. 갈 3:21; 고전 15:55-56; 롬 8:3 [또는 7:7-24]; 5:20) 비판적으로 생각하도록 강요하였다. 그래서 잘 훈련받은 신학자인 바울은 그의 회심/소명 이후 곧바로 또는 늦어도 그가 이방인 사역을 시작할 때까지는 은혜에 의한, 그리고 믿음을 통한 칭의론, 그리고 그것의 논리적인 귀결인 '율법의 행위들 없는' 칭의론을 발전시켰다.[4]

---

2 S. Kim, *Origin of Paul's Gospel*, 269-311 (특히, 308-11); *idem, Paul and the New Perspective*, 1-84. 물론 이 논지는 전혀 새로운 것이 아니었다. 그리고 나는 J. Blank, F. F. Bruce, J. Jeremias, K. Haacker, M. Hengel, P. Stuhlmacher 등과 같은 학자들의 연구들 위에 내 논증을 구축했다. 여기에 언급한 내 책 두 권에 실린 참고문헌을 보라.

3 Hengel and Schwemer, *Paul between Damascus and Antioch*, 36.

4 본서 제8장 각주 2와 제2장 각주 11을 보라. 던 (Dunn,"The New Perspective: Whence, What, Whither," 36-41)은 이제 이 문제와 관련하여 "바울의 믿음으로의 칭의 이해는 처음부터 분명했고 확고했었던 것 같다"고 진술하며, "[바울은] 그리스도인으로서 *그의 첫 복음 사역부터* … 모든 사람들에게, 즉 먼저는 유대인에게 그리고 이방인에게, 즉, 이방인들에게 유대교로의 개종자가 되라고 요구하지 않은 채 이방인의 상태에 있는 그들에게 구원을 주시는 하나님의 의 좋은 소식을 전파했다"고까지 말한다 (37, 강조는 그의 것). 하지만 던 (36)은 여전히 바울이 "'믿음으로 말미암고 율

법의 행위들로 말미암지 않는다'는 반제적 형식을 형성하게 된 것은 예루살렘과 안디옥에서 그의 동료 유대인 신자들과 충돌한 [갈 2:1-16] 결과였을 것이다"라고 주장한다 (강조는 그의 것). 던은 그의 책 *Theology of Paul* (371-72)에서 본질적으로 동일한 견해를 제시했는데, 방금 인용한 진술은 그의 견해에 대한 나의 비평 (Kim, *Paul and the New Perspective*, 96 n. 35)에 대한 답변으로 좀 더 상술한 것이다. 하지만 내가 보기에 이 설명은 여전히 만족스럽지 않다. 던에 따르면, (1) 마카바이오스 이후 시대의 '유대교'는 하나님의 선택된 백성으로서 토라의 엄격한 준수, 특히 그들의 민족적인 정체성의 가장 독특한 표현이며 그래서 이방인들로부터 가장 명확히 구분 짓는 경계 표시들로 기능했던 할례, 음식물 규정, 정결 규정, 그리고 안식일을 준수함으로써 헬라문화의 오염으로부터 유대민족의 독특한 정체성과 정결을 보호하려고 극도로 열심을 보였다 (*Theology of Paul*, 347-52). (2) 바울은 이와 같은 '유대교'에 대해 비느하스와 마카바이오스와 같은 '열심'을 가지고 헬라적 유대 그리스도인들을 박해했다 (참조. 갈 1:13-14; 빌 3:6). "마카바이오스 가문이 할례와 언약의 특징들을 실천함의 기초 위에 '유대교'을 세웠는데," 그들이 이방인들에게 그것들을 요구하지 않은 채 메시아 예수의 복음을 선포하고, 그래서 "그 경계 표시들을 제거하고 이스라엘을 사방으로부터 방어하기 위해 모세가 세운 나무울타리와 철제 벽을 허물고 있었기" 때문에 바울은 그들을 핍박한 것이다 (참조. *Ep. Arist.* 139-42) (*Theology of Paul*, 352-53). (3) '[하나님의 아들 예수를] 이방인들 가운데 선포하라'는 바울의 소명 (갈 1:16)에는 '그가 이전에 핍박했던 사람들의 확신'으로의 그의 회심이 포함되었다 (*Theology of Paul*, 353). 던의 이 세 개의 가정들을 전제한다면, 그런 바울이 그의 회심/소명 이후 예루살렘과 안디옥에서 벌어진 논쟁들까지 약 15년 간 심지어 이방인들에게도 칭의의 복음을 선포하되, (1)그들더러 [유대] 개종자가 되라고 요구하지는 않고' (즉, 그들에게 '율법의 행위들'을 지키라고 요구하지 않고) 믿음만을 요구하면서 하였다; (2) 그러는 동안 내내 한 번도 이방인들이 [유대] 개종자가 되는' 문제를 '율법의 행위들'과 관련하여 생각하지 않았다; (3) 그래서 '(믿음으로 말미암고) *율법의 행위로 말미암지 않음*'의 반제적 형식 자체는 만들지 않았다고 말하는 것은 매우 비현실적이고 자의적인 것 같다. 그런 견해는 우리에게 과거에 '바리새인 율법학자'였던, 분별력 있는 기독교 신학자인 바울의 신학적 사고 능력이 예루살렘, 안디옥, 갈라디아 등지의 그의 유대주의 적대자들의 사고 능력보다 열등했다고, 아니 당대 평균적인 논리적 감각을 가지고 살고 있던 유대 마을의 Jimmy (cf. Jimmy Dunn)나 Tommy (cf. Tom Wright)의 사고 능력보다 열등했다고 믿으라는 것이나 다름없다. 던은 그의 책 *Theology of Paul* (372)에서 다음과 같이 주장하기도 한다. "여기서 [갈 2:16, 그리고 갈 3장과 롬 3-4장에서 더 자세히 설명한 본문에서] 우리에게 특히 흥미로운 것은 바울이 믿음으로 말미암는 칭의를 어떤 조건 아래 이방인을 용납해야 하는가의 문제와만 관련해서가 아니라, 그것을 넘어 인간의 하나님 의존성에 대한 근본적인 진술을 제시하는 데까지 나아가는 식으로 강해를 하고 있다는 사실이다." 이것은 이 본문들에서 바울이 그의 칭의론을 전자만을 염두에 두고 제시한다고 했던 그의 초기의 입장과 상당히 바뀌었음을 나타낸다 (본서 서론 각주 7과 14를 보라). 이

바울은 율법의 행위와 무관한 '은혜로만'(*sola gratia*)과 '믿음으로만'(*sola fide*)의 칭의의 복음을 유대인과 이방인 사이의 차별을 무효화하고, 그래서 이방인들로 하여금 믿음으로 말미암아 그리스도 안에 있는 하나님의 은혜를 덕 입도록 돕는 그의 선교를 정당화하는 것으로 보았다. 그래서 그의 칭의의 복음과 그의 이방인 사도직은 둘 다 다메섹의 그리스도 현현에서 기원하여 바울의 사상에서 함께 발전한 것들로서 서로 결합되어 있다. 하지만 바울은 칭의의 복음을, *이방인들을 유대인들과 동등한 조건으로 그리스도의 구원에 참여하게 한다는 구체적인 도식으로가 아니라* (이방인들을 포함한, 롬 4:5; 5:6) 모든 *불경건한 죄인들*에게 그들의 죄를 사면하고, 그들을 하나님과 올바른 관계로 회복시킨다는 일반적인 도식, 그리하여 그들을 하나님과 자신의 아들 주 예수의 나라에 들어오게 함이라는 도식으로 이해했다. 그런 까닭에 바울은 그의 칭의의 복음을 소개하거나 설명하면서 복음의 수혜자들을 유대인들과 이방인들이라는 용어로만 아니라, 성, 사회적 신분, 그리고 교육 수준에 따른 인류의 다른 구분화의 용어들로도 구체화한다. 바울은 심지어 갈라디아서에서도 그렇게 한다. 이방인 신자들에게 할례와 율법 준수를 통해 유대인들처럼 되라고 요구하는 유대주의자들의 구체적인 문제를 다루고 있기 때문에, 아브

와 같이 던은 이제 바울이 안디옥의 논쟁의 여파로 이방인 선교와 관련하여 율법의 행위들로가 아니고 오직 믿음만으로 칭의를 얻는다는 교리를 형성하고는 그것을 구원론의 일반적인 원리로 발전시켰다고 제안한다 (이와 비슷한 견해를 가진 Wright, *Faithfulness of God*, 965도 참조하라). 하지만 나는 여기서 바울의 사고에서 발전의 역순을 주장하고 있다. 즉, 그 교리를 일반적인 구원론적 원리로 이해한 것이 먼저고, 그 다음에 그것을 이방인 선교와 유대인과 이방인의 관계에 적용했다고 말이다. 다시 말해서, 에베소서 2장에 1-10절에 전자가, 그리고 나서 11-21절에 후자가 제시된 것 같이 말이다. 나의 견해에 대한 던의 반응을 더 충분히 반박한 내용은 S. Kim, "The Gospel That Paul Preached to the Thessalonians - Continuity and Unity of Paul's Gospel in 1 Thessalonians and in His Later Epistles," in S. Kim, *Paul's Gospel for the Thessalonians* (출간 예정) 보라.

라함의 언약에 근거하여 *이방인*들이 율법의 행위들 없이 칭의의 복음의 혜택을 받는다는 것을 논증하는 갈라디아서에서도 말이다.

사실 민족적인 확신들만 아니라 개인적인 엘리트주의적 확신들도 가지고 있었던 '바리새인 율법학자'(갈 1:13-14; 빌 3:3-6)였던 바울은 '은혜로만'(*sola gratia*)과 '믿음으로만'(*sola fide*)의 칭의의 복음을 포괄적으로 성찰하면서 그의 신학과 세계관에서 혁명을 겪을 수밖에 없었다. 이것은 진정한 의미의 코페르니쿠스적 혁명이었다. 그래서 바울은 모든 사람이 '불경건한' 죄인들에 불과하고, 유대인과 이방인 사이에서만 아니라 (롬 1:18-3:30), 남자와 여자, 종과 자유인, 교육을 받은 자와 받지 못한 자, 그리고 심지어 율법에 충실한 사람들과 율법을 무시하는 사람들 사이에서도 '차별이 없다'는 사실을 깨닫고는, 유대인들과 유대 그리스도인들 세계에서 혁명적인 행동이었던 이방인 선교를 감행할뿐더러, 남편과 아내에게 피차 복종하라고 권할 수도 있었는데 (고전 7:1-16; 엡 5:21도 참조. 바울이 여성이 단정한 복장의 관습을 지키는 한 교회에서 예배를 인도할 권리가 있음을 인정한 것에 대해서는 고전 11:2-16을 참조하라), 이것 역시 고대 사회에서는 하나의 혁명적 가르침이었다. 또한 종과 자유인들에게 주 안에서 이 세상적인 차별을 초월하라고 충고하였는데 (고전 7:20-24; 빌레몬서), 이것도 물론 고대 사회에서 혁명적인 가르침이었다. 바울은 고린도전서 1-2장과 8-10장에서 헬라 문명의 전체의 정신에 대항하여 엘리트들의 지혜와 지식 자랑을 비판하기도 하고, 구약성경과 유대교의 근본적인 원리 (출 23:7; 잠 17:15; 사 5:23; CD 1:19)에 대항하여 "하나님이 불경건한 자들을 칭의하신다"라고 가장 크게 경악할 만한 표현을 만들어내기도 한 것이다 (롬 4:5; 5:6).

물론 바울의 칭의론의 '은혜로만'(*sola gratia*)과 '믿음으로만'(*sola fide*)의 원리들을 적용한 이러한 예들 중에서 유대인과 이방인의 관계와 이방인 선교에 적용하는 예가 바울의 여러 서신들에서 가장 두드러진다. 이것은 바울의 이방인 선교에 그 칭의론이 갖는 결정적 중요성과 초대 교회에서 이것을 둘러싼 열띤 논쟁들을 고려할 때 상당히 납득할 만하다. 하나님께서 바울을 이방인들의 사도로 부르신 가장 혁명적인 소명을 염두에 둔다면, 바울이 은혜에 의한 믿음으로 말미암는 칭의의 복음을 무엇보다도 먼저 그리고 매우 진지하게 그 소명과 연결하여 반추했을 가능성이 무척 높다. 더욱이 바울이 그의 칭의론을 성경에 비춰 더욱더욱 발전시켰고, 특히 그의 이방인 선교를 변호하면서 칭의의 복음에 대한 그의 논증을 더욱더욱 날카롭게 했을 것이라는 데는 의심의 여지가 없다. 하지만 바울이 처음에는 그의 이방인 선교와 관련하여서만 복음을 반추했고, 나중에야 비로소 점차적으로 '은혜로만'(sola gratia)과 '믿음으로만'(sola fide) 원리들을 다양한 사람들 간의 구분들과 차별들에 적용하게 되었으리라고 추정하는 것은 그의 신학적인 사고 능력을 심각하게 과소평가하는 것이다. 십자가에서 죽으신 예수가 메시아와 하나님의 아들이시라는 복음에 관한 다메섹의 계시가 그의 잘 훈련된 신학적인 사고 체계에 곧바로 작용하여 그 복음이 어떻게 육신에 속한 모든 구분들과 차별들을 무효로 만들면서, 모든 사람들에게 공히 하나님의 구원을 제공했는지를 이해하게 되었다고 생각하는 것이 더 자연스러울 것이다.[5]

---

5   참조. N. A. Dahl, "The Doctrine of Justification: Its Social Function and Implications," in *Studies in Paul: Theology for the Early Christian Mission* (Minneapolis: Augsburg, 1977; 원래는 NTT 65 [1964]: 95-120에 게재되었음). 이와 같이 달 (N. A. Dahl)은 우리가 이 장에서 논의하고 있는 칭의론의 '사회적 기능과 함의들'을 처음으로 인정한 사람이다. 하지만 우리로 하여금 그들을 칭의론의 한 필수적 요소로 제대로 평가하도록, 그리고 그 교리가 사회적 문화적 영역들에서 수행하는 유익한 기능들에 대해서 생각하도록 도운 것은 후에 나온 새 관점에 대한 논쟁이었다. 그러므로 새 관점이 유대인-이방인 문제에 제한된 초점을 맞추고 있음에도 불구하고 칭의론에 대한 좀 더 포괄적인 이해를 발전시키는 데 (비록 간접적이기는 하지만) 중요한 기여를 했음을 인

따라서 바울의 은혜에 의한, 그리고 믿음을 통한 칭의의 복음에는 신자 개개인들을 사탄의 죄와 사망의 통치에서 해방시키는 능력만 아니라 사회적 혁명과 문화적 혁명을 가져오는 능력도 있다. 그 복음이 하나님과 그의 아들 주 예수의 나라의 언어로 바르게 선포되고 신자들이 '믿음의 순종'으로 그 복음을 청종하며 그들의 삶에서 '의의 열매'를 맺을 때, 그 복음은 땅위에서 인권, 자유, 평등, 정의, 박애, 연대, 평화를 진척시키고, 그럼으로써 사탄의 죄의 통치의 여러 악한 영향들로부터 세상을 치유하며 하나님 나라의 구원을 지금 여기에 선취적으로 실현한다 (참조. 롬 14:17).[6] 그래서 하나님의 아들 예수 그리스도 안에 이루어진 하나님의 은혜로운 구원의 통치에 관한 복음은 그것을 믿는 모든 사람을 의인되게 하는 '하나님의 구원의 능력'이다 – 개인적인 의미에서만 아니라 사회적 또는 심지어 우주적인 의미에서도 그러하다. 우리는 그 구원의 첫 열매를 지금 벌써 향유할 수 있으며, 그것의 종말론적 완성을 우리는 확신을 가지고 대망할 수

정할 수 있다. 유대교를 '언약적 율법주의'로 이해한 E. P. Sanders의 기여에 대해서는 본서 제7장 각주 7, 본서 제8장 각주 1, 12도 참조하라. 새 관점의 기본적인 가정으로 작용한 언약적 율법주의로서의 유대교 이해는 바울의 칭의론의 구조를 밝히는 데 기여하였다.

6 칭의의/하나님 나라의 복음으로 말미암아 창조된 하나님의 백성의 총회 (공동체)로서 그리스도의 교회는 모든 세상적인 구분과 육신적인 인간들의 차별들이 극복된 공동체여야 한다. '그리스도의 몸'으로서 그 안에서 모든 신자들이 그 몸의 지체들로서 연합되고 서로 사랑하고 덕을 세우는 섬김을 하여야 하며 (참조. 엡 4:1-16), 땅에 있는 하나님의 거룩하고 의로운 공동체 혹은 도성으로서 죄와 고난의 어두운 세상에 하나님의 의의 나라의 빛을 비추어야 한다 (빌 2:14-16; 마 5:14-16). 역사 속에서 교회가 복음을 올바르게 선포하고 신자들이 그 복음에 합당하게 살았을 때마다 (빌 1:27; 살전 2:12; 골 1:10; 살후 1:11), 교회는 거대한 해방의 힘을 촉발했고, 사회와 문화에 거대한 구속적 변화들을 가져왔다. 하지만, 불행하게도 교회는 항상 복음에 충실한 것은 아니었으며, 자주 그 복음에 반대로 가르치고 행동하기도 했고, '육신의 행위들'을 열매 맺음으로 개인들과 사회에 해악을 야기하기도 했다. 오늘날 교회는 어떻게 하고 있는가?

있다. 이렇게 하나님의 아들 그리스도 예수 안에 계시된 하나님의 의의 복음, 즉 삼위일체적 하나님의 은혜에 의한, 그리고 우리의 믿음을 통한 칭의의 복음은 사탄의 나라를 멸하고 인류와 세상을 그것으로부터 구속하는 가장 강력한 도구이다. 다른 말로 표현하자면, '현재의 악한 세대/세상', 또는 '어그러지고 거스르는 세대'를 바르게 하고 (참조 갈 1:4; 빌 2:15) 종말론적인 '새 창조'를 지금 이곳에서 선취적으로 실현되게 하는 가장 강력한 도구이다 (참조. 고후 5:17; 갈 6:15).

Justification
and God's Kingdom

제10장

예수의 하나님 나라 복음을 부활절 이후
구원론적 형태로 표현한 바울의 칭의의 복음

Justification
and God's Kingdom

　　바울의 칭의의 복음을 무죄 선언이라는 용어로만 아니라 하나님과 올바른 관계로의 회복, 즉 사탄의 죄와 사망의 나라로부터의 구속과 하나님 (또는 하나님의 아들)의 의와 생명의 나라로의 전이라는 용어로 바르게 이해할 경우, 우리는 바울의 칭의의 복음이 사실은 예수의 하나님 나라 복음을 부활절 이후에 구원론적인 형태로 표현한 것임을 알 수 있다.[1]

　　로마서 1:3-4의 복음은 예루살렘교회가 그리고 이어서 바울이 예수의 죽음과 부활에 비춰 그의 하나님 나라 복음을 *다시* 제시한 것 (re-presentation)으로 이해해야 한다. 이 신앙고백으로 예루살렘교회는 육신으로 있는 동안 하나님을 '아바'라 부르시면서 다윗적 메시아로서 하나님 나라를 대표하신 예수를 하나님께서 죽은 자 가운데서 일으키심으로써 그 예수를 성령을 통해 그의 신적 능력을 집행하는 자신의 아들로 확증하셨다고 선언한다. 우리가 앞에서 살펴보았듯이, 바울은 고린도전서 15:20-28에서 그의 왕권을 현재 자신의 아들 그리스도 예수에게 대행케 하시는 하나님에 대해, 그리고 골로새서

1　　다시 Käsemann, "Rechtfertigung und Heilsgeschichte im Römerbrief," in *Paulinische Perspektiven*, 133을 참조하라. "칭의는 오직 예수가 설교한 하나님 나라와만 관련이 있다."

1:13-14 (참조. 엡 5:5)에서 '[하나님의] 사랑하시는 아들의 나라'에 대해 말함으로써 예루살렘교회의 이 복음을 충실히 제시한다.

바울은 그의 편지들 전체를 통틀어 하나님 나라를 열두 번이 채 안되게 언급한다 (롬 14:17; 고전 4:20; 6:9, 10; 15:50; 갈 5:21; 골 4:11; 살전 2:11-12; 살후 1:5; 참조. 고전 15:24; 골 1:13). 이 사실과 관련해 비평가들 중에는 바울이 '하나님 나라'를 언급한 것이 *겨우* 8번 내지는 10번에 *불과하다고* 말함으로써 바울에 대한 역사적 예수의 영향을 최소화하려는 사람들이 더러 있다. 하지만 만일 구약과 유대교에, 그리고 심지어 공관복음서들 이외에 신약성경의 여러 책들에서조차 하나님의 나라라는 숙어 자체가 드물게 나타난다 (비록 그 내용은 아니지만)는 사실을 고려한다면, 사실 우리는 역사적 예수의 제자가 아니었던 바울이 그 숙어를 8번 내지는 10번*이나* 사용하고 있다는 사실에 놀라움을 표시해야 마땅하다. 더욱이 우리가 이미 살펴보았듯이, 사실 바울은 '주' 예수 그리스도를 자주 언급함으로써 하나님이 '권세를 행사하는 하나님의 아들'로 세우셨고 (롬 1:4) *그에게* '주'라는 그의 '이름'을 주셨으며 (빌 2:9-11) 그의 왕권을 맡기신 (고전 15:20-28) 메시아 예수의 현재적 왕권을 지속적으로 표현한다. 그래서 우리는 바울이 그의 복음을 근본적으로 *하나님 나라*의 종말론적 구원을 가져오시는 메시아 예수라는 도식으로써 제시한다고 천명해야 한다.

바울의 하나님 나라 용어와 메시아 (그리스도), 하나님의 아들, 주와 같은 예수의 칭호들 사용을 넘어, 바울의 칭의의 복음과 예수의 하나님 나라의 복음 사이에는 밀접한 신학적 연속성과 통일성이 있다. 물론, 바울이 (율법 준수를 강요하는 유대주의자들을 비난하면서) 강해한 칭의의 복음, 즉 불경건한 죄인들이 (그러므로 심지어 이방인들도) 은혜로, 그리고 믿음으로, 율법의 행위들 없이 칭의를 받는다는 복음은 예수께서 (복음서들에서 율법의 철저한 준수를 주장하는 바리새인들과 서기관들을 비난하면서)

죄 사함과 죄인들의 하나님 나라로의 영입을 선포한 하나님 나라의 복음에 아주 밀접하게 상응한다는 놀라운 사실이 있다.[2] 하지만 심지어 이보다도 더 근본적인 것은 예수의 하나님 나라 복음과 바울의 칭의의 복음 둘 다 하나님/그의 아들의 나라가 사탄의 나라를 멸망시킨다는 묵시적 틀을 가지고 있으며, 그리하여 이루어지는 종말론적인 구속을 사람들을 죄와 사망의 권세들로부터 해방함이라는 도식으로 설명하는 데 초점을 맞추고 있다는 사실이다.

앞에서 우리는 바울이 로마서 1:3-4의 복음을 고린도전서 15:20-28에서 하나님의 아들이 성부 하나님이 자신에게 맡기신 왕적 능력을 가지고 하나님을 대행하여 모든 악한 세력들을 멸하여 가신다는 사상으로 전개함에, 그리고 그 복음을 골로새서 1:13-14에서 "우리를 흑암의 권세에서 건져 내사 그의 [하나님의] 사랑의 아들의 나라로 옮기셨다"는 용어로 풀어 씀에, 바울이 어떻게 하나님 나라가 사탄의 나라와 전투 중에 있으며 그 나라를 정복해가고 있다는 구도,

---

2 참조. R. Bultmann, "Die Bedeutung des geschichtlichen Jesus für die Theologie des Paulus," in *Glauben und Verstehen* (Tübingen: Mohr Siebeck, 1933), 1:191-202; E. J ngel, *Paulus und Jesus*, HUT 2. 4th ed. (Tübingen: Mohr Siebeck, 1972), 263-73 (『바울과 예수』, 이화여자대학교출판문화원 역간). 이 맥락에서 우리는 그리스도 예수의 구원 사역으로부터 혜택을 받는 수단으로서 그리스도 예수와 그의 복음을 믿으라는 바울의 요구 뒤에는, 예수가 자신의 메시지를 듣는 사람들과 그의 메시지와 치유 사역의 수혜자들에게 믿음의 요구, 즉 하나님의 뜻을 계시하고 그의 나라의 구원하는 사역을 수행하라고 보냄을 받은 하나님의 전권대사 (단 7장의 '인자', 즉 암시적으로 하나님의 '권세와 영광과 왕권'을 맡으신 '하나님의 아들')로서 예수를 믿는 *믿음*의 요구가 놓여 있다는 사실도 천명하려 한다 (참조. 본서 아래 제10장 각주 5). 하지만 우리는 누구나 알 수 있는 이유로 아주 논란이 큰 이 주제들을 여기서 토론할 수가 없다. 참조. S. Kim, *"The 'Son of Man'" as the Son of God*, WUNT 30 (Tübingen: Mohr Siebeck, 1983; Grand Rapids: Eerdmans, 1985)(『그 '사람의 아들' – 하나님의 아들』, 두란노 역간); M. W. Yeung, *Faith in Jesus and Paul: A Comparison with Special Reference to 'Faith that Can Remove Mountains' and 'Your Faith Has Healed/Saved You*,' WUNT 2:147 (Tübingen: Mohr Siebeck, 2002).

즉 하나님 나라에 대한 근본적으로 묵시적인 구도를 염두에 두고 있는지를 살펴보았다. 이것은 하나님 나라를 근본적으로 사탄의 나라와의 대결 상태에 있는 것으로 선포하는 예수의 하나님 나라 복음과 일치한다. 예수의 이러한 도식은 그의 여러 가르침들에 잘 나타난다: 예: 하나님 나라의 도래를 위한 청원과 사탄으로부터의 구원을 위한 청원이 수미상관 구조를 이루는 주기도문에서 (눅 11:2-4/마 6:9-13); 예수가 그의 귀신 축출과 치유를 사탄의 나라에서의 구속으로 말씀하는 바알세불 논쟁에서 (막 3:22-27/마 12:22-30/눅 11:14-23); 귀신 축출과 치유를 동반한 제자들의 하나님 나라 복음 선포의 성공적인 사명을 예수가 사탄이 하늘에서 떨어진 것으로 해석한 것에서 (눅 10:18); 허리가 굽어 펴지 못하던 여자를 고치신 일을 사탄의 굴레에서 그 여자를 해방시킨 것으로 설명하신 것에서(눅 13:10-17) 등.

예수의 하나님 나라 설교의 이러한 예들은 예수가 사탄의 나라로부터 하나님 나라로의 구속을 죄의 용서와 죄의 모든 악한 영향들, 즉 사탄의 왕권에 굴복함으로 말미암아 야기되는 다양한 형태의 고통들로부터의 해방으로 인식했음을 잘 예증한다. 이것은 주기도문에 이미 분명히 표현되었다. 주기도문에서 일용할 양식과 죄 용서를 구하는 청원은 하나님 나라의 도래와 사탄의 통치로부터 구원을 구하는 청원들 안에 포함되어 있다. 더욱이 마가복음 2:1-12/마태복음 9:1-8/누가복음 5:17-26에 있는 예수의 중풍병자 치유 기사에서도 눈에 띈다. 이 기사에서 하나님의 왕적 권세를 행사하는 인자 (단 7:13-14)로서 예수는 중풍병자의 죄 사함을 선언함으로써 그 병자를 고친다. 예수가 사탄의 나라에서의 구속을 죄인들의 죄 사함과 하나님 나라로의 회복의 도식으로써 이해했다는 것은, 자신이 하나님 나라를 가져오는 자로서 죄인들을 부르러 (사탄의 나라에서 나와 하나님 나라에 들어가게 하려고) 왔다고 선언하면서 완성된 하나님 나라의 잔치를 미리 맛보는 것으로서, 죄인들에게 제공하신 식탁 교제에서 매우 분명하게 드러난다 (막 2:15-17 및 병행구절; 마 15:24; 눅 15:1-32; 19:1-10; 마 11:19/눅 7:34; 비교. 마 8:11/눅 13:29; 막 14:25 및 병행구절). 여기서 한 걸음 더 나아가 성전에 대한 예수의 태도와 그의 죽음에 대한 그의 견해를 고려함으로써 이러한 이해를 증명하는 것이 도움이 될 것이다. 그것은 죄인들을 위한 그의 속죄와 언약체결의 죽음을 통하여 종말론적 하나님의 백성인 새로운 '성전'을 '지으려는' 그의 목적을 확인하는 데 도움을 줄 것이다. 하지만 이와 같은 논란이 많은 주제들을 여기서 토론할 수 없다는 것은 분명하다.[3]

여기서는 바울이 '속전 말씀'(막 10:45/마 20:28; 롬 15:1-3, 8-9; 고전 9:19; 10:33; 갈 1:3-4; 2:20; 살전 2:6-9; 또한 딤전 2:5-6; 딛 2:13-14도 참조하라)과 최후의 만찬 말씀 (막 4:17-25/마 26:20-29/눅 22:14-23; 고전 11:23-26)을 예수의 진정한 말씀들로 매우 귀히 여긴 것이 분명하다는 것을 관찰하는 것으로 충분하다.[4] 왜냐하면 이 사실은 그리스도 예수의 죽음

---

3 참조. S. Kim, "Jesus – The Son of God, the Stone, the Son of Man, and the Servant: The Role of Zechariah in the Self-Identification of Jesus," in *Tradition and Interpretation in the New Testament*, E. E. Ellis FS, ed. G. F. Hawthorne and O. Betz (Grand Rapids: Eerdmans; Tübingen: Mohr Siebeck, 1987), 134-48; N. T. Wright, *Jesus and the Victory of God* (Minneapolis: Fortress, 1996), 604-5 (『예수와 하나님의 승리』, 크리스챤다이제스트 역간); also J. Ådna, *Jesu Stellung zum Tempel: Die Tempelaktion und das Tempelwort als Ausdruck seiner messianischen Sendung*, WUNT 2:119 (Tübingen: Mohr Siebeck, 2000), 424-30, 444-47; N. Perrin, *Jesus the Temple* (Grand Rapids: Baker Academic, 2010), 80-113. 예수님의 성전과 관련한 말씀 (들) (막 14:58/마 26:61/요 2:19. 또한 막 11:27-12:12/마 21:23-27, 33-46/눅 20:1-19도 참조하라)이 바울에게 끼친 영향 (참조. 고전 3:11, 16; 6:19; 고후 5:1)에 대해서는 S. Kim, "Jesus, Sayings of," in *Dictionary of Paul and His Letters*, ed. G. F. Hawthorne, R. P. Martin and D. Reid (Downers Grove: InterVarsity Press, 1993), 480-82 ("The Jesus Tradition in Paul," in *Paul and New Perspective*, 271-274에 재인쇄됨)을 참조하라.

4 참조. S. Kim, "*Imitatio Christi*," 193-226. 비교. R. Riesner, "Back to the Historical Jesus through Paul and His School (The Ransom Logion – Mark 10.45; Matthew 20.28)," *JSHJ* 1 (2003): 171-99. 이어지는 각주 5를 보라.

이 우리를 '성도들' 혹은 하나님의 또는 그의 나라의 거룩하고 의로운 백성이 되게 한(참조. 고전 6:1-11) 속죄와 언약 체결을 위한 제사였다는 그의 믿음이 단지 교회가 그리스도의 부활 후에 만든 신앙고백들 (예컨대, 롬 3:24-26; 4:25; 고전 15:3-5; 11:23-26)에만 근거한 것이 아니라, 그가 예수 자신의 진정한 가르침이라고 생각한 것에도 기초한 것임을 나타내기 때문이다.[5] 그러므로 바울은 하나님의/그의 아들의 나

---

5   롬 3:24-26; 4:25; 8:3-4; 갈 2:20; 4:4-5 등 (즉, 보냄의 형식과 내어줌의 형식을 포함하는) 본문들에 있는 그리스도의 속죄에 관한 부활절 이후의 신앙고백들이 예수님의 속전 말씀과 최후의 만찬 말씀에 근거했다는 견해를 위해서는 나의 논문 "Jesus' Son of Man Sayings as a Basis for Paul's Gospel," in S. Kim, *Paul's Gospel for the Thessalonians* (출간 예정)를 보라. 이 논문에서 나는 나의 책 *Paul and the New Perspective*, 194-208에서 제시한 다음과 같은 견해들을 더욱 발전시키기도 했다: (1) 고전 15:20-28에는 예수의 인자 말씀들, 하나님이 그에게 주신 왕적 권세에 관한 말씀 (막 2:1-12 및 병행구절; 또한 마 11:27/눅 10:22; 막 14:62 및 병행구절도 참조하라)과 그의 재림 또는 파루시아에 관한 말씀들 (마 24:30-31/막 13:26-27; 마 24:43-44/눅 12:39-40; 참조. 살전 4:16; 5:2)이 그 말씀들의 배경인 단 7:13-14과 함께 반영되어 있다는 것; 그리고 (2) 막 8:38 및 병행구절; 눅 12:8-9/마 10:32-33에 있는 예수의 인자 말씀 (들)은 롬 1:16 + 8:34과 빌 1:19-20에 반영되어 있어서 우리는 심판 때 그리스도의 중보에 관한 바울 사상의 기원을 예수의 이 말씀들에까지 추적할 수 있다는 것 (참조. 본서 제3장 각주 25). 이런 견해들이 옳다면, 우리는 바울의 칭의의 복음이 예수의 하나님 나라 선포뿐 아니라 인자 말씀들과도 긴밀히 연관된 것을 볼 수 있다. 예수님의 가르침에서 '하나님 나라'와 '인자'에 관한 말씀들은 공관복음서들에서 일부 이차적으로 편집된 몇 구절을 제외하고는 대부분 서로 간에 연결점 없이 등장한다. 그럼에도, 모든 '인자' 말씀들이 진정성이 없다거나 그 말씀들 안에서 예수가 자신 이외의 다른 어떤 종말론적 인물을 가리키고 있었다는 믿기 힘든 가설들을 상정하지 않는 한, 우리는 두 종류의 말씀들을 상호 연관된 것으로 보아야 한다. 예수가 그의 사명을 단 7장에 나오는 '옛적부터 계신 분'의 보좌 옆에 있는 보좌로 높여져 (9절에 복수형 כרסון, '보좌들'이 나오고 뒤이어 13절에 단수형 כרסא, '보좌'가 나오는 것을 주목하라) '권세와 영광과 왕권'을 위임받고 (13-14절) 종말 때에 '지극히 높으신 이의 성도들' (하나님의 신실한 백성들)로 하여금 하나님 나라를 받게 하는 (18-27절) '인자'로 해석했다고 보는 것이 가장 이해하기 쉽다. 예레미아스 (Jeremias, *Neutestamentliche Theologie*, 254-55)는 '하나님 나라'가 예수의 대중적인 (exoteric) 또는 공적인 가르침의 핵심 용어였던 반면에, '인자'는 그의 친밀한 제자들에게 준 비의적인 (esoteric) 가르침 때 사용된 핵심 용어였다고 제안한다. 만일 그렇다면, 우리는 예수가 '하나님 나라'의 용어로 그 안의 구원 (천국 잔치)을 약속하고 시위하면서 사람들에게 '하나님 나라'로 들어오라고 초대하고, '인자'라는 용어로써 그의 제자들

라의 복음을 사탄의 나라로부터의 구속으로 선포하되, 그 구속을 그리스도의 속죄의 죽음과 부활로 말미암는 죄 사함 (골 1:13-14)이나 칭의 (롬 8:31-39) 또는 죄와 사망으로부터의 구속 (롬 6:1-7:6; 고전 15:20-28, 50-57; 갈 3:13-4:11; 골 2:8-23)과 같은 용어들로 구체화하면서 하는데, 그렇게 함으로써 그는 예수의 하나님 나라 복음을 '속전 말씀'을 반영하며 부활 후의 관점에서 충실하게 제시한다. 우리가 이미 앞에서 보았듯이, 바울은 갈라디아서 1:3-4에서 이 요지를 간결하게 표현한다. 주 예수 그리스도는 우리의 속죄를 위해 자신을 주심으로써 사탄의 나라에서 우리를 건지셨다. 그리스도의 대속은 사탄과 그의 우상 대리자들에게 순종해왔던 우리의 죄 문제를 해결하고, 우리를 살아계신 참 하나님과 올바른 관계로 (살전 1:9-10 참조), 즉 우리의 창조주이신 하나님의 나라로 회복시키기 때문이다. 그러므로 바울의 복음은 이것이다: *하나님을 대행하여 통치하시는 하나님의 아들 메시아 예수는 우리의 죄를 위한 그의 대속을 통해, 그의 현재적 구원의 통치를 통해, 그리고 최후의 심판 때 그의 궁극적인 중보를 통해 우리의 칭의를 이루심으로써 사탄의 나라에서 우리를 건지신다.*

에게 그가 단 7장의 그 '인자'(אשׁנא רב/ὁ υἱὸς τοῦ ἀνθρώπου)로서 다니엘에게 계시된 하나님의 구원 계획의 성취로 이런 일을 하고 있다고 설명하였다는 것을 알 수 있다 (참조. 1 En 46. 이 본문에는 '그의 얼굴이 한 사람의 모습을 한 이'가 '날들의 머리 (a head, 시작)를 가진 분'과 함께 나타나는 환상이 그려져 있고 [1절], 그런 다음에는 전자가 2절부터 시작하여 에녹의 비유 [1 En 37-71]의 나머지 부분에서 규칙적으로 '그/이 사람의 아들'로 지칭된다). 이 모든 것에 대해서는 나의 책 *"The 'Son of Man'" as the Son of God*을 보라. 바울은 그의 기독론적, 구원론적, 그리고 종말론적 가르침들에서 예수의 여러 종류의 인자 말씀들을 반영하면서, 예수가 단 7장의 "그 '인자'"로서 하나님 나라를 제시하셨으며 그의 하나님 나라 선포와 끝내는 그의 속죄와 언약 체결의 죽음을 통하여 '지극히 높으신 이의 성도들'을 창조하고 모아서 그들이 하나님 나라 또는 그 안에 있는 구원을 얻게 하려 하였다고 이해하였음을 보여준다. 그래서 예수의 하나님 나라 복음과 '인자' 말씀들은 함께 바울의 기독론과 칭의의 구원론의 기초를 이룬다.

앞에서 우리는 의롭다함 (칭의)을 받은 신자들에게 주 예수 그리스도에게 순종함으로써 의로운 삶을 살라는 바울의 권면들이 어떻게 논리적으로 그의 칭의의 복음에서 나오는지를 살펴보았다. 이제 신자들은 하나님의 은혜에 의하여 그리고 그들의 믿음으로 말미암아 칭의를 받았으므로, 다시 말해서 무죄 선언을 받고 하나님의/그의 아들 예수 그리스도의 나라로 회복되었으므로, 하나님의 아들 그리스도 예수의 왕권 또는 주권에 순종하는 의로운 (또는 거룩한) 삶을 살아야 한다. 그들은 주로 이중 사랑 계명으로 요약되는 '그리스도의/하나님의 법' (고전 9:21; 갈 6:2)을 지킴으로써 이러한 삶을 살아야 하며, 하나님을 위하여 '의 [또는 성화]의 열매'를 맺어야 (빌 1:11; 고후 9:10; 롬 6:22; 7:4; 참조. 살전 3:12-4:12) 한다.[6] 칭의의 현재 단계에 관한 바울의 칭의론의 이 요소는 예수의 하나님 나라 복음을 받아들였고 그 나라 안으로 들어간 그의 제자들에게 스스로를 부인하고 자신을 '따르라' 고 (막 8:34/마 16:24/눅 9:23; 마 10:37-38/눅 14:26-27), 그리고 예수의 이중 사랑 계명을 지킴으로써 (막 12:28-34 및 병행구절) 자신을 본받으라고 (막 10:42-45/마 20:25-28/눅 22:24-27), 그래서 '선한 열매'를 맺으라 (참조. 눅 6:43-45/마 7:15-23/12:33-37; 또한 막 4:1-9/마 13:1-9/눅 8:4-8; 마 13:24-30; 눅 13:6-9도 참조하라)는 예수의 요구에 밀접히 상응한다.[7] 이러한 까

---

6 칭의와 성화의 병행에 대해서는 본서 제7장 각주 1을 보라.

7 바울의 '그리스도의 법' 개념 (고전 9:21; 갈 6:2)이, 우리가 앞에서 (본서 제7장 각주 12) 주장하였듯이, 예수의 '멍에' 개념 (마 11:25-30)을 반향하고 있을 가능성이 높다면, 우리는 칭의 받은 신자들에게 '성령을 따라 행하라 [$\pi\epsilon\rho\iota\pi\alpha\tau\epsilon\hat{\iota}\nu$]' (롬 8:4; 갈 5:16)는 그의 권면이 이와 비슷하게 예수께서 제자들에게 자기를 '따르라 ($\dot{\alpha}\kappa o\lambda o\upsilon\theta\epsilon\hat{\iota}$ $\nu/\dot{\alpha}\pi\epsilon\rho\chi\epsilon\sigma\theta\alpha\iota$ $\dot{o}\pi\iota\sigma\omega$ / $\delta\epsilon\hat{\upsilon}\tau\epsilon$ $\dot{o}\pi\iota\sigma\omega$)'고 한 명령 (예컨대, 막 1:16-20/마 4:18-22; 눅 5:1-11; 마 8:18-22/눅 9:57-62; 또한 마 11:28, 29도 참조하라: "내게로 오라 [$\delta\epsilon\hat{\upsilon}\tau\epsilon$]. 나의 멍에를 메고 내게 배우라 [$\mu\dot{\alpha}\theta\epsilon\tau\epsilon$]")을 반향하고 있을 가능성을 고려해볼 수도 있다. 로즈너(B. S. Rosner, *Paul and the Law: Keeping the Commandments of God* [Downers Grove: IVP Acadmic, 2013], 85-88, 124-127)는 바울이 신자들이 맞추어 '걸어갈/행할' ($\pi\epsilon\rho\iota\pi\alpha\tau\epsilon\hat{\iota}\nu$), 즉 살아가야 할 다양한 규범들을 제공하면서도 '율법을

따라 걸어감/행함 [הלך/πορεύεσθαι/περιπατεῖν]'이라는 빈번하게 사용되는 구약-유대교의 관용어구 (예컨대, 출 16:4; 레 26:3; 시 119:1; 렘 44:23; 겔 5:5-6; *T. Jos.* 4:5; 18:1; *T. Jud.* 23:5; 24:3)를 언급한 적이 없다는 사실의 중요성을 주목한다. 바울이 롬 8:3-4을 쓸 때 하나님께서 구속함을 받은 이스라엘에게 새 마음과 그의 영을 주셔서 그들로 하여금 그의 규례들 안에서 '걷고/행하고' 그것을 지키게 하시겠다는 겔 36:26-27 (참조. 11:20)의 하나님의 약속이 그리스도 안에서 성취되었다는 어구들로써 작성하면서도 '율법을 따라 걸어라/행하라'고 말하지 않았다는 것은 정말 중요한 의미가 있다 (참조. Kim, *Paul and the New Perspective*, 158-62). 그 이유는 바울에게 있어 '율법을 따라 행하는 것'은 실제로 '육신을 따라 행하는' 것의 일부이기 때문인 것이 분명하다 (롬 7:1-8:17; 갈 5:13-26; 빌 3:2-11도 참조하라). 그래서 바울은 롬 8:1-17과 갈 5:13-26에서 신자들에게 '육신을 따라 행하지' 말고 '성령을 따라 행하라'고 권면할 때, 실제로 '성령을 따라 행하는 것'을 '율법을 따라 행하는 것'과 대조하고 있는 것이다 (특히 갈 5:18을 참조하라). 우리는 바울의 '그리스도의 법'이 예수의 그의 '멍에' 개념을 반향하고 있을 가능성을 염두에 두면서, 고전 9:20-21에서 바울이 자신에 대해 '[모세의] 율법 아래'에 있지 않고 (갈 5:18b도 참조) '그리스도의 법 안에' 있다고 증언한 것을 [모세의] 율법의 멍에 아래' 있지 않고 [예수의] 멍에 아래에' 있다고 번역할 수 있다. 바울은 이런 방식으로 그가 '하나님의 법' (고전 9:21 의 μὴ ὢν ἄνομος θεοῦ를 주목하라)을 실제로 성취한다고 생각하고 있는 것이 분명하다. 바울은 이와 같은 사도적 자세를 가지고 신자들에게 '육신을/모세의 율법을 따라 걷지/행하지' 말고 '성령을 따라 걸으라/행하라'고 권면할 때, '성령을 따라 걷는/행하는' 것은 그의 영을 통해 신자들에게 어떻게 '걸어야/행해야' 할지를 가르치거나 그들의 발걸음을 인도하는 주 예수 그리스도를 '따라감'을 의미하고 있을 수 있다. 이렇게 하는 것이 실제로 '율법의 의로운 요구' (τὸ δικαίωμα τοῦ νόμου, 롬 8:4) 또는 '하나님의 법'을 이루는 방법이기 때문이다 (참조. 롬 8:7; 또한 갈 5:14; 롬 13:8-10). 이러한 추측은 다음과 같은 5가지 사실에서 지지를 받는다고 생각된다: (1) 롬 8:1-17과 갈 5:13-26에서 '성령을 따라 걷는/행하는 것 [περιπατεῖν]' (롬 8:4; 갈 5:16)이 '성령을 따르는 것 [στοιχεῖν, 참조. BDAG]' (갈 5:25. 참조. 6:12-16)과 '성령에 의해 인도되는 것 [ἄγεσθαι]' (롬 8:14; 갈 5:18)과 동의어로 사용되고 있다; (2) 바울이 '성령을 따라 걷는/행하는 것'에 관해 말하는 문맥들에서 성령이 성부 하나님의 영이면서 하나님의 아들 그리스도 예수의 영이라는 것 (롬 8:9-11; 갈 4:6), 그리고 그리스도인들은 그리스도 또는 그의 영이 거하시는 하나님의 자녀들로서 하나님의 아들 예수 그리스도의 영에 참여한다는 것을 지적한다 (롬 8:9-17. 참조. 갈 4:6). 이러한 가르침들은 바울이 신자들에게 '성령을 따라 걸으라/행하라'고 권할 때 성령을 (하나님의 영이실 뿐만 아니라) *그리스도 예수의 영이심*을 의식하고 있었음을 제시한다; (3) 바울은 롬 8장의 동일한 문맥에서, 그가 빌 1:19에서 자신의 임박한 시련에서 '*예수 그리스도의 영의 도우심으로*'라고 한 언급에서처럼 (본서 제3장 각주 25; 제10장 각주 5를 보라), 구원의 현재적 단계 중 부활하시고 높여지신 그리스도의 중보 사역 (참조. 롬 4:25; 5:10; 8:34)을 (*그리스도 예수와 하나님의*) 영이 하는 것으로 말한다 (롬

8:26-27); (4) 갈 5:13-26 (과 롬 8:1-17; 살전 4:1-8)과 빌 1:11 (과 살전 3:12-13. 참조. 고후 9:10)을 비교해 보면, 바울은 앞의 본문들에서는 성령이 의 (또는 성화)의 열매를 맺을 수 있도록 신자들에게 힘주신다고 말하는 반면에, 뒤의 본문들에서는 그 일을 주 예수 그리스도가 하신다고 말한다. 이러한 비교 역시 바울은 성령이 땅 위에서 우리와 함께 또는 우리를 위해서 행하시는 것을 실제로 하늘에서 높여지신 주 예수 그리스도가 그의 영을 통해 행하시는 것으로 이해하고 있음을 보여준다 (참조. 롬 7:4-6; 또한 행 16:6-10). 그러므로 '성령에 의해 인도되는 것'은 '주 예수 그리스도에 의해 인도되는 것'으로, '성령을 따라 걷는/행하는 것'은 '주 예수 그리스도를 따르는 것'으로 이해할 수 있다; 마지막으로 (5) 바울은 롬 8:29에서 신자들을 '그 아들의 형상에 같은 형상되도록' 예정하셨는데, 그것은 '[그리스도] 가 많은 형제들 중에서 맏아들이 되게 하기 위한 것'이었다고 말한다. 확실히 이 가르침은 그가 앞서 (롬 8:9-17) 내주하시는 하나님과 그리스도의 영에 의해 인도되는 ($\check{\alpha}\gamma\epsilon\sigma\theta\alpha\iota$) 신자들은 하나님의 자녀들이며 하나님의 아들 예수 그리스도와 하나님의 공동 상속자라고 한 언명들과 관련이 있다. 우리가 그리스도의 형상에 '같은 형상 되는 것' 또는 그리스도의 형상으로 '변화되는 것'은 주 예수 그리스도의 재림 때에 완성될 것이다 (고전 15:49; 빌 3:20-21), 하지만 그것은 현재 이미 진행 중에 있다 (롬 12:2; 고후 3:18; 빌 3:10; 참조. 갈 4:19). 이 현재 진행은 어떻게 일어나는가? 우리는 이 질문을 이미 본서 제7장 각주 15에서 토론했다. 하지만 여기서 우리는 신자들에게 *그리스도를 본받으라*는 바울의 요청의 중요성을 강조할 수 있을 것이다 (롬 15:1-3, 7; 고전 4:16-17; 11:1; 고후 8:9; 빌 2:5-8; 3:10, 17; 살전 1:6). 본서 제7장 각주 12에서 우리가 고전 8-10에 대해서 한 확대된 토론을 보라. 거기서 우리는 바울이 고린도인들에게 '그리스도의 법'과 예수의 말씀들, 특히 속전 말씀 (막 10:45/마 20:28이 반향하는 고전 9:19-22과 10:33을 보라)에 근거하여 우상에 바쳐진 제물에 관한 가르침을 준 후, 어떻게 자신이 자신의 사도적 자세에 있어 그리스도를 본받는가를 설명하고, 어떻게 고린도인들에게도 그리스도를 본받으라 (고전 11:1)고 요구하는지를 토론하였다 (살전 2:6-9도 보라. 그곳에서도 바울은 속전 말씀을 반향하면서 어떻게 자신이 자신의 사도직 수행에 있어 그리스도를 모방하는가를 암시적으로 보여준다). 이 토론들은 바울이 신자들이 그리스도의 형상으로 변화되는 현재적 진행이 그리스도의 가르침을 따르고 그의 모범을 본받음으로써 이루어진다고 이해하고 있음을 가르쳐준다. 그 변화가 '영이신 주를 바라봄'으로 발생하기에 (고후 3:18), 그리스도를 본받음과 그의 형상으로 변화된다는 이 사상은 율법을 성취하고 의의 열매를 맺기 위해 '성령을 따라 걸어라/행하라'는 바울의 권면에서 자신을 '따르라'는 예수의 부르심의 반향을 들으려는 우리의 노력을 뒷받침해 주기도 한다. 에베소서가 바울의 순전한 편지라면, 엡 4:20-21은 그의 편지들에서 그가 예수의 제자도에로의 부르심을 반영하고 있다고 보려는 우리의 시도를 더욱 뒷받침해주는 본문으로 추가할 수 있을 것이다. 왜냐하면 그 본문에 있는 저자의 다음과 같은 말이 예수의 그 부르심을 더욱 뚜렷이 반향하고 있는 것 같아 보이기 때문이다: "진리가 예수 안에 ($\epsilon\nu\ \tau\hat{\omega}\ ^{\prime}I\eta\sigma o\hat{v}$) 있으므로 (이것은 에베소서에 어떠한 칭호도 동반하지 않고 예수의 이름이 등장하는 유일한 경우다. 참조. 롬 8:11;

닭에 칭의를 받은 신자들에게 다른 사람을 위해 자신을 부인하는 사랑과 섬김으로 그리스도를 본받으라는 바울의 요구 (롬 15:1-3, 7-8; 고전 11:1; 고후 8:8-9; 빌 2:1-11 등[8])는 예수가 그의 하나님 나라 설교에 부

고후 4:5, 10-11, 14; 11:4; 갈 6:17; 살전 1:10; 4:14. 이 본문들에는 에베소서의 본문과 마찬가지로 '예수'라는 단순한 이름이 등장하는데, 그 이름은 역사적인 예수를 가리키고 있는 것이 분명하다", 만약 독자들이 올바르게 '그리스도를 배웠 [ἐμάθετε]'거나 '그를 들었거나 [ἠκούσατε] 그 안에서 [ἐν, 또는 '그로 말미암아'] (참조. BDAG, ἐν, 6) 가르침을 받았다 [ἐδιδάχθητε]'면, 그들이 믿음 없는 이방인들처럼 방탕이나 모든 더러운 탐욕의 행위들에 빠지지 않을 것이다. 참조. E. Best, *A Critical and Exegetical Commentary on Ephesians*, ICC [Edinburgh: T & T Clark, 1998], 426-28. 베스트는 여기서 '예수'를 역사적 예수를 지칭하는 것으로 취하면서도, '그리스도를 배운다'는 놀라운 표현을 여전히 '그리스도를 안다'거나 (빌 3:10) '그리스도를 선포한다' (갈 1:16; 빌 1:17-18 등)와 같은 것으로 해석하고, '그리스도와 그의 가르침에 관하여 배운다'는 해석을 거부한다. 베스트는 이러한 해석의 근거로 이 본문의 문맥에 나오는 도덕적인 교훈들이 우리에게 알려진 예수 전승에 속하지 않는다는 사실을 든다. 하지만 이런 것들은 아주 어울리지 않는 해석인데, 그의 해석을 따를 경우 '너희가 그에게서 들었다'는 어구의 의미를 파악하는 것이 특히 어렵게 된다. 일단 여기서 '예수'를 역사적 예수를 가리키는 것으로 이해하게 되면, '진리가 예수 안에 있다'는 표현을 예수의 가르침의 진리를 가리키는 것으로 취하는 것이 이치에 맞다. 그렇다면, '진리가 예수 안에 있으므로'라는 문장은 '그를 배웠다', '그를 들었다', '그 안에서 가르침을 받았다'는 일련의 매우 놀라운 표현들에 근거를 제공하는 까닭에, 여기서 저자는 복음을 전하는 선교사 설교자들이 하나님 나라와 제자도에 관한 그리스도 예수의 부르심과 그의 가르침에 관한 예수 전승을 독자들에게 전달해주었을 때, 독자들이 '그를 듣고' '그에게서 가르침을 받았'고 그리스도 예수를 '배웠다'고 말하는 것이라고 이해하는 것이 더 개연성 높은 해석이다 (참조. 살전 2:12; 살후 1:5). 그리스어 신약성경의 네슬레-알란트 제28판은 엡 4:26 (분노), 29 (더러운 말은 너희 입 밖에도 내지 말고), 32 (서로 용서하기를)의 난외주에 그들과 병행되는 본문들로 각각 마 5:22; 15:22; 그리고 6:14을 병기해놓았다. 그러나 우리는 엡 4:22 (음욕, lust)에 마 5:28을, 엡 4:19 (욕심, greed)에 눅 12:15 (과 12:22-34/마 6:25-32도)을 추가할 수 있다. 이 예들은 엡 4:20-21의 문맥에 있는 도덕적 교훈들이 예수의 가르침들, 특히 산상/평지 설교에 있는 가르침들을 실제로 반영하고 있음을 보여준다. 또한 골 3:16도 참조하라: "*그리스도의 말씀*이 너희 속에 풍성히 거하여 모든 지혜로 피차 *가르치며 권면하라*" (참조. J. D. G. Dunn, *The Epistles to the Colossians and to Philemon: A Commentary on the Greek Text*, NIGTC [Grand Rapids: Eerdmans; Carlisle: Paternoster, 1996], 236. 던은 '그리스도의 말씀'을 그리스도가 하신 말씀 [예수 전승]과 그리스도에 관함 말씀 [복음] 둘 다 지칭하는 것으로 취한다).

8   예수의 이중 사랑 계명과 특히 산상/평지설교에 등장하는 말씀들을 많이 반향하고

착한 제자도에의 부름을 부활절 후에 새롭게 제시한 것으로 이해할
수 있다.

바울의 칭의의 복음을 이렇게 예수의 하나님 나라 복음의 부활절
후의 형태로 이해하면, 우리가 세례 때의 칭의를 받음 (하나님 나라에 들
어감), 주 예수 그리스도에게 순종하는 현재적 삶 (예수 그리스도의 제자
도를 실천해 감), 종말론적 완성 (완성에 이른 하나님 나라에서의 영생을 얻음: 참
조. 롬 5:21; 6:22; 비교. 막 10:17-31/마 19:16-30/눅 18:18-30), 칭의의 세 단계
들을 유기적인 총체로 함께 견지하고, 그간 전통적인 칭의론 이해에
서는 등한시되는 경향이 있었던 예수 그리스도의 제자가 되어 살아
가는, 또는 주 예수에게 순종하며 살아가는 현재의 의로운 삶에 마땅
한 주의를 기울이는 데 도움을 준다.[9]

있는 롬 12-13장과 고전 4:11-13을 참조하라:

롬 12:14	눅 6:28a (마 5:44b)
롬 12:17a (살전 5:15a)	눅 6:29/마 5:39-41
롬 12:18	눅 9:50/마 5:9
롬 12:19-21	눅 6:27a + 35/마 5:44a
롬 13:8-10 (갈 5:14)	막 12:28-34/마 22:34-40/눅 10:25-28
(비교. 롬 12:1-2	막 12:17/마 22:21/눅 20:25;
	막 12:30/마 22:37/눅 10:27
롬 13:7	막 12:17/마 22:21/눅 20:25)
고전 4:11a	눅 6:21a/마 5:6; 10:9-10; 11:19
고전 4:12b-13	눅 6:22-23/마 5:11-12; 눅 6:27-28 (마 5:44)

이 반향 본문들 중에서 몇 개는 다음과 같은 미니멀리스트 (바울 서신들에 인용 내지
반향된 예수의 말씀들을 최소만 인정하려는 자)들도 인정한다: F. Neirynk ("Paul and
the Sayings of Jesus," in L'Apôtre Paul: Personnalité, style et conception du ministére,
ed. A. Vanhoye, BETL 73 [Lueven: Leuven University Press, 1986], 270-76); N. Walter
("Paul and the Early Christian Jesus-Tradition," in Paul and Jesus: Collected Essays, ed.
A. J. M. Wedderburn, JSNTSup 37 [Sheffield: Sheffield Academic Press, 1989], 55-
59). 참조. M. Thompson, Clothed with Christ: The Example and Teaching of Jesus in
Romans 12.1-15.13, JSNTSup 59 (Sheffield: Sheffield Academic Press, 1991), 87-160.

9 그러므로 우리의 연구는 Schweitzer (Mysticism of Paul, 392)가 고전적으로 천명한 대

중적인 견해와 상충된다. 슈바이처는 바울의 칭의론이 속죄 제물로서 이해된 그리스도의 죽음에만 근거하고 있고 예수의 하나님 나라 복음과는 아무런 관련이 없으며, 그래서 "예수의 가르침의 중요성은 회손되었다"고 주장했다. 우리의 연구는 브레데가 대중화시킨 더 급진적인 견해와도 상충된다. 브레데 (Wrede, *Paulus*, 79-97)는 바울은 기독교의 둘째 창시자이었는데, 교회사에서 그의 영향은 첫 번째 창시자인 예수의 것보다 더 강력했다고 주장했다 (96). 이것은 바울이 기독교의 진정한 창시자였음을 암시한다. 브레데에 따르면, 바울은 기독교 신학을 창시한 첫 번째 인물이었는데 (95), 그는 개인들의 영혼들을 하나님과 그의 뜻에 전적으로 헌신되게 하는 데 초점을 맞추었던 (87) 예수의 설교에서는 실제적인 영향을 하나도 받지 않고 (80-90), 그가 다메섹 도상에서 천상적인 그리스도의 환상을 본 후 예수에게 천상적이고 신적인 그리스도라는 그의 선입견적 사상을 부과함으로써 (82-83), 그리하여 그리스도의 성육신, 죽음, 그리고 부활이 구원의 사건들이라는 신화론적 사상에 초점을 맞춘 구속의 종교를 만들어냄으로써 기독교 신학을 창시하였다 (95). 본서가 예수의 하나님 나라 복음과 바울의 그리스도의 죽음과 부활의 복음 사이의 연속성을 무시하고 이 둘을 서로 대립시키는 오래된 학문적인 습관을 바꾸는 데 약간의 공헌을 할 수 있기를 바란다.

Justification
and God's Kingdom

제11장

칭의론 해석을 위해서는 '하나님 나라'가
'아브라함의 가족'보다 더 포괄적인 범주이다
- N. T. 라이트의 해석에 대한 비평

Justification
and God's Kingdom

    이제 우리는 톰 라이트 (N. T. Wright)가 제시한 대안적인 해석을 비평함으로써 우리의 바울의 칭의론 해석을 강화시키려고 한다. 본서 앞 여러 곳에서 우리는 바울에 대한 새 관점의 또 다른 주창자인 제임스 던의 칭의론 해석을 토론했다. 하지만 이 장에서 우리는 라이트의 해석을 좀 더 광범위하고 체계적으로 검토하는 데 집중하고자 한다. 이렇게 하는 이유는 라이트가 던보다 새 관점을 더 일관성 있게 또는 체계적으로 반영하는 칭의론 해석의 모델을 제시하고 있다고 볼 수 있기 때문이다. 라이트는 칭의론을 하나님께서 아담의 죄와 그 결과들을 해결하시고, 이스라엘의 족장 아브라함과 맺은 자신의 언약에 따라 아브라함의 가족을 통해 모든 민족을 구원하려는 자신의 계획을 성취하심으로써 세상을 바로잡으심 (창 12:2-3; 17:1-8; 18:18-19; 22:15-18)의 도식으로 해석하며, 그래서 하나님의 칭의를 믿음이 있는 유대인들과 이방인들로 구성된 아브라함의 가족에 대한 하나님의 종말론적 신원하심으로, 또는 그리스도 안에서 아브라함의 언약 가정을 이루고 있는 유대인과 이방인 신자들을 하나님의 자녀라는 하나님의 선언으로 이해한다 (예컨대, *Faithfulness of God*, 912-1042; 또한 *Justification*, 65-102). 물론 라이트의 칭의론 해석을 포괄적으로 비평하려면 그가 그리스도의 대리적 속죄, 믿음이 무엇이고 그것이 어떻게 작용하는가 ('그리스도를 믿는 믿음'을 말하는지 아니면 '그리스도의 믿음 [또는 신실함]'을 말하는지의 이슈도 포함하여), (라이트가 '현재적 칭의'라고 부르는) 세례 때의 칭의와 종말 때의 칭의의 관계 등 칭의론 해석에 있어 근본적인 요소들을 어떻게 설명하고 있는지 검토할 필요가 있다. 더불어, 로마서와 갈라디아서에 대한 그의 광범위한 내러티브 해석도 검토해야 하고, 그의 칭의론 해석에 있어 근본적인 가정을 이루는 그의 이론, 즉 제2성전기 유대인들이 바빌로니아 포로기가 지속되고 있다고 믿었다는 이론도 점검해봐야 한다. 하지만 우리는 여기서 다만 그의 칭의론 해석이 본서의 주요 관심사인 칭의와 윤리의 관계를 적절히 설명하고 있는지의 문제에만 초점을 맞출 것이다.

11.1
칭의는 죄인들을 하나님과 바른 관계에로 회복시킴의 의미를 포함한다.

톰 라이트는 그의 논문 "New Perspectives on Paul"[1]에서 칭의가 하나님과의 인격적인 관계 수립의 의미를 포함한다는 이해를 반대하는 강한 논증을 편다 (255-61). 라이트는 로마서 8:30의 순서에 따라 하나님의 의롭다하심을 그의 부르심과 엄격히 구별하면서, 복음 설교를 통한 하나님의 부르심이 우상숭배와 죄로부터 '그리스도 안에서 하나님에 대한 믿음의 충성'으로 회심하는 결과를 가져오고 (256), 그리하여 죄인이 복음을 믿고 예수를 주로 고백할 때 하나님과의 인격적인 관계가 수립되는 결과를 가져온다고 (258) 주장한다. 라이트는

---

1 In B. L. McCormack, ed., *Justification in Perspective: Historical Developments and Contemporary Challenges* (Grand Rapids: Baker, 2006), 243-64; N. T. Wright, *Pauline Perspectives: Essays on Paul, 1978-2013* (Minneapolis: Fortress, 2013), 273-91에 재판 됨. 페이지 표시는 앞의 책을 언급함.

칭의는 그러한 절차를 거친 사람이 의롭다 또는 바른 편에 서 있다는 판정을 선언하는 것이기 때문에 그러한 절차 이후에 온다고 주장한다 (255-58).[2] 그래서 라이트는 칭의를 샌더스의 전문용어인 하나님의 백성으로의 '진입 (들어감)'으로 이해하려는 것에 대해서도 반대하며, 칭의는 사실 '어떤 사람이 [하나님의 백성] 안에 *있다*는 하나님의 선언에 관한 것'이라고 주장한다 (261). 라이트는 그의 책 *Justification* (225-26)에서 칭의를 화해로부터 엄격히 구분하면서, 칭의는 무죄 선언 또는 의인의 신분 부여라는 법정적 의미만 가진 것으로 한정하고 (*Justification*, 86-92), 화해는 '다른 유에 속하는 것', 즉 칭의의 '결과'인 '하나님과 인간 사이의 실제적인 관계'를 가리키는 것이라는 이해를 편다 (*Justification*, 226).

라이트가 칭의를 하나님의 부르심의 결과로 이해하고 ("New Perspectives on Paul," 256-57), 화해를 칭의의 결과로 이해하는데, 논리적

---

2 라이트는 이 사상을 그의 다양한 저술들에서 표현했다. 예를 들어, *Paul: In Fresh Perspective*, 110-22, 159: "믿음으로 말미암는 칭의론은 … 한 번도 사람들이 어떻게 회심했는지, 어떤 사람이 어떻게 그리스도인이 될 수 있는지에 관한 것이 아니었고, 누가 하나님의 참된 백성이었으며, … 그래서 그 사람의 가족이 누구였는지, 누가 … 함께 앉아서 음식을 먹어야 하는 사람이었는지를 현재 어떻게 말할 수 있는지에 관한 것이었다" (159, 강조는 그의 것); "*바울에게 있어 칭의*는 [하나님의]*선택의 한 부속 주제*이다, 즉, 그의 하나님의 백성 교리의 일부이다"(121, 강조는 그의 것). 라이트가 하나님의 부르심과 칭의를 분리하려고 이처럼 노력하고, 전자(하나님의 부르심)의 우선성을 고집하는 것은 바로 칭의에 대한 이러한 이해를 주장하기 위해서인 것 같이 보인다 (참조. *Faithfulness of God*, 특히. 959-60, 1026-27). 라이트는 그의 책 *Justification*, 149에서 "'칭의'가 실제로 신자와 하나님 사이의 '인격적 관계의 수립', 상호간의 앎을 *의미한다*"는 '대중적인' 이해를 거부하고 이렇게 말한다: "하지만 이것은 극단적으로 오도하는 것이다"라고 주장하고 (강조는 그의 것), "몇 그리스도인 집단들 속에서는 사람들이 '나의 하나님과의 관계'가 모든 것의 중심이라고 쉽게 말해대는 바람에 그 오도의 문제가 더욱 심각하게 된다"고 말하면서, 우울증을 앓게 된 사람의 예를 들어 그것의 문제점을 지적한다. 이것이 라이트가 칭의에 대한 관계적 이해를 싫어하는 이유의 부분적인 설명이 될 수 있을 것이다. 하여간 우리는 여기서 그런 유의 관계성에 대해 말하는 것이 아니다.

인 의미에서만 그렇게 하는지, 아니면 시간적인 의미에서도 그러한 지는 분명하지 않다. 어쨌든, 세 개의 그림 언어들을 이처럼 날카롭게 분리하는 것이 과연 현실적일까 (참조. *Faithfulness of God*, 959)? 만일 현재적 칭의가 "어떤 사람이 복음의 부름에 믿음의 순종으로 반응하고 예수가 주이심을 믿을 때 … 발생한다면"("New Perspectives on Paul," 260), 칭의는 죄인이 복음을 믿음으로 하나님의 '부르심'을 *받아*들일 때 발생한다. 만일 그러하다면, 복음의 설교를 통해 공표된 (앞서 발생한) 하나님의 '부르심'은 하나님의 '칭의'에 선행하는 것으로 간주할 수 있고, 그래서 칭의를 하나님의 부르심의 '결과'로 간주할 수 있다. 하지만 '부르심' 자체로 인해 하나님과의 인격적인 관계가 이루어지지는 않는 것은 복음의 선포에 제시된 칭의나 화해의 '제공'(offer)만으로는 칭의나 화해가 이루어지지는 않는 것과 마찬가지다. (복음을 통해 공표된) 하나님의 '부르심' (참조. 살후 2:14)은 죄인이 실제로 그 복음을 받아들이거나 믿을 경우에만 그런 효과를 발생시킨다. (복음 안에서 제시된) 칭의나 화해의 '제공'이 죄인이 복음을 받아들이거나 믿을 경우에만 효력을 발휘하는 것처럼 말이다 (참조. 고후 5:20). 사실 복음 선포에서 하나님의 '부르심'은 하나님의 칭의나 화해 '제공'을 동반한다. 또는 이보다 더 잘 표현하자면, 하나님의 칭의나 성화 '제공'은 하나님의 '부르심'을 동반한다 (하나님의 구원 '제공'이 하나님의 '부르심'보다 앞선다고 말하는 것이 더 성경적이고 복음의 선포와 더 일치하지 않는가?) 실제로 하나님의 '부르심'은 죄인들에게 복음에서 칭의, 화해, 성화, 입양 등과 같은 그림 언어들로써, 또는 하나님 또는 그의 아들 주 예수 그리스도의 나라로 들어감이라는 언어로써 제공된 구원을 받아들이라는 부르심이다 (다시 고후 5:19-20을 참조; 살전 2:12; 고전 7:22; 고전 1:9도 참조). 그래서 죄인이 복음을 받아들이면 회심과 성화와 더불어 칭의와 화해도 발생한다. 그러므로 칭의 (또는 화해)는 (사람의 받아들임으로써 효과를 내는 하나님의 부르심인) 회심을 '뒤따르는'(follow on from) 것이 아니라, 죄인이 예수의 구원의 죽음과 부활의 복음을 믿고 그를 주로 고백할 때 회심과 동시에 발생한다 (롬 10:9-10). 바울은 "우리가 원수 되었을 때에 자신의 아들의 죽으심으로 말미암아 하나님께 화해되었다"고 선언한다 (롬 5:10). 바울의 말은 우리가 먼저 부름을 받았고, 그러고 나서 하나님의 부르심의 결과로 하나님과의 인격적인 관계에 서있는 존재들로서 하나님께 화해되었다는 뜻이 아니다.

더욱이 복음 선포에서 발의된 하나님의 부르심을 죄인이 받아들임으로써 수립되었거나 회복된 하나님과의 인격적인 관계가 올바른 관계 (또는 적절한 언약 관계, 참조. Wright, *Faithfulness of God*, 928)가 아니라면 무엇이란 말인가? 그러므로 유효한 하나님의 부르심은 칭의와 결코 분리될 수 없다. 또 하나님과 올바른 관계가 우호적인 화평의 관계가 아니라면 도대체 무엇이란 말인가 (참조. 롬 5:1)?[3] 그래서 칭의와 화해를 날카롭게 구별하는 것 역시 불가능한 것같이 보인다.

얼핏 보기에는 라이트 자신도 죄인과 하나님 간의 올바른 관계 수립 또는 관계 회복을 하나님의 '부르심'/회심에만 부과하고, 칭의는 이런 의미를 전혀 갖지 않은 것으로 생각할 수는 없는 것 같다. 왜냐하면 그는 이제 칭의가 신자들에게 '의로운' '입양된 자녀'라는 '새로운 신분'을 '창조하고' '부여하는' 하나님의 선언임을 강조하기 때문이다 (*Faithfulness of God*, 945-46, 960. 이것을 라이트가 일찍이 그의 논문 "New Perspectives on Paul," 258에서 진술한 것과 대조해보라. 즉, "*dikaioo*라는 단어는 … 어떤 것이 발생하게 하거나 어떤 것이 존재하는 방식을 바꾸는 것을 지칭하는 말이라기보다는, 어떤 것이 어떠하다고 공표하는 선언어 [a declarative word]다"). 하지만 확

---

3   롬 5:8-10에서 칭의와 화해의 병행에 대해서는 본서 제3장 각주 4를 보라. 이 본문은 칭의와 화해가 동의어임을 보여준다.

실한 것은 신자들에게 창조되고 부여된 의로운 사람이라는 이 '새로운 신분'을 그냥 추상적인 것으로, 그들의 하나님과의 인격적인 관계를 언급함이 없이, 생각할 수 없다는 사실이다. 왜냐하면 그들이 고립적으로 존재하는 것이 아니라, 그들의 하나님과 이웃들의 관계 속에서 존재하기 때문에, 하나님이 자신에게 범죄한 사람들에게 새로운 신분을 부여하시는 분이기 때문에, 그리고 '의'가 관계적인 또는 실제로 언약적 의미를 지닌 것으로 이해되기 때문에 말이다 (참조. *Faithfulness of God*, 928, 933-35). 하나님은 그의 창조하는 말씀으로 신자들을 의롭다고 선언하실 때, 단지 (하나님의 부르심의 결과인) 그들의 새로운 신분만을 *천명하시*는 것이 아니라, 의로운 사람들로서, 즉 자신과 올바른 관계에 있거나 서 있는 사람들로서 그들의 새로운 정체 또는 새로운 존재를 *창조하시*는 것이다.[4] 그래서 칭의는 하나님을 대항한 범죄들에 대한 무죄 또는 사면 선언일뿐더러 범죄자들을 그들의 창조주이신 자신과 올바른 또는 온당한 관계에로 회복시킴이기도 하다.

---

4 참조. Gathercole, "Doctrine of Justification," 226-29. 개더콜은 칭의를 단순히 신자들을 하나님의 백성 또는 아브라함의 가족의 구성원이라고 하나님이 '인정하기'로 이해하는 라이트의 입장을 비평하면서, 하나님의 선언으로서 칭의는 창조적 성격을 가졌음을 강조한다. 하지만 칭의를 정적인 존재론적 의미로만, 즉 하나님께서 우리를 '그가 요구하시는 모든 것을 구현하는 자로 서 있는' 존재로 창조하기 또는 만들기 (227)라는 의미로만 이해하는 개더콜 자신의 칭의 이해 역시 만족스럽지 못하기는 매한가지다. 그러한 이해는 칭의의 관계적 의미를 무시하고, 칭의를 받은 신자들이 자주 '성령에 따라 행하는' (롬 8:5-13; 갈 5:16-26) 대신에 '육신을 따라 행하는' 현실과 문제를 일으킨다. 개더콜 자신도 해결하려고 씨름하는 문제 말이다 (226-28).

칭의는 아브라함과 하나님의 가족의 구성원이 되는 것만 아니라

하나님과 그의 아들 주 예수 그리스도의 나라의 신민이 되는 것이기도 하다.

라이트는 이 관계 (이 관계가 그가 주장하는 대로 칭의에 앞서 발포되는 하나님의 부르심에 의해 수립되든지, 아니면 우리가 주장하는 대로 효과적인 하나님의 부르심과 함께 발생하는 하나님의 칭의에 의해 수립되든지 간에)를 언약적 관계라고 말한다. 그 관계를 언약적 관계로 이해하는 것은 적절할뿐더러 필수적이기도 하다. 그것이 적절한 이유는 창조주이신 하나님과 그의 피조물인 인간들 사이에 수립되는 올바른 관계는 인간들에 대한 하나님의 통치와 돌보심과 하나님에 대한 인간들의 신뢰와 순종이라는 상호 헌신의 관계이기 때문이며, 필수적인 이유는 라이트가 정확히 표현하듯이, '관계' 용어를 '언약'이라는 구체적인 의미 속에 담지 않는 것은 칭의론을 그것의 '역사적인 정박처'에서 떼어내는 것이기 때문이다 (*Faithfulness of God*, 928).

그런데 라이트는 이 언약적 관계를 거의 배타적으로 아브라함의 언약 가족의 구성원이 되는 것으로 해석하고 ("New Perspectives on Paul," 258-60; *Faithfulness of God*, 925-66; *Justification*, 여러 곳), 하나님 나라에 들어가고 하나님의 통치 아래 있는 백성이 되는 것으로는 해석하지 않는다.[5] 그러나 확실한 것은 구약과 유대교에서 하나님과의 언약 관계에

---

[5] 라이트는 내가 그의 칭의론 해석을 비판한 것 (Kim, "Paul and the Roman Empire," 301-5)에 답하면서 내가 그의 칭의론을 '오로지' (only) 아브라함과 하나님의 가족이라는 범주로만 해석했다고 제시함으로써 그의 해석을 다시 '희화했다'고 비난한다 (N. T. Wright, "The Challenge of Dialogue: A Partial and Preliminary Response," in *God and the Faithfulness of Paul: A Critical Examination of the Pauline Theology of N. T. Wright*, ed. C. Heilig, J. T. Hewitt, and M. F. Bird, WUNT 2:413 [Tübingen: Mohr Siebeck, 2016], 730-31). 나는 라이트가 아브라함과 하나님의 가족 범주에 집중하느라 칭의를 받은 사람들이 들어가는 언약관계를 표현하는 동일하게 중요한 (또는 내

대한 개념이 '가족'이라는 그림 언어로만이 아니라 '나라'라는 그림 언어로도 설명되고 있다는 사실이다. 그래서 언약 관계의 개념을 이스라엘에 적용할 경우, 그것은 단지 그들이 아브라함의 후손들이라거나 하나님의 가족의 구성원들이라는 것만 아니라, 하나님의 통치 아래 있는 백성이라는 것을 의미한다 (참조. 또한 '목양'의 이미지: 이스라엘이 하나님의 양떼). 라이트 자신도 하나님과의 인격적, 즉 언약적 관계가 어떻게 복음 선포에서 발포된 하나님의 부르심으로 말미암아 수립되는지를 설명하면서 그 관계는 죄인이 예수 그리스도의 죽으심과 부활의 복음을 믿고 '예수를 주로 고백하고', '부활하신 주이신 예수에게 복종하며', 우상으로부터 돌이켜 '하나님을 섬길' 때 이루어지는 것이라고 반복해서 주장한다 ("New Perspectives on Paul," 255-57). 그런데 이것들은 모두 '가족' 그림 언어보다는 '나라' 그림 언어를 더 떠올리게 하는 용어들이다.

라이트에게 있어, 바울 복음 전체에서 가장 근본적인 요소는 예수가 이스라엘의 메시아이시라는 사실이다 (*Faithfulness of God*, 815-911). 그래서 라이트는 바울이 '그리스도'를 언급할 때 칭호적 의미 없이 그냥 이름을 언급하는 것으로 여기는 학자들을 비평하면서, "바울이

게는 더 중요한) 하나님 나라 범주를 등한히 했음을 강조하려고 부사 '오로지'를 사용했고 지금도 사용한다. 라이트는 내가 '오로지'라는 부사 사용하는 것에 반발하는 와중에도 칭의를 하나님 나라라는 용어로 설명하는 나의 해석으로 과연 내가 "그의 입장을 이해했는지 또는 바울이 실제로 사용한 칭의라는 단어가 롬 3장, 갈 3장 또는 빌 3장의 문맥에서 어떻게 작용하는지를 이해했는지"에 대해 의심을 표현하고, "'죄사함'과 '믿음이 있는 이방인들의 가입'이 사실상 동일한 것을 이야기하는 것"이라고 말하면서, 칭의를 '이방인 죄인들'이 아브라함의 가족이나 하나님의 백성의 완전한 구성원 자격을 얻는 것으로 해석해야 한다고 계속 고집한다. 그러므로 만일 라이트가 이 문맥에서 내가 '오로지'라는 부사를 사용한 것을 두고 불공평하다고 생각한다면, 내가 어조를 좀 낮추어 그가 칭의론을 하나님 나라 범주를 거의 고려하지 않은 채 '대부분', '주로', 또는 '거의 배타적으로' 아브라함의 가족이라는 범주로 해석한다고 말한다면 그가 동의할까?

나사렛 예수를 정말로 이스라엘의 메시아, 다윗 가문 출신의 왕, 그리고 이런 의미에서 '하나님의 아들'이라고 이해한다"고 강조한다 (*Faithfulness of God*, 817-51, 830에서 인용). 그렇지만 라이트는 심지어 로마서의 '주제 진술'로서 로마서 1:3-4의 중요성을 지적하고 (*Faithfulness of God*, 818), 바울의 본문들에 등장하는 '크리스토스'를 규칙적으로 '메시아'라고, 그리고 자주 '왕'이라고 번역하면서도 (*Faithfulness of God*, 여러 곳: 또한 그 책 819-22에 있는 롬 15:1-13: 고전 15:14-28: 빌 2:6-7: 등에 대한 주석들도 참조), 예수의 메시아직을 주로 하나님이 아브라함을 부르신 목적, 즉 그의 씨 (이스라엘)를 통해 온 세상을 구원하시고자 (창 12:2-3: 18:18-19: 22:18) 하는 그의 언약 목적의 성취의 도식으로 해석하는 경향이 있다 (*Faithfulness of God*, 815-911): 예수는 이스라엘의 (왕적, 내포적) 대표자로서 그의 죽음에서 하나님에 대한 그의 믿음 (또는 그의 신실하심)으로 그 목적을 성취하셨고, 그래서 믿음 있는 유대인들과 이방인들을 하나님의 하나의 가족 안으로 들어가게 하시고 그럼으로써 온 세상을 구원하시는 메시아이시다. 라이트는 예수의 메시아직을 이런 식으로 해석함에도 불구하고, 메시아로서 예수의 왕적 통치라는 범주는 거의 사용하지 않는다.[6]

사실 라이트는 예수의 왕권 또는 주권을 강조하는데, 특히 카이사르에 대항하여서 그렇게 하고 (*Faithfulness of God*, 1271-1319), 바울이 예수가 다윗의 왕권을 지니고 있다는 것과 그의 주권에 모든 민족들이 '믿음의 순종'을 한다고 말하는 로마서 1:3-5과 모든 민족들에 대한 메시아 예수의 통치에 관해 말하고 있는 로마서 15:7-13 사이의 수미상관 구조의 중요성을 강조한다 (*Faithfulness of God*, 820, 1300-1301).

---

6   그래서 라이트가 새롭고 좀 더 포괄적인 '신선한 관점' (Fresh Perspective)을 발전시키려는 의욕을 선언하기는 했지만, 그에게 그의 '새 관점'의 한계가 여전히 남아 있는 것 같다 (참조. *Paul: In Fresh Perspective: Faithfulness of God*, 925-1042).

그러면서도 그는 칭의와 관련하여 칭의를 받은 사람들이 예수의 메시아적 사역에 의해 아브라함의 가족의 구성원이 된다는 점만을 부각시키고, 그들이 하나님과 그의 아들 예수 그리스도의 나라의 백성이 되어 현재 '믿음의 순종'을 통해 하나님과의 올바른 관계 (또는 언약 관계)에 서 있게 됨은 등한시한다 (*Faithfulness of God*, 925-1042). 라이트는, 바울이 메시아, 하나님의 아들, 곧 주이신 예수 안에 있는 정의, 화평, 구원에 관한 복음으로써 '신의 아들'과 '주'인 카이사르에 의해 정의, 화평, 구원이 확보되었다는 로마 제국의 '복음'에 직접 도전하고 있다는 주장을 펼치기 위해 무척 많은 지면을 할애하면서도, 메시아적 왕이며 주이신 예수가 어떻게 신자들과 모든 민족들을 실제로 통치하시며, 현재 정의, 화평, 구원을 가져오시는지에 대한 설명은 거의 제시하지 않는다 (*Faithfulness of God*, 1271-1319). 또, 라이트는 이 문제와 관련하여 그가 선호하는 본문들 중 하나인 고린도전서 15:20-28을 강해하면서도, 하나님의 아들이신 예수가 모든 피조물들을 하나님의 왕권 아래로 데려오고 우주적인 샬롬을 확립하기 위해서 현재 어떻게 이 세상에서 하나님을 대행하여 하나님의 왕권을 실제로 집행하시며 악한 세력들을 멸망시켜가는가 (롬 16:20)에 대한 토론은 거의 제공하지 않는다. 그래서 라이트는 바울의 칭의론을 포괄적으로 해석하는 데도 실패했을 뿐더러, 바울 복음의 주요한 (또는 으뜸 되는) 표현을 최근에 그가 열정적으로 펼치는 바울 복음에 대한 반제국적 해석과 연결시키는 데도 실패했다.[7]

---

7   본서 제7장 각주 21을 보라.

11.3.

윤리를 칭의와 적절히 연결시키지 못 함

라이트가 예수의 메시아직을 아브라함 언약의 성취로, 그리고 칭의를 아브라함의 가족됨으로 해석하는 데 집중한 반면에 칭의를 하나님과 그의 아들 예수 그리스도의 나라로의 회복으로 해석하는 것은 등한시함으로써 의로운 생활을 위한 바울의 윤리적 권면들을 그의 칭의론과 연결시키지 못하는 결과를 낳았다.

라이트의 대작『바울과 하나님의 신실하심』(*Paul and the Faithfulness of God*)은 바울 신학에 대한 놀라울 정도로 포괄적이고 체계적인 설명이다. 이 책은 창조적이고 창의적인 해석과 거대한 통합력을 가진, 바울연구사에 하나의 이정표를 제시했다. 그래서 이 대작에서 부활하시고 높여지신 그리스도께서 그의 (그리고 하나님의) 영을 통해 그의 백성과 세상에 대해 집행하시는 실제적인 왕적 통치에 대한 포괄적인 토론이 부재한 것이 더욱 크게 눈에 띈다. 사실 라이트는 이 책 여러 곳에서 그러한 토론에 필요한 통찰들을 가지고 몇몇 진술을 실제로 하고는 있다. 예를 들어, 에베소서 5:5에 있는 '메시아와 하나님 나라'라는 '수수께끼'(cryptic) 같은 어구를 언급하면서, 그는 "아마도 바울이 고린도전서 15:25에서 그랬듯이 메시아의 나라를 현재적 실체로, 그리고 하나님 나라를 미래적 실체로 이해하고 있는 것 같다"라고 말한다(*Faithfulness of God*, 1106). 조금 뒤에 그는 다시 고린도전서 15:20-28에서 그랬듯이 "에베소서 5장에서도 '메시아의 나라'는 추측컨대 현재적 교회 안에서 그리고 그 교회를 통해 행사하시는 '메시아의' 현재적 '통치'를, … 그리고 '하나님 나라'는 고린도전서 6장과 갈라디아서 5장에서처럼 유일하신 하나님이 '만유 안에서 만유'가 되실 때를 내다보는 것 같다"고 진술한다 (*Faithfulness of God*, 1114, 강조는 그의 것). 이와 같이 라이트는 그리스도의 현재적 왕적 통치를 정확히 이해하고 있다. 하지만 그가 '아마도'와 '추측컨대'와 같은 용어로써 그의 진술에 단서를 다는 것을 보면서 이러한 이해를 표현할 때 얼마나 임시적이고 주저하는지 주목하게 된다. 그래서 그가 그리스도의 현재적 왕권/주권 주제를 충분히 발전시키거나 설명하지 않았다는 것은 전혀 놀라운 일이 아니다. 바울의 복음을 반제국적 또는 반로마적인 것으로 제시하느라 이처럼 엄청난 노력을 하는 한 학자가 그렇다는 것은 특히 이상하다고 판단해야 하지만 말이다.

그러하니 라이트가 성령의 사역을 그리스도의 현재적 왕적 통치와 긴밀하게 연결시켜 토론하지 않은 것도 자연스러울 수밖에 없다. 이 사실은 그의 책 *Faithfulness of God* (1106)에서 분명히 감지할 수 있다. 그 책에서 라이트는 '메시아의 [현재적] 나라'를 이야기한 후에 계속해서 '성령'의 사역을 논하지만, 이것을 그리스도가 현재 왕권이나 주권을 집행하시는 것과 단단히 연결시키지 않는다. 나중에 (*Faithfulness of God*, 1374) 라이트는 이렇게 말한다: "메시아와 성령이 함께 신자들 안에서 그리고 그들을 통해 '율법이 할 수 없었던 것'을 이루어 같은 결과들 – 성품을 바꾸어 참된 하나님을 반영하는 인간성으로 변화시킴, 그리고 그 결과 나타나는 '생명' – 을 만들어낸다고, 그러나 각기 다른 경로로 그렇게 한다고 말하는 것은 일리가 있다. 이것은 바울이 로마서 2장과 고린도후서 3장과 같은 다양한 본문들에서 넌지시 내비쳤던 것이다." 하지만 라이트는 메시아와 성령의 공동 사역에 대해서는 더 이상 설명하지 않는다. 그래서 그가 "메시아와 성령이 *함께* 이루어 같은 결과들 … 만들어 낸다, *그러나 다른 경로로* (but by a different route) … "라고 말할 때 그가 정확히 무슨 의미로 이런 말을 하고 있는지 분명하지가 않다. 그가 메시아와 성령이 서로 독자*적*으로 활동하면서도 '같은 결과를 만들어내'는 모습을 상정하고 있는 것일까? 하지만 바울은 고린도후서 3:14-18에서 주 예수 그리스도를 성령과 동일시하거나 적어도 밀접히 연결시키고 있지 않는가? 특히 그리스도와 성령이 함께 이룬 사역을 설명하기 위해 로마서 8:3의 한 구절 ('토라가 할 수 없었던 것')을 인용하면서, 라이트는 바로 이어지는 문맥 (롬 8:9-10)에서 바울이 '하나님의 영'을 '그리스도의 영'과 동일시하고, 신자들 안에 하나님의/그리스도의 영의 내주하심을 그들 안에 그리스도의 내주하심과 동일시하고 있다는 점을 지적하며, 그들의 사역을 주 예수 그리스도께서 그 자신의 영이신 성령을 통하여 하시는 하나의 사역으로 서로 연결시켰어야 하지 않았을까?

라이트가 그리스도께서 그의 백성에게 그의 영을 통해 집행하시는 그의 현재적 왕권을 설명하기를 등한시하는 것은 그가 바울의 윤리를 설명하는 중 그리스도인의 '마음' (mind)을 다루는 방법에도 반영되어 있다 (*Faithfulness of God*, 1120-25). 왜냐하면 그는 바울의 윤리를 하나님 또는 주 예수 그리스도의 주권자적 뜻과 연결시키기를 사실상 무시하며 토론하기 때문이다. 로마서 12:1-2을 언급하면서, 실제로 라이트는 그리스도인의 마음 또는 생각에 '하나님의 뜻이 무엇인지를 분변하는 것'의 중요성을 강조한다. 하지만 그는 그것을 단지 그리스도인의 자유와 관련지을 뿐이다: "바로 이 '분변하는 것', 즉 *dokimazein*이 그리스도인의 *자유*에 대한 바울의 비전의 중심에 있다" (1123, 강조는 그의 것). 이것은 죄와 사망의 억압으로*부터*의 자유이며, '우리가 부름을 받은 다양한 유형의 섬김'을 *위한* 자유다 (1123). 그리고 나서 라이트는 이 자유를 바울이 로마서 12:3에서 하는 권면과 관련짓는다: "자신에 대해 너희가 마땅히 생각해야 할 것보다 더 높게 생각하지 말고, 도리어 너희는 믿음에 따라 냉철히 생각하라" (라이트의 번역, 1124). 그런 다음에 라이트는 빌립보서에서 이러한 그리스도인의 생각의 중요성을 지적하면서 이렇게 말한다. "바울은 그의 청중들이 스스로 생각하여 *이런* 상황 *저런* 상황에서 메시아의 본을 닮는다는 것이 무엇인지에 대해 지혜로운 결정을 내리고 실천하기를 원한다 -- 그저 분명한 도덕적 규범들에 순종함으로만이 아니라 … 일상의 선택의 순간 성령의 도움을 받아 '메시아의 마음'을 배우는 실제적 추론으로 그렇게 하기를 원한다. 그런 선택의 자유는 도덕적 규범들이 인식되는 경우에만 그 모습을 드러낸다"(1124, 강조는 그의 것). 라이트는 다음과 같이 결론을 맺는다. "특정한 소명적 과제들 그리고 획기적인 과제들에 대해 지혜롭고 신중하게 생각할 자유를 발전시킨다는 의미에서 … 그리스도인의 '마음'을 이렇게 발전시킴은 그리스도인의 성품에 대한 바울의 비전의 중심에 놓여 있다. … 이것으로부터 윤리가 흘러나오는데, 그것은 지켜야할 규범들의 목록을 작성하는 것이 아니라 … 사람들에게 여전히 흑암의 세계에서 '날에 사는 자들' [롬 13:11-1; 살전 5:4-8]로서 생각하라는 가르침에 관한 것이다"(1124).

라이트로부터 인용한 이 광범위한 인용문들에서, 그가 그리스도인의 마음 또는 생각을 일상적인 도덕적 결정들과 소명적 선택들과 관련하여 하나님 또는 그의 아들 주 예수 그리스도의 왕적 통치와 연결시키는 것을 등한히 하고 있다는 것이 분명히 드러난다. 심지어 라이트 (1123-24)는 로마서 12:2 ("*dokimazein*, 즉, 하나님의 뜻이 무엇인지 확인하기")과 에베소서 5:17 ("어리석은 자가 되지 말고 주의 뜻이 무엇인가 이해하라")을 인용하는 중에서도, '메시아의 마음'을 메시아적 왕이신 예수의 주권적 뜻이나 명령보다는 '메시아의 본보기'와 연결한다. 그래서 라이트는 그리스도인의 마음 또는 생각을 단지 '메시아의 본'을 닮는 것으로 설명하고, 좀 더 적극적으로 성령의 도우심으로 하나님과 주 예수 그리스도의 주권자적인 뜻이나 법/명령에 순종하는 것 (참조. 롬 13:8-10; 고전 9:21; 7:10-11, 17; 갈 5:14; 6:2; 살전 4:1-8; 5:18)과 '의의 열매'

(빌 1:11; 고후 9:10; 참조. 롬 8:4) 또는 '성화'의 열매 (롬 6:22; 참조. 살전 3:12-13)인 '성령의 열매'를 맺는 것 (갈 5:22-23)과 같은 용어들로 설명하기까지는 나아가지 못한다.[8]

물론, 라이트는 바울의 윤리, 곧 그리스도인의 삶에 대한 그의 가르침을 강해하는 데 많은 지면을 할애한다 (*Faithfulness of God*, 1095-1128). 하지만 라이트는 바울의 윤리를 그의 출범된 종말론에 의해 결정되는 것으로 보면서도 여전히 바울의 윤리적 권면의 다양한 요소들을 메시아 예수의 실제적 통치와 연결시키지 않는다. 메시아 예수가 하나님 나라를 땅에 실현하기 위해 하나님의 아들과 주로 세움을 받은 것이 출범된 종말론의 본질인데도 말이다 (롬 1:3-4; 10:9-10; 고전 15:20-28; 빌 2:6-11; 골 1:13-14). 평소 라이트는 예수의 메시아직을 강조하니, 그 강조와 일관되게 민족들이 현재 메시아적 왕이신 하나님의 아들 주 예수에게 마땅히 드려야 하는 '믿음의 순종' (롬 1:5; 15:18; 16:26; 고후 9:13; 살후 1:8)의 함축 의미들을 더 충분히 강해할 수 있었을 텐데, 그렇게 하지 않았다. 라이트는 메시아 예수가 아브라함의 언약의 성취로 창조하신 믿음 있는 유대인들과 이방인들로 구성된 '거룩하고 하나가 된 사랑의 공동체'인 교회의 존재는 메시아 예수의 현재적 통치를 시위하고 그럼으로써 세상, 특히 로마 제국에 도전장을 내고 있다고 거듭 *주장한다* (*Faithfulness of God*, 1260, 1278, 1299, 등등). 하지만 라이트는 바울의 칭의론을 주로 믿음 있는 유대인들과 이방인들이 아브라함과 하나님의 종말론적 가족의 구성원 자격을 얻는 것으로 해석하면서 교회가 실제로 메시아 예수의 현재적 통치를 어떻게 나타내 보여주는지는 *설명하지* 않는다. 그가 이렇게 하지 않는 이유는 분명해 보인다. 칭의론이 믿음 있는 유대인들과 이방인들을 하나

---

8   이 문제에 대하여 우리가 간략하게 다룬 본서 제7장을 보라.

님과 그의 아들 메시아 예수의 나라로 회복시키는 것으로 해석될 때에만, 우리는 메시아, 주 예수가 현재 그의 성령을 통해 어떻게 실제로 교회를 통치하시며, 교회의 '믿음의 순종'을 통해 교회를 세상에서 하나님 나라의 의와 화평과 구원 (롬 14:17)을 실현하는 그의 대리자로 만드시는지 설명할 수 있기 때문이다.[9]

이러한 검토로 판단할 때, 라이트가 바울의 칭의론을 아브라함의 언약의 성취의 도식으로 해석함으로써 의로운 그리스도인의 삶 (윤리)에 대한 바울의 가르침을 칭의론과 분리된 것으로 제시하고 말았다는 사실이 분명히 드러났다.[10] 그래서 아브라함과 하나님의 종말론적 가족은 칭의론의 한 측면만을 해석하는 제한된 범주라는 것이 드러난다. 그러므로 우리가 이 책 전체에서 증명하려고 했듯이, 그 범주는 윤리를 유기적으로 포함하는 하나님과 그의 아들 예수 그리스

---

9 본서 제7장 각주 21을 보라. 라이트는 그의 책 (*Faithfulness of God*, 1095-1128) 윤리 단락의 도입부 '종말론과 그리스도인의 삶'에서 이렇게 진술한다: "사실 우리는 '칭의' 자체에 관한 바울 자신의 일련의 생각을 따라가서 '정의'(justice), 즉 그 자체의 삶에서 창조주의 뜻인 지혜로운 질서를 구현하는 공동체라는 더 광범위한 이해로 나아가야한다" (1097. 비록 *그가* 바울의 윤리의 공동체적 성격을 강조하려고 이렇게 말하더라도, 이 말 자체는 올바른 것이다). 그래서 그가 '종말론과 그리스도인의 삶'이라는 전체 단락에서 진술하는 것이 바로 그 제안을 실행한 것이라고 주장할지도 모른다. 만일 그렇다면, 나는 그가 그 단락에서 제시한 것보다 더 분명한 설명을 해주어야 이해할 수 있을 것이라고 고백한다. 단순히 예수의 메시아직, 출범한 종말론, 성령 등과 같은 칭의와 관련된 주제들에 대한 설명만이 아니라, 구체적으로 *칭의*와 그리스도인의 삶의 다양한 측면들을 더 밀접히 그리고 더 유기적으로 연결시키는 설명 말이다. 라이트가 칭의와 윤리를 통합적인 총체로서 제시하지 못했다는 것에 대한 더 세부적인 비판을 위해서는 Kim, "Paul and the Roman Empire," 301-5를 보라.

10 그래서 라이트는 바울의 칭의론 해석을 위해서 아브라함의 가족이라는 범주에 집착하고, 그럼으로써 제임스 던보다도 새 관점에 더 충실하면서, 바울의 윤리를 그 칭의론과 연결시키는 던 식의 노력도 하지 않는다 (본서 서론 각주 15를 보라). 하지만 라이트도 칭의론의 포괄적인 해석에 불가피하게 대두되는 쟁점인 은혜에 의한 칭의론과 행위대로의 심판론 사이의 관계를 다루면서, 두 교리들을 새 관점에 따라 재해석한 대로 하기보다는 전통적으로 이해된 대로 토론한다 (그의 책 *Justification*, 182-93을 보라. 참조. 본서 서론 각주 15; 본서 제8장 각주 8).

도의 나라로의 회복이라는 좀 더 근본적이고 포괄적인 범주로 통합되어야 할 필요가 있다. 아브라함의 종말론적 가족에 포함되기의 범주는 칭의 받은 사람들, 즉 하나님과 그의 아들 예수 그리스도의 나라로 회복된 사람들이 어떤 사람들인가에 대한 구원사적 설명으로서 후자의 범주 안으로 통합되어야 한다.[11]

---

11   본서 서론 각주 15; 제6장 각주 4를 보라.

요약과 결론

바울은 로마 교회에 보낸 그의 편지를 하나님께서 다윗적 메시아이신 예수를 자신의 왕권을 가진 자신의 아들, 즉 만유의 주로 세우셔서 모든 민족들을 통치하게 하셨다는 복음으로 시작한다 (롬 1:3-5). 그러고는 그 편지를 마무리하는 곳 (15:12)에서 이사야 11:10을 인용함으로써 다윗적 메시아가 도래하여 그의 통치 아래에서 모든 민족들이 구원을 얻게 된다는 그 예언이 성취되었다는 것을 지적한다. 이와 같이 바울은 로마서 1:3-5과 15:12의 수미상관 구조로 그가 유대인들이나 이방인들을 막론하고 모든 죄인들에 대한 하나님의 칭의의 언어로 복음을 전개하는 서신인 로마서의 틀을 형성한다. 이렇게 하여 바울은 우리가 그의 칭의의 복음을 하나님과 다윗적 메시아, 곧 그의 아들 예수의 왕적 통치의 뜻으로, 그리고 모든 민족들이 그 통치에 '믿음의 순종'을 하게 되는 것으로 이해야 한다는 신호를 보낸다. 바울은 로마서 도입 단락의 결론 부분 (1:16-17)에서 하나님의 아들 메시아 예수의 구원의 통치의 복음 (1:3-4)의 효과를 하나님의 의의 계시와 복음을 믿는 사람이라면 유대인이든지 헬라인이든지 누구나 다 의롭다함을 받게 된다는 뜻으로 설명함으로써 동일한 진리를 제시하기도 한다. 그런 다음에 그는 로마서의 본론에서 그리스도 예수 안에 있는 하나님의 은혜에 의한 그리고 믿음으로 말미암는 이 칭의의 복음을 그의 여느 편지에서보다 더 체계적으로 설명한다.

이 두 사실들은 벌써 바울의 복음은 하나님의 아들 메시아 예수가 사탄의 나라를 멸망시키고 민족들과 세상을 사탄의 나라로부터 구속하신다는 묵시적인 틀을 가지고 있다는 것과, 그의 칭의론은 그러한 복음의 하나의 구원론적 표현이라는 것, 즉 그 복음이 인간들에게 어떤 구원론적 의미를 가지고 있는가를 드러내는 한 복음 선포 양식이라는 것을 제시한다. 이러한 추론들은 로마서 6장; 8:18-39; 고린도전서 15:20-28, 50-57; 갈라디아서 1:3-4; 3:13-4:11; 골로새서 1:13-14; 2:8-23과 같은 수많은 바울 본문들에 의해 뒷받침을 받는다. 그래서 바울의 칭의의 복음은 반드시 하나님의 아들 메시아 예수가 표방하는 하나님 나라라는 이 묵시적인 틀 안에서 이해되어야 한다. 더불어서 우리는 바울에게 '의'란 단지 법정적 개념에 불과한 것이 아니라 관계적 또는 언약적 개념이기도 하다는 사실과, 그래서 (의롭다고 선언하거나 의로운 신분을 부여하는) '칭의'가 하나님의 법정에서 무죄 선언만이 아니라 하나님과 올바른 언약 관계로의 회복이기도 하다는 것도 명심해야 한다. 이것은 칭의가 사탄의 죄와 사망의 나라에서 하나님의 의와 생명의 나라로의 이전으로 해석해야 할 필요가 있음을 의미한다. 하나님 나라는 하나님의 아들 주 예수 그리스도가 현재 대표하고 대행하시는 나라다 (골 1:13-14).

그러나 하나님 나라의 도래가 '이미 출범하였다' 그러나 주 예수 그리스도의 재림 때에 '완성에 이르게 될 것이다'는 종말론적 대망 (또는 예약/유보 [reservation])의 구조를 가지고 있는 까닭에, 하나님의 칭의 역시 이 구조에 속한다. 즉 종말론적 칭의는 죄인이 복음에 대한 믿음을 고백할 때 (즉, 세례 때) 선취적으로 벌써 주어지지만, 주 예수 그리스도의 재림 때 있을 최후의 심판에서 온전히 실체가 될 것이다. 그러므로 세례 때 그리스도의 죽음과 부활의 복음에 대한 믿음과 예수가 주이시다는 고백 (롬 10:9-10)을 함으로써 칭의 (의인이라 칭함)를 받은 우리는 그때에 하나님의 아들 주 예수의 나라에 '들어갔고', 지금 최후의 심판 때 칭의의 완성을 받을 것을 바라보면서 그 안에 ('주 안에') '서 있다'고 말할 수 있다 (롬 5:1-11; 8:1-39; 갈 5:5; 살전 1:10; 등등).

이러한 까닭에 세례 때 받은 칭의와 종말에 받을 칭의를 다 고려하면서, 우리는 '현재적 칭의' 또는 '칭의의 현재적 단계 또는 과정'을 말할 필요가 있다. 칭의의 현재 단계는 하나님께서 자신의 아들 우리 주 예수의 구원의 통치를 통해 그가 우리의 세례 때 우리에게 부여하신 의인의 신분을 견지하시며, 우리 편에서는 우리가 '칭의된 자들'로서 주 예수의 통치에 '믿음의 순종'의 삶을 살아야 하고 하나님과 그의 아들의 영이신 성령의 인도와 힘주심을 통해 (즉, 하나님의 은혜에 의해) '의의 열매'를 맺어야 하는 단계다. 그러고 나서 최후의 심판 때 우리는 우리의 행위대로 심판을 받을 것이다. 행위대로의 심판은 우리가 삼위일체 하나님의 붙들어주시는 은혜를 믿음으로 잘 덕 입어 주 예수 그리스도에게 순종하면서 칭의의 상태에 또는 하나님의 아들 주 예수의 나라 안에 신실하게 서 있었는지 또는 인내로 견뎠는지 (견인했는지) 살펴보는 것이다. 하지만 우리가 삼위일체 하나님의 붙드시는 은혜에서 확실히 '떨어져 나가지' 않는다면 우리는 최후의 심판 때 하나님의 아들 그리스도 예수의 중보를 통해 칭의의 완성을 얻을 것이다. 그래서 우리의 칭의는 처음부터 끝까지 삼위일체적 하나님의 은혜에 의하여, 그리고 우리의 믿음으로 말미암는다. 그러므로 우리의 칭의는 확실하며, 우리가 현재 '주 안에 서 있는' 한, 우리의 궁극적인 구원을 확신할 수 있다 (롬 11:22; 고전 10:12; 골 1:21-23; 살전 3:8).

그래서 칭의를 무죄 선언이라는 법정적 언어로만이 아니라 하나님과 자신의 아들 주 예수 그리스도의 나라로의 전이라는 관계적인 언어로도 이해하면, 세례 때 주어진 칭의와 최후의 심판 때 주어질 궁극적인 칭의 간의 관계를 이해할 수 있고 칭의의 현재적 단계를 '믿음의 순종'이라는 의로운 삶의 과정으로 공감할 수도 있다. 그리고 칭의를 이런 식으로 이해하면 우리는 바울의 구원론과 윤리를 하나의 유기적인 총체로 볼 수 있고, 하나님이 그의 은혜에 의해 우리를 칭의하시고 우리의 행위대로 심판하시리라는 바울의 가르침들 간의 관계도 이해할 수 있게 된다. 그러므로 칭의에 대한 이러한 이해는 칭의의 복음이 '값싼 은혜'의 복음으로 전락하여 역설적으로 자주 의로운 삶을 방해하는 비극을 막을 수 있다.

우리는 바울의 칭의의 복음을 이렇게 강해하고 나서, 그것이 예수의 하나님 나라의 복음과 많은 병행점들을 가지고 있음을 보이려 노력했다. 로마서 1:3-4에 인용된 예루살렘 복음이 예수의 하나님 나라 복음을 부활 후의 관점에서 새롭게 제시한 것으로 이해할 수 있는 것처럼, 우리는 바울이 그 예루살렘 복음의 구원론적 의미를 죄인들이 은혜에 의해, 그리고 믿음으로 칭의를 받는다는 것으로 해석하는 것 (롬 1:16-17)은 예수가 하나님 나라의 의미를 죄인들에게 구원을 제공하시고 자신의 제자들이 되도록 부르심으로 제시한 것을 부활 이후의 관점에서 새롭게 제시한 것이라고 이해할 수 있다. 그러므로 우리는 바울의 칭의의 복음을 부활 후에 제시된 예수의 하나님 나라의 복음의 구원론적 형태로 볼 수 있다. 이 견해도 칭의와 윤리를 하나의 통합적인 총체로 보고 칭의의 현재적 과정을 진지하게 취하는 데 도움을 준다.

은혜에 의해서만 그리고 믿음을 통해서만 의인으로 인정된다는 바울의 칭의의 복음은 육신적으로 우리가 무엇을 타고났는지 또는 성취하였나에 따라, 또는 인종, 성별, 사회적 계급, 지적 성취 등에 따라하는 모든 형태의 인간 차별을 무효화한다. 그래서 바울의 칭의의 복음은 모든 민족들, 온갖 종류의 사람들에게 기독교 선교를 가능하게할뿐더러, 그 자체에 자유와 정의와 평화를 확장하는 능력을 담고 있다. '칭의를 받은 사람들'이 삶의 구체적인 상황들에서 주 예수 그리스도의 실제적인 통치에 '믿음의 순종'을 함으로써 심지어 지금 이곳

땅 위에서 하나님과 그의 아들 주 예수의 나라의 구원을 (비록 부분적이라고 해도) 현실로 만들 수 있는 능력 말이다. 그래서 하나님의 아들 주 예수 그리스도가 그의 속죄의 죽음과 현재적 통치와 종말론적 중보를 통해 아담적 인류인 죄인들을 의인되게 하는 것 (즉 칭의)은 땅 위에서 사탄의 나라를 멸하고 하나님 나라를 확립하는 가장 효과적인 수단이다.

이러한 이유들로 인하여, 칭의론은 하나님께서 이스라엘과 모든 민족들을 사탄의 죄와 사망의 나라에서 구속하시어 그의 의와 생명의 나라로 옮기시기 위해 자신의 아들 그리스도 예수를 보내시고 그를 대리적 속죄의 죽음에 내어주셨으며 그를 다시 살리사 만유를 다스리는 주가 되게 하셨다는, 부활 후에 제시된 (기독론적) 복음의 구원론적 형태로서, 바울의 복음 또는 신학의 중심이다.

그러므로 500년 전 종교개혁을 출범시킨 바울의 칭의의 복음에 대한 재발견을 기념하면서 우리 세대가 그 복음에 대해 더 온전한 또는 더 포괄적인 이해를 발전시키는 것이 필요하다:

1. 우리는 칭의를 무죄 선언이라는 법정적 의미로만이 아니라, 하나님과 올바른 관계로의 회복이라는, 즉 하나님과 그의 아들 예수 그리스도의 나라로의 전이라는 관계적 의미로도 보아야 한다.
2. 우리는 세례 때 칭의의 선취적 발생에만 초점을 맞출 것이 아니라, 칭의의 현재적 과정과 최후의 심판 때 있을 칭의의 미래적 완성에도 동일한 주의를 기울여야 한다.
3. 우리는 칭의론을 인간론적 또는 인간 중심적인 관점에서만이 아니라 (즉 인간이 어떻게 그리스도를 믿음으로 칭의를 얻는가만 생각할 것이 아니라), 더욱 근본적으로 기독론적 또는 삼위일체적 관점에서 접근해야 한다 (즉 부활하신 주 예수 그리스도가 어떻게 하나님으로부터 받은 구원의 통치를 성령을 통해 행사함

으로써 신자들이 그들의 행위대로 심판받게 되는 최후의 심판 때 그의 중보를 통해 [즉 그의 은혜에 의해] 칭의의 완성에 이를 때까지 그들을 칭의의 상태에 붙들어주시는가를 생각해야 한다).

4. 우리는 칭의론의 그 구성 요소들에는 칭의의 현재적 과정에서 주 예수 그리스도의 통치에 '믿음의 순종'을 함으로써 '의의 열매'를 맺으라는 요구가 포함되어 있다는 사실을 강조해야 한다.

5. 이와 아울러 칭의론에는 전 세계를 두루 망라하는 선교 (롬 1:5, 14-17)와 사회적, 문화적 변혁을 위한, 즉 '어그러지고 거스르는' 세상을 바로 잡고 (빌 2:15) 하나님 나라의 '의/정의와 화평과 희락(행복)'을 실현하라 (롬 14:17)는 중차대한 의미 또는 명령이 들어 있다는 것을 강조해야 한다.

그러면, 500년 전에 루터에 의한 바울의 칭의 복음의 재발견이 중세교회의 개혁을 촉발시키고 거대한 사회적 문화적 변화를 시동했듯이, 그 복음에 대한 좀 더 온전하고 포괄적인 이해는 오늘의 교회를 갱신하고, 이 21세기의 세상에서 더 효과적이고 포괄적 (종교적, 문화적, 그리고 사회-정치-경제적)인 선교를 수행하도록 도와 하나님의 왕적 통치가 땅위에서 더 사실화되게 할 수 있을 것이다.

부록[1]

N. T. Wright, Paul: A Biography (San Francisco: HarperOne, 2018)에
대한 논평

첫째, 이 책 전체에 대한 일반적인 논평 몇 마디. 이 책은 톰 라이
트의 대단한 학식, 특히 신약성경뿐만 아니라 구약성경과 제2성전시
대의 유대 문헌에 대한 그의 압도적인 지식, 그의 환상적인 상상력,
그리고 그의 비교할 수 없는 수사학적 기술들을 보여주는 책이다. 라

---

1 부록은 2018년 11월 16일, 미국 휴스턴(Houston) 소재 레니어신학도서관 (Lanier
Theological Library)에서 개최된 톰 라이트 (N. T. Wright)의 최근 저서 『바울: 전기』
(*Paul: A Biography*)에 대한 패널 토론회에서 필자가 제출한 논평문을 우리말로 옮긴
것이다. 그 토론회는 그 신학도서관의 창립자인 마크 레니어 (Mark Lanier)의 사회
아래 라이트를 중심에 두고 주디스 건드리 (Judith Gundry, 예일대학교), 샤이블리 스
미스 (Shively Smith, 보스턴대학교), 토드 스틸 (Todd Still, 베일러대학교) 교수들과
함께 필자가 참여하여 이루어졌다. 우리 네 명의 패널리스트들에게는 라이트의 책 중
한 부씩을 각각 맡아 비평하도록 위탁되었는데, 필자에게는 제1부가 맡겨졌다. (그
렇게 된 이유는 짐작컨대, 주최자인 토드 스틸이 필자의 책 『바울 복음의 기원』 [*The
Origin of Paul's Gospel*]을 염두에 두어서 였던 것 같다). 토론회는 두 시간 가량 진행되
는 것이어서, 우리 모두는 각자 준비한 비평문의 요약만 실제로 발표하고 토론할 수
밖에 없었다. 그러나 토론회 후 라이트의 요청으로 우리 모두 각자 자신의 원고를 그
에게 보내게 되었는데, 필자는 여기 실린 것을 보냈다. 그동안 필자는 라이트와의 토
론에서 그의 칭의론과 반제국적 해석을 주로 다루었는데, 그의 이번 책 중 그것들을
주로 다루는 부분들이 필자에게 위탁되지 않아서 아쉬운 마음이 없지 않았다. 그러
나 필자가 맡은 제1부에서 라이트는 그 주제들에 대한 자신의 특유의 해석을 위한 기
초를 놓기 때문에, 필자가 그것들에 대해 대강의 비평은 할 수 있었다. 그러므로 여기
부록으로 실린 필자의 원고가 독자들로 하여금 필자가 본서에서 행한 라이트의 칭의
론 비판을 더욱 잘 이해하도록 하는 데 도움을 줄 수 있기를 바란다.

이트는 이러한 풍성한 자원들을 가지고 수십 년 동안 신약성경, 특히 예수와 바울의 가르침들에 대한 해석에 있어 매우 창조적이고 대담한 새로운 제안들을 하면서 신약학계를 자극해왔다. 이 책에서 라이트는 그 제안들을 광범위한 독자들을 위해 농축하고 좀 더 대중적인 문체로 제시하는데, 온 인류 문명이나 하나님의 전체 구속사에 있어서 바울이 갖는 의의에 대한 평가도 겸한다.

라이트는 사도행전의 내러티브들을 따라 바울의 전기를 쓴다. 라이트는 사도행전의 내러티브들을 본질적으로 신뢰할 만한 것으로 취하고 그가 역사적인 자료들이나 신학적인 내용들을 막론하고 바울의 편지들에서 수집할 수 있는 것들을 그 내러티브들에 통합했다. 내게는 이러한 절차가 동의할 만한 것이다. 그것이 한 세대 정도 이전의 많은 비평학자들을 무덤에서 탄식하게 만들 것일 테지만 말이다.

라이트는 구약성경과 유대문헌이 줄곧 '하나의 이야기' ('a single story')를 하고 있다는 전제 아래, 그것에 대해 숨이 막힐 정도의 메타내러티브 (거대 담론, meta-narrative)적 해석을 하고, 로마서와 갈라디아서의 몇 부분들에 대해 내러티브적 해석을 하여 (더불어 에베소서 1-2장에 강하게 호소하여) 바울의 칭의의 복음을 메시아 예수를 믿는 유대인과 이방인 신자들로 구성된 아브라함의 종말론적 가족, 즉 하나님의 형상을 지닌 진정한 인류인 종말의/새 아담의 인류를 창조함이라는 그의 독특한 (또는 특이한?) 해석을 얻는다.

그러므로 이 책도 라이트의 다른 책들처럼 근본적인 질문을 제기한다: 구약성경과 유대문헌 그리고 바울서신들에 대한 그의 메타 내러티브적, 그리고 내러티브적 해석들이 얼마만큼 실제로 그 문헌들의 세부 내용들에 대한 세심한 조사에 의해 뒷받침될 수 있을까?

이제 토론을 위해 내게 할당된 장은 '제1부: 시작'이다. 라이트는 갈라디아서 1-2장에 있는 바울의 자서전적인 이야기와 사도행전에 있는 누가의 내러티브들에 따라 사울/바울의 생애와 사역을 이야기한다.

1. 열심

다소에서 태어난 사울은 10대 때 예루살렘으로 이주한 후 (p. 34) 가말리엘 문하에서 공부했다. 하지만 바울은 가말리엘의 좀 더 인도적인 힐렐의 전통이 아니라, 그의 '열심'을 가지고 정반대 입장에 있던 샴마이의 전통을 따랐다. 바울이 가진 열심은 비느하스, 엘리야, 마카베오의 전례를 따라 이스라엘과 맺은 하나님의 언약을 약화시키는 사람들을 폭력적으로 응징할 준비를 갖추고 하나님과 그 언약을 위해 질투하는 충성을 보이는 열심이었다.

그래서 사울은 예수의 추종자들이 십자가에 못 박힌 참칭자 (僭稱者, 분수에 넘치게 스스로를 임금이라 이름) 예수가 메시아라고 주장하며 그럼으로써 토라와 성전과 같은 고대 유대교의 상징들을 예수로 대체하려는 위협을 하고 있다고 생각하여 그들을 박해했다. 사울은 조상들의 전통의 변절자들을 붙잡기 위해 다메섹까지 뒤쫓았다. 이러한 그의 '열심'의 행위가, 비느하스의 경우와 같이, '그에게 의로 간주될 것'이라고 소망하면서 말이다 (pp. 38-39).

2. 다메섹

사울은 다메섹으로 가는 도중에 에스겔 1장의 메르카바 (전차 보좌) 환상을 묵상했다. 경건하고 열심 있는 많은 유대인 현자들이 피조 세계 전체를 갱신하기 위해 하나님께서 자신의 성전에 오시는 것을 보기를 갈망하면서 그 환상을 묵상했듯이, 바울도 에스겔 선지자가 본 것을 자신도 잠깐이라도 보기를 원했다.

라이트는 그것을 이렇게 표현 한다: "머리는 성경으로 충만하고 마음은 열정으로 충만한 사울은 그의 마음의 눈으로" 천상의 전차 보좌와, 하나님이 앉아 계신 것을 보리라고 예상했던 그 보좌 위에 나사렛 예수가 앉아계신 것을 보았다 (p. 52).

사울은 나사렛 예수에 대한 이 환상에서 이스라엘의 성경들이 성취된 것을 깨달았는데, 그것은 동시에 그간 자신이 그 시점까지 읽어 왔던 방법이 완전히 잘못된 것임을 깨달은 것이기도 했다. *창조주 하나님은 예수를 죽은 자들 가운데에서 일으키셔서 십자가에 못 박히신 분이 실제로 이스라엘의 메시아였다는 것만 아니라 그가 유일하신 하나님이 몸소 하겠다고 약속하신 것을 행하셨다고 선언하셨다.* 바울은 '메시아 예수의 얼굴에서 하나님의 영광'을 보았다 (고후 4:6). 하늘과 땅은 이제 하나가 되었다; 그것은 성전 자체가 지향했던 것이었는데, 예수 안에서 실체가 되었다는 것이었다 (p. 53). 그래서 사울은 *메시아적 종말론*에 초점을 맞추게 되었다: 그것은 한 분이신 하나님이 이스라엘의 메시아 안에서, 심지어 메시아*로서* 절정을 이루는, 결정적인 행위를 하셨다는 믿음이다.

사울은 아나니아에 의해 세례를 받았으며, 예수 자신의 영을 받았다. 그러고 나서 그는 다메섹에 있는 회당으로 가서 예수가 하나님의 아들이시며, 이스라엘이 오랫동안 기다려왔던 메시아시라고 선포했다. 이스라엘의 소망이 성취되었다! 왕이 등극하셨다!

3. 아라비아와 다소

바울은 갈라디아서 1:13-17에 있는 그의 자서전적인 이야기에서 그가 복음의 계시와 이방인들을 위한 사도가 되도록 소명을 받은 후에 '아라비아로 갔다'고 말한다.

아라비아

라이트는 바울이 '아라비아'라는 단어로써 시내산을 뜻했다고 추정하면서, 이 여행에 대해 이렇게 제시한다: 사울이 그가 받은 새로운 충격적인 계시가 모세 언약의 성취라는 것을 그 언약이 비준을 받은 바로 그곳에서 확인 받기 위해 시내산에 간 것이며, 그는, 엘리야가 그랬듯이 (왕상 19장), 새로운 왕이신 예수 메시아를 선포하라는 새 임무를 가지고 다메섹으로 돌아왔다 (pp. 63-64).

라이트는 갈라디아서 1:13-17에 '엘리야 이야기의 반향들이 적다'는 것을 인정한다. 하지만 그는 그 반향들이 '아주 밀접하고' 의미 있는 것들이라고 생각한다.

비평

(1) 시내산으로 순례? 그러나 열왕기상 19장에는 엘리야가 '아라비아'로 갔다는 언급이 없다; 그는 그저 '광야'로 갔다 (왕상 19:4), 그리고 나중에 '호렙산'에 갔다 (왕상 19:8)고 만 되어 있다. 다른 한편, 바울은 자신이 '시내산'이나 '호렙산'으로 갔다고 말하지 않고, 오히려 '아라비아'로 갔다고 말한다.

바울이 동일한 편지에서 시내산을 부정적인 의미로 언급할 것이면서 ('아라비아에 있는 시내산'은 하갈이며 현재의 예루살렘에 해당한다. 갈 4:24-25) 갈라디아서 1:17에서 '아라비아'라는 말로서 시내산을 의미하려고 했을까?

모세와 엘리야에게 '시내산'이나 '호렙산'은 하나님의 계시라는 긍정적 의미가 있었다. 하지만 바울에게 이 단어들은 정반대의 의미였다. 바울이 다메섹 도상에서 그에게 계시된 복음의 확인과 그에게 부여된 사도적 사명의 의미를 시내산에서 받았다면, 그가 그 산을 갈라디아서 4:24-25에서처럼 부정적인 의미로 언급했을까?

더욱이, 나는 바울에 엘리야와 '정확히 일치하는 병행점'이 있다고 주장하는 라이트에 반하여, 오히려 대조가 있다고 주장하고자 한다.

첫째, 바울은 그의 조상의 전통들에 대한 열심으로 예수 믿는 자들을 추격하러 다메섹으로 갔고, 그 '열심'의 행위에 대한 하나님의 심판을 받은 후에 아라비아로 갔다. 반면에, 엘리야는 그의 성공적이고 칭송을 받을 만한 '열심'의 행위, 즉 바알의 선지자들을 죽이는 행위를 하고 나서 광야로 갔다. 라이트는, 바울이 그런 것처럼, 엘리야도 '이전 사명을 포기하고 새로운 사명을 받았다'고 주장하는 데 (p. 66), 바울은 그랬지만, 엘리야는 그렇게 하지 않았다.

둘째, 바울은 '조상들의 전통들에 대한 그의 열심'에 대해 교정받고 그의 방향은 재설정되었다. 반면에 엘리야는 새로운 왕들과 자신의 후계 선지자 엘리사에게 기름을 부음으로써 바알 숭배자들과 싸우는 그의 열심의 사역을 계속하라는 격려를 받았다.

셋째, 갈라디아서 1장의 바울 이야기와 왕상 19장의 엘리야 이야기 사이에 '어휘적 반향들'은 실제로 '적으며', 그렇게 '밀접하지도' 않다. 겨우 이정도: "조상들의 전통들에 대한 열심히 지나치게 커서"(갈 1:14. 비교. 왕상 19:10, 14: "내가 여호와께 열심히 유별하오니"); 로마서 11:3-4에 인용된 왕상 19:18의 7천 명의 남은 자들.

여기서, 바울이 시내산으로 순례했다는 라이트의 이론은 다음과 같은 질문을 제기한다는 것을 주목해야 한다: 그러면 바울이 시내산에서 이방인들을 위한 사도로 소명을 받았다는 말인가? 갈라디아서 1:15-16에서 바울은 그가 아라비아로 가기 *전에* (다메섹 도상에서) 복음의 계시와 이방인들을 위한 사도직의 사명을 받았다고 말한다. 바울은 고린도전서 9:1과 15:8에서도 동일한 것을 제시한다. 이것은 신약성경의 다른 기사들에서 주 예수 그리스도의 부활 현현을 사도직의 사명 또는 복음전도의 사명을 부여하는 계제로 묘사하는 것과 일치한다.

나는 나의 저서 『바울과 새 관점』에 있는 한 논문에서 (101-27), 바울이 이방인들을 위한 자신의 사도적 소명을 이사야 42장과 49장에 나오는 첫째와 둘째 종의 노래들에서 여호와의 종이 '이방인들의 빛'으로 부름 받은 것에 의거해서 해석했다고 주장했다 (사 42:6; 49:6). (나는 라이트가 이 입장을 지지할 수 있었다고 생각한다. 그가 바울이 다메섹 도상에서 받은 이방인들을 위한 그의 사도적 소명에 대해 아그립바 왕에게 증언한 내용의 한 부분인 사도행전 26:18의 진정성을 받아들이고 있으니 말이다. 이 본문은 고린도후서 4:4-6 [또한 골 1:12-14 도 참조]과 유사한 본문인데, 사도행전 26:18과 고린도후서 4:4-6 둘 다 이사야 42:7, 16을 반향한다). 그 논문에서 나는 바울이 게달과 셀라의 주민들이 주의 종의 사역에 기뻐하리라고 말하는 이사야 42:11의 내용에 영감을 받아, 이스마엘의 맏아들인 느바욧의 후손들인 게달과 셀라의 주민들에게 복음을 전하기 위하여 당시에 아라비아로 이해되었던 게달과 셀라로 갔다고 제시했다.

나는 바울이 나바티아 왕국 ('아라비아')의 이스마엘 자손들에게 선교했다는 나의 이 이론 (참조. Hengel, *Paulus*, 190)이 바울의 선교를 아브라함의 종말론적 가족을 창조하기 위한 것으로 해석하려는 라이트의 노력을 멋지게 지지할 수 있다고 제안한다. 바울은 열방을 아브라함의 가족 안으로 불러들이는 그의 선교사역을 수행하면서, 이스라엘에 가장 가까운 이방 민족이면서 마침 다메섹 이웃에 살고 있는 그 이스마엘의 후손들로부터 시작해서 아브라함의 두 아들들인 이삭과 이스마엘의 후손들을 통합해야 한다고 생각할 수 있었을 것이다.

물론, 이 이론은 자주 관찰되듯이, 바울이 광주리를 타고 성벽을 넘어 탈출한 것과도 잘 어울린다 (고후 11:32-33; 행 9:23-25). 바울이 아라비아에서 복음을 선포하지 않고 신학적인 묵상을 위해서만 시내산에 갔다면, 왜 나바티아 왕이 그곳에서 바울을 체포하려고 했을까?

라이트는 바울의 시내산 순례에 대한 그의 이론을 바울 신학에 대한 그의 전반적인 언약적 해석을 지지하는 것으로 귀하게 여기고 있을지도 모른다. 하지만 나는 바울이 아라비아에서 선교했다는 이 이론이 더 현실적이고, 라이트 식 언약적 해석에 그의 이론 (시내산에 신학적 순례 감)에 못지않은 도움을 제공할 수 있는 것이라고 생각한다.

(2) 라이트가 다메섹 도상에서 주어진 바울의 사도적 소명을 설명하면서 바울이 *하나님의 '은혜'를 강조한 것을 등한시하고 있다*는 것은 매우 주목할 만하다. 갈라디아서 1:13-15와 고린도전서 15:8-10에서 바울이 그의 다메섹 경험에 대해서 한 증언들은 그가 그의 박해자로서의 행위들에 대한 용서와 그의 사도적 소명에 나타난 하나님의 은혜에 얼마나 감사하고 있는지 아주 분명히 하고 있다 (롬 5:10; 고후 5:11-21도 참조하라). 그는 그 은혜를 너무나 감

사하게 여긴 나머지 정기적으로 그의 사도직을 '내게 주신 은혜'라는 말로 표현한다 (롬 12:3; 15:15; 고전 3:10; 갈 2:9; 엡 3:2, 7, 8; 이 이외에 고전 15:9-10; 갈 1:15; 2:21과 고전 7:25; 고후 4:1; 5:14도 참조하라). 하지만 라이트는 하나님의 은혜에 대해 어떠한 언급도 하지 않고 바울의 다메섹 경험을 이야기한다. 사실, 이 책 전체에서 '은혜'라는 언급은 거의 나오지 않으며, 색인에도 전혀 포함되지 않았다. 그래서 라이트는 바울에게 갈라디아서 2:20의 중요성을 강조하는 와중에도, 바울이 바로 앞에 나오는 어구인 "나를 사랑하사 나를 위하여 자신을 주신 하나님의 아들"(2:20)을 요약적으로 언급하는 '하나님의 은혜'(2:21)를 깊이 생각하지 않는다. 이렇게 라이트는 '은혜의 사도요 신학자인 바울'의 전기를 그가 그렇게 많이 말하는 '은혜'에 대한 성찰 없이 썼다!

(3) 라이트는 바울이 그의 사도직을 하나님의 '비밀'을 맡은 자 (청지기, *oikonomos*)로 이해한 것도 깊이 생각하지 않는다. 이 '비밀'이라는 말은 바울이 에베소서 3:1-13과 골로새서 1:24-29에서 펼친 하나님의 구원계획을 가리키는 말이다. 라이트는 바울이 그의 사도적 사역에서 믿음이 있는 유대인들과 이방인들로 구성된 아브라함의 가족을 창조하려는 하나님의 아주 오래된 계획의 성취라는 메시아적 종말론에 의해 동기부여를 받았다는 것을 아주 많이 강조한다. 그리고 이러한 이해를 에베소서 1-2장에 의해서 확인 받는다. 그러면서도 라이트가 하나님의 비밀을 맡은 자로서의 바울의 사도직을 등한시한다는 것은 이상한 일이다. 에베소서 1-3장은 하나의 통합체인데, 거기서 바울은 그리스도 예수 안에서 성취되고 (1-2장), 하나님의 계획의 오이코노모스 (청지기)인 바울의 이방인 선교를 통해 실행된 (3장) 하나님의 놀라운 구원의 계

획을 찬양한다. 그러므로 라이트가 에베소서의 제1부의 통합된 담화에서 1-2장은 그렇게 귀하게 여기면서도, 그 통합체의 구성 요소인 3장은 등한시하는 것은 매우 이상하다. 바울의 '전기'를 쓰면서 말이다.

(4) 더욱이, 라이트는 바울의 신학과 선교를 주로 믿음이 있는 유대인들과 이방인들의 거룩하고 하나가 된 공동체에서 아브라함의 종말론적 가족을 실현함이라는 비전으로 설명하려는 그의 노력들로 말미암아 제기되는 한 질문을 의식하지 못하고 있는 것 같다. 즉, 그렇다면 왜 바울은 대다수의 유대인들이 메시아를 믿지 않는 불신앙 가운데 머물러 있는데도 유대인 선교는 등한시하고 이방인 선교에 집중하고 있는가? 라이트는 로마서 11:25-26의 '비밀', 즉 이방인들을 먼저 구원하고 종말에 이스라엘을 구원하시리라는 하나님의 구원 계획은 전혀 반추하지 않는다.

다소

라이트는 사울이 다소에서 보낸 주후 36-46년의 기간을 '침묵의 10년'이라고 칭한다. 라이트에 따르면, 이 기간 동안에 사울은 텐트 만드는 그의 가족의 사업장에서 일하면서 (p. 68), 기도하는 마음으로 이스라엘의 성경과 전통 전체를 십자가에 못 박히고 부활하신 메시아라는 '새로운 사실'에 비춰 새롭게 사색했고, 그렇게 하여 그의 기본적인 '복음' 또는 '신학'을 생성해냈다. 그것은 이스라엘의 하나님이 온 세상의 한 분이신 하나님이라는 것, 십자가에 못 박히시고 부활하신 예수는 이스라엘뿐만 아니라 온 세상의 메시아적 왕이시라는 것, 메시아 예수를 믿는 유대인들과 이방인들로 구성된 아브라함의 전 세계적인 가족은 아브라함에게 하신 하나님의 약속들의 성취로 실현될 것이라는 사상들에 초점이 맞춰져 있다.

하지만 여기서 라이트는 다소에서 보낸 기간 동안 바울의 복음이 나 신학 발전에 들어간 재료들을 토론하면서 *예수의 가르침들과 행 위들은 전혀 고려하지 않는다.* 바울의 이 전기 어느 곳에도 예수 전 승이, 심지어 그의 운명적인 성전 행위조차, 눈에 띄지 않는다. 이 것은 여러 곳들에서 (예를 들어 그의 책 *Paul; In Fresh Perspective; Paul and the Faithfulness of God*) 바울에게 있어 예수 전승의 중요성을 자주 강조하고 이 책에서 메시아 예수가 성전의 의미를 성취하심을 아주 중시하는 라이트에게서 예상하지 못한 일이다. 바울이 처음에는 다메섹에서 그러고는 다소로 돌아가기 직전에 베드로를 방문하여 보름 동안 함 께 지내면서 역사적 예수와 그의 가르침과 행하신 것들에 대해 틀림 없이 배웠을 것들은 십자가에 못 박히시고 부활하신 메시아 예수의 의미와 구약성경과 유대교 전통들의 의미에 대한 그의 해석에, 그의 신학 전체 형성에, 그리고 자신의 이방인들을 위한 사도적 사역을 예 수님이 죄인들을 위해 사역하신 것을 본받아 하기로 한 결심에 결정 적으로 기여했을 것임이 틀림없다. 이처럼 예수 전승을 등한시한 것 으로 인해 라이트가 예수가 선호했던 범주인 하나님 나라 범주보다 아브라함의 가족 범주로 바울의 복음을 해석하게 된 것일까?

라이트가 바울이 다소에 있는 기간 동안에 한 묵상의 열매로 부각 시킨 주제들 중 하나는 열심당원인 사울은 메시아가 이방인 오랑캐 들을 멸하리라고 기대했지만 사도인 바울은 메시아가 모든 악들 배 후에 있던 어둠의 세력들을 무찌르셨다는 것을 믿게 되었다는 것이 다. 라이트에 따르면, 이것은 바울의 성숙한 사고와 특히 그의 목회 적 노력들의 큰 주제들 중 하나로 직접 전환되었다. 그것은 모든 메시아 백성이 인종적인 경계선들을 넘어 하나됨이다. 라이트는 이것이 바울이 이해한 그의 이방 선교의 뿌리에 있는 것이며 (p. 79), 그의 반제국적 복음의 핵심이라고 주장한다.

라이트는 악한 세력들에 대한 메시아 예수의 승리와 온 세상에 대한 그의 왕권에 대한 바울의 이해를 설명한 후에, 이러한 이해들로 인해 바울은 아브라함에게 하신 하나님의 약속들의 성취로써 유대인과 이방인의 경계선을 넘는 전 세계적인 아브라함의 가족이 생성됨을 이해하게 되었다고 강조한다. 하지만 라이트는 이상하게도 모든 민족들이 '믿음의 순종'을 해야 하는 *메시아의 전 세계적인 왕적 통치* (롬 1:3-5 등등)를 강조하는 것은 등한시한다. 사실, 그가 이 책에서 그것을 자주 언급한다. 하지만 그것을 강해하기 위한 노력은 전혀 하지 않는다. 그가 하나님 나라에 대해 '하늘에서처럼 땅에서'를 예전 문처럼 자주 되뇌이면서도 말이다. 일례로, 그는 그가 선호하는 시편인 2편과 관련하여 하나님 나라와 그의 아들 메시아 예수에 관하여 말해야 하는 곳에서 그의 설명의 주제를 메시아적 왕이신 예수에서 곧장 아브라함의 가족 주제로 바꾸고 후자를 길게 설명한다 (p. 409).

이와 같은 일방적인 견해는 라이트로 하여금 바울의 칭의의 복음을 믿음이 있는 유대인들과 이방인들로 구성된 아브라함의 전 세계적인 가족을 창조함으로만 설명하고, 주권의 전이, 곧 사탄의 죄와 사망의 나라에서 하나님과 그의 아들의 의와 생명의 나라로의 이전 (참조. 골 1:13-14)이라는 더 근본적이고 포괄적인 범주를 거의 완전히 등한시하게 했다. 이것은 결국 라이트로 하여금 바울의 윤리가 그의 칭의의 복음에서 유래한다는 것을 보지 못하게 하였다. 즉 그의 윤리적 권면들이 하나님의 아들 주 예수가 자신과 하나님의 성령을 통해 하나님을 대행하여 행사하시는 왕적 통치에 '믿음의 순종'을 하고, '성령의/의의 열매'를 맺고 (갈 5:22-23; 빌 1:11; 롬 6:11-22), 그리하여 땅위에 하나님 나라의 '정의와 화평과 기쁨'을 실현시키라 ('하늘에서처럼 땅에서도!')는 (롬 14:17) 명령들임을, 곧 '주 안에서' 발포된 명령들임을 설명하지 못하게 하였다. 그러므로 바울의 복음에 대한 라이트의 반제국적 해석은 상당히 추상적이며 때로는 혼란스럽기까지 한 상태에 머무는 것이다. 그가 '하나님의 형상을 담지하기와 참된 인간이 되기'의 주제만을 강조하고, 그것을 다만 한 분 하나님과 한 분 주 예수를 고백하기, 성적인 거룩함 유지하기, 그리고 가난한 자들을 위한 자선의 언어로 명시하고 마니 말이다 (그런 것을 위해서라면, '반세상적'[counter-worldly]이라는 좀 더 일반적인 경건주의적 개념이 '반제국적' [counter-imperial]보다 더 적합하지 않을까?). 라이트는 이 책과 다른 곳들에서 그가 자주 강조하는 것 – 즉, 바울은 그의 칭의의 복음을 가장 포괄적으로 그리고 체계적으로 제시하는 로마서에서 그의 칭의의 복음을 모든 민족들 위에 행사하시는 하나님의 아들 다윗적 메시아 예수의 통치라는 수미상관 구조의 틀에 넣고 (롬 1:3-5/15:12), 자신의 사도직을 모든 민족들이 하나님의 아들로 세움 받은 다윗적 메시아 예수의 왕권 또는 주권에 '믿음의 순종'하게 하라는 하나님의 위임이라고 정의한다는 것 (롬 1:3-5; 15:18; 16:26) – 을 충분히 강해하기를 잊었다 (여기 내가 한 마디 덧붙인다면, 바울이 자신의 사도직을 이방인들을 아브라함의 종말론적 가족 안으로 들여오라는 하나님의 위임으로 정의하지는 않는다는 것).

4. 안디옥

라이트는 사도행전 11:9-30에 따라 안디옥에서 바울의 바나바와의 협력 사역을 이야기한다. 바울에게 이 기간이 갖는 의미에 대해 라이트는 이렇게 말한다: 우리가 바울의 원숙한 편지들에서 발견하는, 원숙하게 자란 바울의 성경을 읽는 방식들과 예수 사건들을 해석하는 방식들이 형성되어가는 시기였다. 그리고 바울이 나중에 분명히 표현한 대부분의 사상들은 안디옥에서 주행 테스트를 받았다 (p. 92).

여기서 라이트는 사울이 바나바의 사역에 합류하기 위해 안디옥에 오기 전까지 다소에서 '침묵의 10년'을 보내고 있었다고 추정한다. 하지만 엄청난 열정과 무한한 에너지를 지니고 있는 사람인 사울/바울이 다메섹 도상에서 하나님의 아들 예수 그리스도의 복음을 선포하라고 하나님으로부터 사도적 사명을 받은 후에, 이미 다메섹 (과 아라비아)에서 그 복음을 선포하기 시작한 후에, 그리고 베드로와 야고보를 방문하러 예루살렘에 가서 그곳에서 보름 동안 베드로와 야고보와 상의하고 난 후에, 다소에서 그의 천막 만드는 업을 수행하면서 복음에 대해 그저 묵상하며 그의 신학을 만들어가기만 하고, 그의 가족과 가까운 친구들과만 그것을 나누면서 '침묵의 10년'을 보냈다는 것은 상상하기 어렵다. 그리고 사울이 그러한 상태에 있을 때 바나바가 10여 년 전에 예루살렘에서 겨우 잠깐 만난 적이 있는 그를 찾으러 갔다는 것 역시 믿기가 어렵다. 사울이 그가 이전에 다메섹과 아라비아와 예루살렘에서 그랬듯이 다소에서도 복음을 선포하는 그의 사도적 사역을 계속했고, 그가 다소에서 이룩한 그의 성공적인 사역으로 보다 넓은 지역들의 그리스도인들 사이에서 이미 유명해져서 [오늘날의 톰 라이트에게 버금가게 유명해져서] 바나바가 그를 주목하여 그와 함께 안디옥에서 사역하도록 초대했다는 것이 더 믿을 만하지 않을까? (참조. W. D. Davies, *Paul and Rabbinic Judaism*).

이것들이 내가 이 훌륭한 책의 제1부에서 몇 가지 흠결들이라고 여기는 점들이다. 매우 흥미로운 몇몇 제안들 (예를 들어, 에베소교회의 위기와 옥중서신들에 나오는, 그리스도가 우주의 통치자 [Cosmocrator]라는 바울의 고양된 기독론의 생성)에 대해 더 많은 칭찬을 표하고 바울의 칭의의 복음에 대해 좀 더 비평적인 토론을 진행할 시간이 내게 허락되지 않은 것은 유감스럽게 생각한다.

BDAG: Bauer, W., W. F. Arndt, F. W. Gingrich, and F. W. Danker. *A Greek-English Lexicon of the New Testament and Other Early Christian Literature*. 2nd ed. Chicago: University of Chicago Press, 2000.

LSJ: Liddell, H., R. Scott, and H. D. Jones. *A Greek-English Lexicon*. 9th ed. with rev. supplement. Oxford: Clarendon, 1996.

Ådna, J. *Jesu Stellung zum Tempel: Die Tempelaktion und das Tempelwort als Ausdruck seiner messianischen Sendung.* Wissenschaftliche Untersuchungen zum Neuen Testament 2:119. Tübingen: Mohr Siebeck, 2000.

_____. "The Servant of Isaiah 53 as Triumphant and Interceding Messiah: The Reception of Isaiah 52:13-53:12 in the Targum of Isaiah with Special Attention to the Concept of the Messiah." Pages 189-224 in *The Suffering Servant: Isaiah 53 in Jewish and Christian Sources,* edited by B. Janowski and P. Stuhlmacher. Grand Rapids: Eerdmans, 2004.

Avemarie, F. "Erwählung und Vergeltung." *New Testament Studies* 45 (1999): 108-26.

_____. *Tora und Leben: Untersuchungen zur Heilsbedeutung der Tora in der frühen rabbinischen Literatur.* Texte und Studien zum antiken Judentum 55. Tübingen: Mohr Siebeck, 1996.

Bailey, D. P. "Concepts of Stellvertretung in the Interpretation of Isa 53." Pages 223-50 in *Jesus and the Suffering Servant: Isaiah 53 and Christian Origins*, edited by W. H. Bellinger Jr. and W. R. Farmer. Harrisburg: Trinity Press International, 1998.

Barclay, J. M. G. "Believers and the 'Last Judgment' in Paul: Rethinking

Grace and Recompense." Pages195-208 in *Eschatologie -
Eschatology: The Sixth Durham-Tübingen Research Symposium:
Eschatology in Old Testament, Ancient Judaism and Early
Christianity*, edited by H. J. Eckstein, C. Landmesser, and H.
Lichtenberger.Wissenschaftliche Untersuchungen zum Neuen
Testament 272. Tübingen: Mohr Siebeck, 2011.

_____. "'By the Grace of God I Am What I Am': Grace and
Agency in Philo and Paul." Pages 140-57 in *Divine and
Human Agency in Paul and His Cultural Environment*,
edited by J. M. G. Barclay and S. J. Gathercole. London:
T&T Clark, 2008.

_____. *Paul and the Gift*. Grand Rapids: Eerdmans, 2015. (『바울과
선물』, 새물결플러스 역간)

Barrett, C. K. *The Epistle to the Romans*. 2nd ed. Black's New
Testament Commentaries. London: Black, 1991.

Beker, J. C. *Paul the Apostle: The Triumph of God in Life and
Thought*. Philadelphia: Fortress, 1980. (『사도 바울』, 한국신학연구소
역간)

Best, E. *A Critical and Exegetical Commentary on Ephesians*.
International Critical Commentary. Edinburgh: T & T Clark,
1998.

Betz, O. *Jesus und das Danielbuch. Vol. 2: Die Menschensohnworte
Jesu und die Zukunfterwartung des Paulus (Dan 7,13-14)*. Frankfurt:
Peter Lang, 1985.

_____.*Was wissen wir von Jesus? Der Messias im Licht von*

Qumran. 2nd ed. Wuppertal and Zürich: R. Brockhaus Verlag, 1995.

Bird, M. F. *The Saving Righteousness of God. Paternoster Biblical Monographs Series*. Milton Keyes: Paternoster, 2007.

Blackwell, B. C., J. K. Goodrich, and J. Maston, eds. *Paul and the Apocalyptic Imagination*. Minneapolis: Fortress, 2016.

Bornkamm, G. *Paulus. Stuttgart: Kohlhammer*, 1969. ET: Paul. Minneapolis: Fortress, 1995. (『바울』, 이화여자대학교출판문화원 역간)

Bultmann, R. "Die Bedeutung des geschichtlichen Jesus für die Theologie des Paulus." Pages 188–213 in *Glauben und Verstehen*. Vol. 1. Tübingen: Mohr Siebeck, 1933.

_____.*Theology of the New Testament*. Vol. 1. London: SCM, 1952. (『신약신학』, 성광문화사 역간)

Byrne, B. "Living Out the Righteousness of God: The Contribution of Rom 6.1–6.13 to an Understanding of Paul's Ethical Presuppositions." *Catholic Biblical Quarterly* 43 (1981):557–81.

Campbell, D. A. *The Deliverance of God: An Apocalyptic Rereading of Justification in Paul*. Grand Rapids: Eerdmans, 2009.

Carson, D. A., P. T. O'Brien, and M. A. Seifrid, eds. *Justification and Varigated Nomism*. Vol. 1: *The Complexities of Second Temple Judaism*. Wissenschaftliche Untersuchungen zum Neuen Tesatment 2:140. Tübingen: Mohr Siebeck; Grand Rapids: Baker, 2001.

_____.*Justification and Varigated Nomism*. Vol. 2: *The Paradoxes of Paul*. Wissenschaftliche Untersuchungen zum Neuen

Testament 181. Tübingen: Mohr Siebeck; Grand Rapids: Baker, 2004.

Collins, J. J. *The Scepter and the Star: Messianism in the Light of the Dead Sea Scrolls.* 2nd ed. Grand Rapids: Eerdmans, 2010.

Cranfield, C. E. B. A *Critical and Exegetical Commentary on the Epistles to the Romans.* 2 vols. The International Critical Commentary. Edinburgh: T&T Clark, 1975, 1979. (『로마서주석』, 도서출판 로고스 역간)

Cremer, H. Die *paulinische Rechtfertigungslehre im Zusammenhange ihrer geschichtlichen Voraussetzungen.* 2nd ed. Gütersloh: Berstelsmann, 1900.

Dahl, N. "The Doctrine of Justification: Its Social Function and Implications." Pages 95–120 in *Studies in Paul: Theology for the Early Christian Mission.* Minneapolis: Augsburg, 1977. Originally in Norsk Teologisk Tidsskrift 65 (1964): 95–120.

Das, A. A. *Paul, the Law, and the Covenant.* Peabody, MA: Hendrickson, 2001.

De Boer, M. C. "Apocalyptic as God's Eschatological Activity in Paul's Theology." Pages 45–64 in *Paul and the Apocalyptic Imagination*, edited by B. C. Blackwell, B. C. Goodrich, and J. K. Maston. Minneapolis: Fortress, 2016.

Dumbrell, W. J. *Covenant and Creation: A Theology of Old Testament Covenants.* Nashville: Nelson, 1984. (『언약과 창조』, 크리스챤서적 역간)

Dunn, J. D. G. *The Epistles to the Colossians and to Philemon: A Commentary on the Greek Text.* New International Greek

Testament Commentary. Grand Rapids: Eerdmans; Carlisle: Paternoster, 1996.

_____. "If Paul Could Believe Both in Justification by Faith and Judgment according to Works, Why Should That Be a Problem for Us?" Pages 119–41 in *Four Views on the Role of Works at the Last Judgment*, edited by A. P. Stanley and S. N. Gundry. Grand Rapids: Zondervan, 2013.

_____. Jesus, *Paul and the Law*. Louisville: Westminster John Knox, 1990.

_____. "Jesus the Judge: Further Thoughts of Paul's Christology and Soteriology." Pages 395–411 in *The New Perspective on Paul*. Rev. ed. Grand Rapids: Eerdmans, 2008. Originally pp. 34–54 in *Convergence of Theology: A Festschrift Honoring Gerald O'Collins*, SJ, edited by D. Kendall and S. T. Davis. New York: Paulist, 2001.

_____. "The New Perspective on Paul." *Bulletin of the John Rylands University Library of Manchester* 65 (1983): 95–122.

_____. "The New Perspective on Paul: Whence, What and Whither." Pages 1–97 in *The New Perspective on Paul*. Rev. ed. Grand Rapids: Eerdmans, 2008. (『바울에 관한 새 관점』, 에클레시아북스 역간)

_____. *Romans*. 2 vols. WBC 38A–B. Waco: Word, 1988. (『로마서 -WBC 성경주석시리즈 38』, 솔로몬 역간)

_____. *The Theology of Paul the Apostle*. Grand Rapids: Eerdmans, 1998. (『바울 신학』, 크리스챤다이제스트 역간)

_____."What's Rightabout the Old Perspective on Paul. Pages
214-29 in *Studies in Pauline Epistles: Essays in Honor of
Douglas J. Moo*, edited byM. S. Harmon and J. E. Smith.
Grand Rapids: Zondervan, 2014.

Fitzmyer, J. A. *Romans*. Anchor Bible 33. New York: Anchor, 1992.
(『로마서』, CLC 역간)

Frey, J. "Demythologizing Apocalyptic? On N. T. Wright's Paul,
Apocalyptic Interpretation, and the Constraints of Construction." Pages
489-531 in *God and the Faithfulness of Paul*. A Critical Examination
of the Pauline Theology of N. T. Wright, edited by C. Heilig, J. T.
Hewitt, and M. F. Bird. Wissenschaftliche Untersuchungen zum Neuen
Testament 413 Tübingen: Mohr Siebeck, 2016.

Garlington, D. B. Faith, *Obedience and Perseverance: Aspects of Paul's
Letter to the Romans*. Wissenschaftliche Untersuchungen zum Neuen
Testament 79. Tübingen: Mohr Siebeck, 1994.

Gathercole, S. J. "The Doctrine of Justification in Paul and Beyond:
Some Proposals." Pages 219-41 in *Justification in Perspective:
Historical Developments and Contemporary Challenges*, edited by B. L.
McCormack. Grand Rapids: Baker, 2006.

_____.*Where Is Boasting? Early Jewish Soteriology and Paul's
Response in Romans 1-5*. Grand Rapids: Eerdmans, 2002.

Gese, H. "Die Sühne." Pages 85-106 in *Zur biblischen Theologie*.
München: Kaiser, 1977. ET: "The Atonement." Pages 93-
116 in *Essays on Biblical Theology*. Translated by K. Crim.
Minneapolis: Augsburg, 1981.

Gorman, M. J. *Inhabiting the Cruciform God: Kenosis, Justification,* and Theosis in Paul's Narrative Soteriology. Grand Rapids: Eerdmans, 2009.

Grimm, W. *Jesus und das Danielbuch. Vol. 1: Jesu Einspruch gegen das Offenbarungssystem Daniels* (Mat 11, 25-27: Lk 17, 20-21). Frankfurt: Peter Lang, 1984.

Gundry-Volf, J. M. *Paul and Perseverance: Staying In and Falling Away*. Wissenschaftliche Untersuchungen zum Neuen Testament 2:37. Tübingen: Mohr Siebeck, 1990.

Hagner, D. A. "Paul and Judaism: Testing the New Perspective." Pages 75-105 in *P. Stuhlmacher, Revisiting Paul's Doctrine of Justification: A Challenge to the New Perspective*. With an Essay by Donald A. Hagner. Downers Grove: InterVarsity Press Academic, 2001.

Hays, R. B. *Echoes of Scripture in the Letters of Paul*. New Haven: Yale University Press, 1989. (『바울서신에 나타난 구약의 반향』, 여수룬 역간)

Hengel, M. *The Atonement: A Study of the Origins of the Doctrine in the New Testament*. London: SCM, 1981. (『속죄론』, 대한기독 교서회 역간)

_____. "Sit at My Right Hand! The Enthronement of Christ at the Right Hand of God and Psalm 110:1." Pages 119-225 in *Studies in Early Christology*. Edinburgh: T&T Clark, 1995.

_____. *Der Sohn Gottes*. Tübingen: Mohr Siebeck, 1975.

Hengel, M. and A. M. Schwemer. *Paul between Damascus and Antioch: The Unknown Years*. Louisville: Westminster John Knox, 1997.

Hofius, O. "Sühne und Versöhnung." Pages 33-49 in *Paulusstudien*. Wissenschaftliche Untersuchungen zum Neuen Testament 51. Tübingen: Mohr Siebeck, 1989.

Hooker, M. D. "Paul and 'Covenantal Nomism'." Pages 47-56 in *Paul and Paulinism: Essays in Honor of C. K. Barrett*, edited by M. D. Hooker and S. G. Wilson. London: SPCK, 1982.

Irons, L. *The Righteousness of God: A Lexical Examination of the Covenant-Faithfulness Interpretation*. Wissenschaftliche Untersuchungen zum Neuen Testament 2:386 Tübingen: Mohr Siebeck, 2015.

Jeremias, J. *Neutestamentaliche Theologie*. Erster Teil: Die Verk nidigung Jesu. Gütersloh: Gerd Mohn, 1971. (『신약신학』, 크리스 챤다이제스트 역간)

Jewett, R. Romans. *Hermeneia*. Minneapolis: Fortress, 2007.

Jüngel, E. *Paulus und Jesus*. Hermeneutische Untersuchungen zur Theologie 2. 4th ed. Tübingen: Mohr Siebeck, 1972. (『바울과 예수』, 이화여자대학교출판문화원 역간)

Käsemann, E. *Commentary on Romans*. Translated by G. W. Bromiley. Grand Rapids: Eerdmans, 1980. (『로마서』, 한국신학연구소 역간)

_____."'Gottesgerechtigkeit' bei Paulus." Pages 181-93 in *Exegetische Versuche und Besinnungen*. Vol. 2. Göttingen: Vandenhoeck & Ruprecht, 1967. ET: "The Righteousness of God' in Paul." Pages 168-182 in *New Testament Questions of Today*. Translated by W. J. Montague. Philadelphia: Fortress, 1969.

_____."On the Subject of Primitive Christian Apocalyptic." Pages

108-37 in *New Testament Questions of Today*. Translated by W. J. Montague. Philadelphia: Fortress, 1969.

_____."Rechtfertigung und Heilsgeschichte im Römerbrief." Pages 108-39 in *Paulinische Perspektiven*. 2nd ed. Tübingen: Mohr Siebeck, 1969.

_____."Zur paulinischen Anthropologie," Pages 9-60 in *Paulinische Perspektiven*. 2nd ed. Tübingen: Mohr Siebeck, 1969.

Kertelge, K. *'Rechtfertigung' bei Paulus*. Münster: Aschendorf, 1967.

Kim, S. Christ and Caesar: *The Gospel and the Roman Empire in the Writings of Paul and Luke*. Grand Rapids: Eerdmans, 2008. (『그리스도와 가이사』, 두란노 아카데미 역간)

_____."Imitatio Christi (1 Corinthians 11:1): How Paul Imitates Jesus Christ in Dealing with Idol Food (1 Corinthians 8-10)," *Bulletin for Biblical Research* 13 (2003): 193-226. ("'그리스도를 본받음'에 관하여(1)." 『목회와신학』 176 (2004): 190-203; "'그리스도를 본받음'에 관하여(2)." 『목회와 신학』 177 (2004): 196-211)

_____. "Jesus, Sayings of." Pages 474-92 in *Dictionary of Paul and His Letters*, edited by G. F. Hawthorne, R. P. Martin and D. Reid. Downers Grove: InterVarsity Press, 1993. (reprinted as "The Jesus Tradition in Paul." Pages 259-292 in S. Kim, Paul and New Perspective: Second Thoughts on the Origin of Paul's Gospel).

_____. "Jesus-The Son of God, the Stone, the Son of Man, and the Servant: The Role of Zechariah in the Self-Identification of Jesus." Pages 134-48 in *Tradition and Interpretation in the New Testament,* E. E. Ellis Festschrift. Grand Rapids: Eerdmans; Tübingen, 1987.

_____. "Jesus the Son of God as the Gospel." Pages 117–41 in *Earliest Christian History: History, Literature, and Theology; Essays from the Tyndale Fellowship in Honor of Martin Hengel*, edited by M. F. Bird and J. Maston, Wissenschaftliche Untersuchungen zum Neuen Testament 2:320. Tübingen: Mohr Siebeck, 2012.

_____. *The Origin of Paul's Gospel*. 2nd ed. Wissenschaftliche Untersuchungen zum Neuen Testament 2:4. Tübingen: Mohr Siebeck, 1984. 1st ed. Grand Rapids: Eerdmans, 1982; Eugene, OR: Wipf & Stock, 2007. (『바울 복음의 기원』, 두란노 역간)

_____. *Paul and the New Perspective: Second Thoughts on the Origin of Paul's Gospel*. Wissenschaftliche Untersuchungen zum Neuen Testament 140. Grand Rapids: Eerdmans; Tübingen: Mohr Siebeck, 2002. (『바울과 새 관점』, 두란노 역간)

_____. "Paul and the Roman Empire." Pages 277–308 in *God and the Faithfulness of Paul: A Critical Examination of the Pauline Theology of N. T. Wright*, edited by C. Heilig, J. T. Hewitt, and M. F. Bird, Wissenschaftliche Untersuchungen zum Neuen Testament 2:413. Tübingen: Mohr Siebeck, 2016.

_____. "Paul's Common Paraenesis (1 Thess. 4–5; Phil. 2–4; and Rom. 12–13): The Correspondence between Romans 1:18–32 and 12:1–2, and the Unity of Romans 12–13." *Tyndale Bulletin* 62 (2011): 109–39.

_____. *Paul's Gospel for the Thessalonians* (출간 예정).

_____. "The 'Son of Man'" as the Son of God. Wissenschaftliche Untersuchungen zum Neuen Testament 30. Tübingen: Mohr Siebeck, 1983; Grand Rapids: Eerdmans, 1985; Eugene, OR: Wipf & Stock, 2011. (『그 '사람의 아들' - 하나님의 아들』, 두란노 역간)

Kim, Seyoon, F. F. Bruce. *1 and 2 Thessalonians*. Word Biblical Commentary (출간 예정).

Kirk, J. R. Daniel. *Unlocking Romans: Resurrection and the Justification of God*. Grand Rapids: Eerdmans, 2008.

Kramer, W. *Christ, Lord, Son of God*. London: SCM, 1966.

Laato, T. *Paul and Judaism: An Anthropological Approach*. Translated by T. McElwain. South Florida Studies in the History of Judaism 115. Atlanta: Scholars Press, 1995.

Linebaugh, J. A. "Righteousness Revealed: The Death of Christ as the Definition of the Righteousness of God in Romans 3:21–26." Pages 219–37 in *Paul and the Apocalyptic Imagination*, edited by B. C. Blackwell, B. C. Goodrich, and J. K. Maston. Minneapolis: Fortress, 2016.

Marshall, I. H. *Kept by the Power of God: A Study of Perseverance and Falling Away*. Minneapolis: Bethany Fellowship, 1974. Originally London: Epworth Press, 1969.

Martyn, J. L. *Galatians: A New Translation with Introduction and Commentary*. Anchor Bible 33A. New York: Doubleday, 1997. (『갈라디아서』, CLC 역간)

McCormack, B. L., ed. *Justification in Perspective: Historical Developments and Contemporary Challenges*. Grand

Rapids: Baker, 2006.

McGrath, A. E. *Iustitia Dei: A History of the Christian Doctrine of Justification*. 2nd ed. Cambridge: Cambridge University Press, 1998. (『하나님의 칭의론』, 기독교문서선교회 역간)

Michel, O. Der *Brief an die Römer. Kritisch-exegetischer Kommentar über das Neue Testament*. Göttingen: Vandenhoeck, 1978.

Moo, D. J. *The Epistle to the Romans*. New International Commentary on the New Testament. Grand Rapids: Eerdmans, 1996. (『로마서』, 부흥과개혁사 역간)

_____.*Galatians*. Baker Exegetical Commentary on the New Testament. Grand Rapids: Baker Academic, 2013. (『갈라디아서』, 부흥과개혁사 역간)

Murray, J. *The Epistle to the Romans*. New International Commentary on the New Testament. Grand Rapids: Eerdmans, 1959. (『로마서』, 솔로몬 역간)

Neirynk, F. "Paul and the Sayings of Jesus." Pages 265-321 in *L'Apôtre Paul: Personnalité, style et conception du ministère*, edited by A. Vanhoye, Bibliotheca Ephemeridum Theologicarum Lovaniensum 73. Leuven: Leuven University Press, 1986.

Perrin, N. *Jesus the Temple*. Grand Rapids: Baker Academic, 2010.

Ridderbos, H. *Paul: An Outline of His Theology*. Grand Rapids: Eerdmans, 1974. (『바울 신학』, 솔로몬 역간)

Riesner, R. "Back to the Historical Jesus through Paul and His School (The Ransom Logion - Mark 10.45: Matthew 20.28)." *Journal for the Study of the Historical Jesus* 1 (2003): 171-99.

_____.*Jesus als Lehrer*. Wissenschaftliche Untersuchungen zum

Neuen Testament 2:7. Tübingen: Mohr Siebeck, 1981.

_____ *Paul's Early Period: Chronology, Mission Strategy,*
  Theology. Grand Rapids: Eerdmans, 1998 [ET of
  Die Frühzeit des Apostels Paulus: Chronologie,
  Missionsstrategie, Theologie. Wissenschaftliche
  Untersuchungen zum Neuen Testament 71. Tübingen: Mohr
  Siebeck, 1994].

Rosner, B. S. *Paul and the Law: Keeping the Commandments of God.*
  New Studies in Biblical Theology 31. Downers Grove: IVP
  Acadmic, 2013.

Sanders, E. P. *Paul and Palestinian Judaism: A Comparison of Pattern*
  of Religion. Philadelphia: Fortress, 1977. (『바울과 팔레스타인 유
  대교』, 알맹이 역간)

Satake, A. "Apostolat und Gnade bei Paulus." *New Testament Studies*
  15 (1968/69): 96-107.

Schapdick, S. *Eschatisches Heil mit eschatischer Anerkennung:*
  Exegetische Untersuchungen zu Funktion und Sachgehalt
  der paulinischen Verkündigung vom eigenen Endgeschick
  im Rahmen seiner Korrespondenz an die Thessalonicher,
  Korinther und Philipper. Bonner Biblische Beiträge 164.
  Göttingen: V&R unipress; Bonn University Press, 2011.

Schlatter, A. "Die Dienstpflicht des Christen in der apostolischen
  Gemeinde." Pages 122-35 in *Der Dienst des Christen,* edited
  by W. Neuer. Giessen: Brunnen, 1991.

Schrage, W. *Der erste Brief an die Korinther* (1 Kor 6,12-11,16).
  Evangelisch-katholischer Kommentar zum Neuen Testament

7. Neukirchen: Neukirchener, 1995.

Schreiner, T. R. *The Law and Its Fulfillment*. Grand Rapids: Baker, 1993. (『율법과 성취』, 기독교문서선교회 역간)

Schrmann, H. "'Das Gesetz des Christus' (Gal.6,2): Jesu Verhalten und Wort als letztgültige sittliche Norm nach Paulus." Pages 282-300 in *Neues Testament und Kirche, R. Schnackenburg Festschrift*, edited by J. Gnilka. Freiburg: Herder, 1974.

Schweitzer, A. *The Mysticism of Paul the Apostle*. 2nd ed. London: Black, 1956. (『사도 바울의 신비주의』, 한들출판사. 역간).

Seifrid, M. A. *Justification by Faith: The Origin and Development of a Central Pauline Theme*. Novum Testamentum Supplements 68. Leiden: Brill, 1992.

_____. "Unrighteous by Faith: Apostolic Proclamation in Romans 1:18-3:20." Pages 106-45 in *Justification and Varigated Nomism. Vol. 2: The Paradoxes of Paul*, edited by D. A. Carson, P. T. O'Brien, and M. A. Seifrid, Wissenschaftliche Untersuchungen zum Neuen Tesatment 181. Tübingen: Mohr Siebeck; Grand Rapids: Baker, 2004.

Stanley, A. P. and S. N. Gundry, eds. *Four Views on the Role of Works at the Last Judgment*. Grand Rapids: Zondervan, 2013.

Stendahl, K. *Paul among Jews and Gentiles*. Philadelphia: Fortress, 1976.

_____."The Apostle Paul and the Introspective Conscience of the West." *Harvard Theological Review* 56 (1963): 199-215.

Stettler, C. *Das Endgericht bei Paulus: Framesemantische und exegetische Studien zur paulinischen Eschatologie und Soteriologie*. Wissenschaftliche Untersuchungen zum Neuen Tesatment 371. Tübingen: Mohr Siebeck, 2017.

Stettler, H. *Heiligung bei Paulus. Ein Beitrag aus biblisch-theologischer Sicht*. Wissenschaftliche Untersuchungen zum Neuen Tesatment 2:368. Tübingen: Mohr Siebeck, 2014.

Stuhlmacher, P. *Biblische Theologie des Neuen Testament: Grundlegung von Jesus und Paulus*. Vol 1 of 2. Göttingen: Vandenhoeck & Ruprecht, 1992.

_____*Der Brief an die Römer*. Das Neue Testament Deutsch. Göttingen: Vandenhoeck & Ruprecht, 1989. (『로마서 주석』, 장로회신학대학교출판부 역간)

_____."'Christus Jesus ist hier, der gestorben ist, ja vielmehr, der auch auferweckt ist, der zur Rechten Gottes ist und uns vertritt.'" Pages 351–61 in *Auferstehung – Resurrection: The Fourth Durham-Tübingen Research Symposium: Resurrection, Transformation, and Exaltation in the Old Testament, Ancient Judaism, and Early Christianity*, edited by F. Avemarie and H. Lichtenberger, Wissenschaftliche Untersuchungen zum Neuen Testament 135. Tübingen: Mohr Siebeck, 2001.

_____."Erwägungen zum ontologischen Charakter der καινὴ κτίσις bei Paulus." *Evangelische Theologie* 27 (1967): 1–35.

_____*Revisiting Paul's Doctrine of Justification: A Challenge to the New Perspective, With an Essay by Donald A. Hagner*. Downers Grove: IVP Academic, 2001.

Thielman, F. *From Plight to Solution: A Jewish Framework for Understanding Paul's View of the Law in Galatians and Romans.* Novum Testamentum Supplements 61. Leiden: Brill, 1989.

Thiselton, A. C. *The First Epistle to the Corinthians.* New International Greek Testament Commentary. Grand Rapids: Eerdmans, 2000.

Thompson, M. *Clothed with Christ: The Example and Teaching of Jesus in Romans 12.1-15.13.* Journal for the Study of the New Testament Supplement Series 59. Sheffield: Sheffield Academic Press, 1991.

Thrall, M. E. *A Critical and Exegetical Commentary on the Second Epistle to the Corinthians.* 2 vols. The International Critical Commentary. Edinburgh: T&T Clark, 1994, 2000.

Travis, S. H. *Christ and the Judgment of God: The Limits of Divine Retribution in New Testament Thought.* 2nd rev. ed. Milton Keynes: Paternoster, 2008.

Walter, N. "Paul and the Early Christian Jesus-Tradition." Pages 51-80 in *Paul and Jesus: Collected Essays*, edited by A. J. M. Wedderburn, Journal for the Study of the New Testament Supplement Series 37. Sheffield: Sheffield Academic Press, 1989.

Westerholm, S. *Perspectives Old and New on Paul: The "Lutheran" Paul and His Critics.* Grand Rapids: Eerdmans, 2004.

_____."What's Right about the New Perspective on Paul." Pages 230-42 in *Studies in Pauline Epistles: Essays in Honor of*

Douglas J. Moo, edited by M. S. Harmon and J. E. Smith. Grand Rapids: Zondervan, 2014.

Wilckens, U. *Der Brief an die Römer. Vol. 2: Röm 6-11.* Evangelisch-katholischer Kommentar zum Neuen Testament 6. Neukirchen: Neukirchener Verlag, 1980.

Wolff, C. *Der zweite Brief an die Korinther. Theologischer Handkommentar zum Neuen Testament.* Berlin: Evangelischer Verlagsanstalt, 1989.

Wolter, M. *Rechtfertigung und zukünftiges Heil: Untersuchungen zu Röm 5,1-11.* Beihefte zur Zeitschrift für die neutestamentliche Wissenschaft 43. Berlin: de Gruyter, 1978.

Wrede, W. "Paulus." Pages 1-97 in *Das Paulusbild in der neueren deutschen Forschung*, edited by K. H. Rengstorf, Weg der Forschung 24. Darmstadt: Wissenschaftliche Buchgesellschaft, 1982.

Wright, N. T. "The Challenge of Dialogue: A Partial and Preliminary Response." Pages 711-68 in *God and the Faithfulness of Paul: A Critical Examination of the Pauline Theology of N. T. Wright*, edited by C. Heilig, J. T. Hewitt, and M. F. Bird, Wissenschaftliche Untersuchungen zum Neuen Testament 2:413. Tübingen: Mohr Siebeck, 2016.

_____*Jesus and the Victory of God. Minneapolis*: Fortress, 1996. (『예수와 하나님의 승리』, 크리스챤다이제스트 역간)

_____*Justification: God's Plan and Paul's Vision*. Downers Grove: InterVarsity, 2009. (『칭의를 말하다』, 에클레시아북스 역간)

_____"Justification: Yesterday, Today and Forever." Pages 422-

38 in *Pauline Perspectives: Essays on Paul, 1978-2013*. Philadelphia: Fortress, 2013. Originally in Journal of the Evangelical Theological Society 54 (2011): 49-63.

_____."The Letter to the Romans." In Vol. 10 of *The New Interpreter's Bible*. Nashville: Abingdon, 2002. (『로마서』, 에클레시아북스 역간)

_____."A New Perspective on Käsemann? Apocalyptic, Covenant, and the Righteousness of God." Pages 243-58 in *Studies in the Pauline Epistles: Essays in Honor of Douglas Moo*, edited by M. S. Harmon and J. E. Smith. Grand Rapids: Zondervan, 2014.

_____. "New Perspectives on Paul." Pages 243-64 in *Justification in Perspective: Historical Developments and Contemporary Challenges*, edited by B. L. McCormack. Grand Rapids: Baker, 2006.

_____.*Paul: A Biography*. San Francisco: HarperOne, 2018.

_____. *Paul: In Fresh Perspective*. Minneapolis: Fortress, 2005. (『톰 라이트의 바울』, 죠이선교회 역간)

_____."The Paul of History and the Apostle of Faith." *Tyndale Bulletin* 29 (1978): 61-88.

_____.*Paul and the Faithfulness of God*. Minneapolis: Fortress, 2013. (『바울과 하나님의 신실하심』, 크리스챤다이제스트 역간)

_____.*Pauline Perspectives: Essays on Paul, 1978-2013*. Philadelphia: Fortress, 2013.

_____.*What St. Paul Really Said: Was Paul of Tarsus the Real Founder of Christianity?* Grand Rapids: Eerdmans, 1997.

(『바울의 복음을 말하다』, 에클레시아북스 역간)

Yeung, M. W. *Faith in Jesus and Paul: A Comparison with Special Reference to 'Faith that Can Remove Mountains' and 'Your Faith Has Healed/Saved You.'* Wissenschaftliche Untersuchungen zum Neuen Testament 2:147. Tübingen: Mohr Siebeck, 2002.

Yinger, K. L. *Paul, Judaism, and Judgment according to Deeds.* Society for New Testament Studies Monograph Series 105. Cambridge: Cambridge University Press, 1999.

저자 색인

Ådna, J.	57(주)11, 162(주)3
Avemarie, F.	20(주)12, 39(주)3
Bailey, D. P.	91(주)1
Barclay, J. M. G.	16(주)6, 21(주)12, 108(주)10, 21(주)1, 125(주)4
Barrett, C. K.	65(주)24, 106(주)7
Beker, J. C.	38(주)3
Bellinger, W. H., Jr.	91(주)1
Betz, O.	29(주)1, 36(주)1, 162(주)3
Bird, M. F.	21(주)12, 39(주)3, 41(주)9, 68(주)27, 77(주)4, 78(주)5, 180(주)5
Blackwell, B. C.	39(주)3
Blank, J.	148(주)2
Bonhoeffer, D.	13
Bornkamm, G.	75(주)1, 85(주)6
Bromiley, G. W.	86(주)6
Bruce, F. F.	148(주)2
Bultmann, R.	14, 14(주)4, 160(주)2
Byrne, B.	126(주)4
Campbell, D. A.	31(주)3, 79(주)7
Carson, D. A.	20(주)11, 21(주)12
Collins, J. J.	29(주)1
Cremer, H.	77(주)4
Crim, K.	90(주)1
Dahl, N. A.	18(주)8, 152(주)5
Das, A. A.	20(주)11
Davis, S. T.	102(주)3
de Boer, M. C.	69(주)29
Dumbrell, W. J.	78(주)5
Dunn, J. D. G.	17, 17(주)7, 22(주)15, 56(주)8, 57, 58(주)12, 60(주)16, 70(주)30, 83(주)3, 93(주)3, 102(주)3, 104(주)5, 105(주)7, 109(주)12, 121(주)1, 138(주) 12, 139(주)12, 148(주)4, 149(주)4, 168(주)7
Eckstein, H. J.	121(주)1
Ellis, E. E.	162(주)3
Enns, P.	139(주)12

Kim, S.	36(주)1, 38(주)2, 41(주)9, 44(주)11, 63(주)22, 68(주)27, 86(주)7, 111(주)12, 113(주)15, 115(주)19, 117(주)21, 122(주)1, 123(주)1, 129(주)5, 148(주)2, 150(주)4, 160(주)2, 162(주)3, 162(주)4, 163(주)5, 166(주)7, 180(주)5, 189(주)9	McCormack, B. L.	21(주)14, 106(주)7, 175(주)1
		McGrath, A. E.	101(주)1
		Michel, O.	56(주)9, 65(주)24, 66(주)24
		Moo, D. J.	21(주)13, 21(주)14, 49(주)2, 52(주)3, 52(주)4, 56(주)9, 60(주)16, 69(주)28
		Moule, C. F. D.	139(주)12
		Murray, J.	56(주)10
		Neirynk, F.	169(주)8
		Neuer, W.	115(주)19
Kirk, J. R. D.	31(주)3, 79(주)7	O' Brien, P. T.	20(주)11, 21(주)12
Kramer, W.	62(주)18, 68(주)26	Perrin, N.	162(주)3
Laato, T.	10, 20(주)11, 139(주)12	Reid, D.	162(주)3
		Rengstorf, K. H.	14(주)3
Landmesser, C.	121(주)1	Ridderbos, H.	124(주)2
Lichtenberger, H.	39(주)3, 121(주)1	Riesner, R.	44(주)11, 109(주)12, 162(주)4
Linebaugh, J. A.	78(주)6		
Luther, M.	20(주)11	Rosner, B. S.	165(주)7
Marshall, I. H.	138(주)12	Sanders, E. P.	16, 16(주)6, 105(주)7, 122(주)1, 153(주)5
Martin, R. P.	162(주)3		
Martyn, J. L.	38(주)3		
Maston, J.	39(주)3, 68(주)27	Satake, A.	115(주)19

Schapdick, S.	129(주)5	Thompson, M.	169(주)8
Schlatter, A.	115(주)19	Thrall, M. E.	94(주)3
Schnackenburg, R.	109(주)12	Travis, S. H.	129(주)5
		Walter, N.	169(주)8
Schrage, W.	108(주)11, 34(주)10	Wrede, W.	13, 14(주)3, 70(주)9,
Schreiner, T. R.	20(주)11	Westerholm, S.	20(주)11, 21(주)13,
Schürmann, H.	109(주)12	Wilckens, U.	67(주)25
Schweitzer, A. S	13, 13(주)2, 14(주)3, 169(주)9	Wolff, C.	94(주)3
Schweizer, E.		Wolter, M.	52(주)3, 54(주)6, 54(주)7, 56(주)8, 56(주)9
Schwemer, A. M.	44(주)11, 148(주)3		
Seifrid, M. A.	20(주)11, 21(주)12	Wright, N. T.	16(주)6, 17, 17(주)7,
Smith, J. E.	16(주)6, 21(주)13,		19(주)10, 21(주)14,
Stanley, A. P.	22(주)15, 121(주)1		22(주)15, 31(주)3,
Stettler, C.	22(주)15, 121(주)1, 131(주)7, 141(주)14		36(주)1, 38(주)2, 39(주)3, 41(주)9, 70(주)30, 77(주)4,
Stettler, H.	101(주)1, 115(주)19,		78(주)5, 83(주)3,
Stendahl, K.	18(주)8		91(주)1, 95(주)4,
Stuhlmacher, P.	39(주)3, 56(주)9, 57(주)11, 63(주)20, 67(주)25, 69(주)28, 70(주)30, 77(주)4, 90(주)1, 92(주)2, 102(주)3, 104(주)5, 116(주)21, 148(주)2		106(주)7, 132(주)8, 149(주)4, 150(주)4, 162(주)3, 174, 175(주)1, 178, 180(주)5, 198, 198(주)1
		Yeung, M. W.	160(주)2
Thielman, F.	20(주)11	Yinger, K. L.	129(주)5
Thiselton, A. C.	108(주)11, 135(주)10		

성구 색인

8:35-39	69	11:22	194
9-11	95(주)4	12-13	111(주)12, 131, 169(주)8
9-16	60(주)16, 61(주)17, 93(주)3	12-15	107(주)8
9:5	30	12:1	102, 107(주)8
10:2	148	12:1-2	107, 108, 111, 111(주)12, 169(주)8, 186
10:3	18, 23(주)15		
10:3-4	77(주)4	12:1-13:14	111(주)12
10:8-17	95	12:2	38, 106, 113(주)15, 187
10:9	94(주)3		
10:9-10	40, 59(주)16, 61(주)17, 62, 62(주)19, 93, 93(주)3, 94(주)3, 100, 111, 169(주)8, 178, 188, 193	12:3	114, 186, 206
		12:3-8	113, 131
		12:6	114
		12:11	106
		12:14	169(주)8
10:10	61(주)17, 95	12:17	169(주)8
10:14-17	91	12:18	169(주)8
10:16	93, 93(주)3, 94(주)3, 106	12:19-21	169(주)8
		13:7	169(주)8
10:20-22	138	13:8-10	166(주)7, 169(주)8, 187
11:13	114		
11:17-22	134	13:9-10	108
11:17-24	138	13:11-14	38
11:20	105, 166(주)7	13:12	107
11:20c	142	13:14	111, 113(주)15

3:9	128	6	184
3:10	114, 124(주)2, 126(주)4, 131, 206	6:1-11	163
		6:9-10	84, 105
3:10-17	115, 121, 127, 131, 132	6:9-11	100, 101(주)1, 105, 121, 133
3:10a	131(주)7	6:11	93, 100, 101
3:12	132	6:19	101(주)1, 162(주)3
3:14-15	129(주)5	6:20	48
3:16	162(주)3	7:1-16	151
3:16-17	128	7:1-24	116(주)21
3:17	101(주)1, 129	7:10	106
3:18-20	128	7:10-11	187
4:1-5	100, 115, 121, 131(주)7, 132	7:14	101(주)1
		7:17	113
4:2	128, 130	7:20-24	151
4:5	131(주)7, 140	7:22	40, 84, 177
4:11a	169(주)8	7:23	48
4:11-13	169(주)8	7:29	38
4:12b-13	169(주)8	7:31	38
4:16-17	113(주)15, 167(주)7	7:32-35	106
4:20	159	7:34	101(주)1
5:1-5	134(주)10	7:39	40
5:3-5	106	8-10	110(주)12, 111(주)12, 116(주)21, 151, 167(주)7
5:5	92(주)2		
5:6-8	134(주)10		

15:1-5	91	15:51	104(주)5
15:2	134, 138	15:55-56	148
15:3	56(주)10, 57(주)10, 65, 68	15:58	85, 106
		16:1	101
15:3-5	68, 163	16:10	106
15:10	114, 123, 124, 133(주)9, 139(주)12		
15:10abc	115	**고린도후서**	
15:10c	115	1:1	101
15:14-28	182	1:12	101(주)1
15:20-28	36-40, 40(주)8, 41, 43, 45, 58, 70, 75, 84, 116, 158-160, 163(주)5, 164, 183-184, 188, 193	1:18-20	76(주)2
		1:19-20	31
		1:21-22	126(주)4, 135
		1:22	100, 135
		3	185
		3:14-18	186
15:23	37	3:18	113(주)15, 134(주)10, 167(주)7
15:24	159		
15:24-28	70(주)30	4-5	132
15:25	29, 184	4:4	38, 51, 111
15:42-49	113(주)15, 122(주)1	4:5	168(주)7
15:42-57	42, 92(주)2	4:10-11	112
15:44	92(주)2	4:16	112(주)15, 135(주)10
15:49	167(주)7	5:1	162(주)3
15:50	84, 159	5:4c	92(주)2
15:50-57	38, 41, 60, 105	5:5	126(주)4, 135

2:20	53, 62-63, 63(주)22, 65, 75, 76(주)2, 162, 163(주)5, 206
2:20-21	86(주)8
2:21	122(주)1, 206
3	22(주)15, 149(주)4, 181(주)5
3:1-4	134
3:2	93
3:13	48, 51
3:13-4:11	49-50, 70, 164, 193
3:21	148
3:22	95(주)4
3:23-24	48
3:23-4:10	95(주)4
3:26	95
3:27	113(주)15
3:28	147
4:1-2	48, 85
4:3	48
4:4	74
4:4-5	48, 51, 53, 63, 65, 67, 75-76, 87(주)8, 163(주)5
4:4-7	85, 95

4:5a	49
4:6	105, 115, 166(주)7
4:6-7	101(주)1
4:8-9	49
4:19	167(주)7
5:4-5	58, 100
5:5	105, 194
5:6	113, 124
5:7-12	130
5:10	85, 95(주)4
5:13-26	111(주)12, 166(주)7, 167(주)7
5:14	168-169, 166(주)7, 169(주)8, 187
5:16	111, 165(주)7, 166(주)7
5:16-21	111
5:16-25	126(주)4
5:16-26	108, 179(주)4
5:18	166(주)7, 187
5:19-21	100, 121, 133-134, 138
5:19-23	130
5:20	40
5:21	84, 100, 105, 159

고대 문헌 색인

구약 외경과 위경

1 Enoch
37-71	164(주)5
46:1-2	164(주)5

2 Baruch
	70(주)29

1 Esdras
4:56	52(주)4

Epistle of Aristeas
139-42	149(주)4

1 Maccabees
3:28	52(주)4
14:32	52(주)4

Testament of Joseph
4:5	166(주)7
18:1	166(주)7

Testament of Judah
23:5	166(주)7
24:3	166(주)7

Dead Sea Scrolls
CD 1:19	151

Targum Isaiah
53:4	57
53:11	57
53:12	57